好课燎原

上好每一节课
教好每一名学生

感谢北京明远教育书院的学术支持！

好课燎原

斯苗儿和她的教研故事

郭华 等著

人民教育出版社

·北京·

图书在版编目（CIP）数据

好课燎原：斯苗儿和她的教研故事 / 郭华等著．—北京：人民教育出版社，2021.10（2022.7重印）
ISBN 978-7-107-36140-1

Ⅰ．①好… Ⅱ．①郭… Ⅲ．①小学数学课－教学研究 Ⅳ．① G623.502

中国版本图书馆 CIP 数据核字（2021）第 208949 号

好课燎原——斯苗儿和她的教研故事
HAOKE LIAOYUAN——SI MIAOER HE TA DE JIAOYAN GUSHI

出版发行　**人民教育出版社**

（北京市海淀区中关村南大街 17 号院 1 号楼　邮编：100081）

网　　址	http://www.pep.com.cn	
经　　销	全国新华书店	
印　　刷	北京盛通印刷股份有限公司	
版　　次	2021 年 10 月第 1 版	
印　　次	2022 年 7 月第 3 次印刷	
开　　本	787 毫米 ×1 092 毫米　1/16	
印　　张	20	
字　　数	270 千字	
定　　价	58.00 元	

序言 一

人世间有许多美好的事情，对于从事小学教学三十余年的我来说，好课燎原，可能是许多美好的事情里面，最值得我激动的事了。

曾经有先哲说："安得广厦千万间，大庇天下寒士俱欢颜。"也曾有伟人直书："星星之火，可以燎原。"今天，我们看到"好课燎原"这四个字的时候，似乎看见了纾解天下寒士的愿景。只是这个寒士，替换成了我们的学生。同时，也体会到了燎原前的压抑与纠结，这些压抑与纠结成了燎原的不竭动力。只是这次燎原的主角是"好课"。让一节节好课，慢慢地从一位位教师的实践中流淌出来，让更多的教师理解一节好课的定解，并用自己的方式与自己的学生，一起演绎一节节好课。

一节一节的好课，一定可以让学生喜欢上学习。如果学生喜欢学习了，一定会喜欢做作业，一定会乐意来到学校，一定会乐意与同学分享，一定会得到父母的赞赏，一定会开心地成长。如果教师能把每一节课上好，一定会受到学生的喜欢，一定会受到家长的追捧，一定会受到学校领导和同事的尊重，一定会成为一个美丽的人。问题是：如何把课上好？好课在哪里？谁来帮助教师上出一节一节的好课？斯苗儿就是做这件事的人，她不是教师，却是知道好课在哪里的人，如同知道一个火种在哪里的"盗火"者。知道火种在哪里，是一位智者；义无反顾地去盗火，是一位勇者；而让需要的人拥有火，则是一位慈悲的人了。

斯苗儿心中不忍的是学生学习太辛苦，教师教书太郁闷。太多的成人用成人的自以为是，给学生带来了太多的困顿。因此，学生立场，成了斯苗儿所有好课中的灵魂。而新手教师，则成了她燎原的首要对象，如果这些教师一开始就能拥有好课，那么好课就会常驻她的课堂。名师、特级教师是斯苗儿燎原的又一对象，有许多名优教师，上着自以为是的"好课"，一旦这些名优教师的好课发生改变，真正走进学生心里，燎原，就有了别样的风景。还有乡村教师，是她念念不忘的群体，作为浙江省教研员，在"好课燎原"的路上，从不知疲倦……

　　有着三十余年教龄的我，愿意一起去"盗火"，点燃更多需要的人。真心希望，好课燎原，能成为一个教研的新时尚；热切期盼，好课燎原，能带来一片教育的新天地。

俞正强 [①]

2021 年 3 月

---

① 作者系浙江省金华师范附属小学校长，浙江省小学数学特级教师，正高级教师，教育部基础教育数学教学指导委员会副主任委员。

序言 二

　　全球视野下，教研是中国的特色；中国范围内，浙江教研勇立潮头；浙江经验里，小学数学首屈一指。笔者作为浙江小学数学教师的一员，亲身感受在这片土地上风起云涌的教育教学改革，亲历体验具有浙江特色的教研之风吹遍校园的每一个角落，从校园里的一师一生、一草一木都能感受到教研带来的影响与力量。在浙江的校园，教研员代表着学术的权威，指引着教育改革的方向，是广大教师心目中的旗帜。

　　您眼前所看到的这本专著，由北京师范大学郭华教授带领两位博士生对斯苗儿老师进行历时两年的访谈和现场观察而成，从一个全新的维度，全面、客观、系统、深刻地记录了斯苗儿老师带领的浙江小学数学教研，是画像、把脉、定位，更是提炼、总结、升华，让不自主的实践变得更自觉，让习以为常的经验更有意义，让平凡的教研日常多了温暖的思想和理性的光芒。

　　好课为什么在"浙"里燎原，透过一个个小故事、一段段小历史，我们可以发现，"好课燎原"离不开"浙"里的教育根脉、人文底蕴和大师大家，离不开江南特有的气质和风格，但更离不开斯苗儿老师的辛勤付出。无数个日夜，无数节课堂，无数次的推翻，无数次的重建，无数次的争辩，付出了时间和心血，付出的是青春与芳华。当年稚嫩的"苗儿"如今两鬓也隐见白发。到底是什么让斯老师对教研如此的钟爱，又是什么让教师从害怕到喜欢？

到底通过什么招数让每一人都参与其中，又是什么让浙江小学数学教研生机蓬勃？借此机会，粗浅感悟，抛砖引玉。

坚定的价值判断。课改必须先改课，最重要的改变应该发生在最重要最日常的课堂，课堂是推进教育改革的关键。斯老师带领团队几十年如一日，执着于课的研究，无论改革的浪潮多么庞杂繁多，不跟风、不折腾，立足课堂这个点，开拓数学教育一片天。好课好在哪里？上节好课给谁听？好课谁说了算？在教研中斯老师每一次听完课，都会"冲"上讲台，做课堂教学后的学生访谈，这也成了"斯式招牌"评课风格。透过这些现象，可以看出背后的价值，她始终把学生放在第一位，读懂学生是一切教学之源，知道学生的疑惑点、生长点，读懂学生的表情包，听懂学生的心里话。学生的成长是好课的标志。

清晰的教研目标。作为省级教研员，身边不乏全省各地优秀的教学骨干。组织活动，需要用好名师，但却不限于名师，把名师聚集起来，承担起名师的责任，不仅要有"名师"的帽子，关键要扛起"名师"的担子，教研从关键少数到绝大多数，让更多人上好更多课。从城市到乡村，从骨干教师到新手教师。一个人走可以走得很快，一群人走才可以走得更远。找一位教师代表浙江去比赛拿个好的成绩，不足以代表浙江小学数学教师的群体，好教师从一个，到更多个，再到每一个。

独到的教研方式。听课、评课是教研员的家常，但关键是"改课"。斯老师"三段十步"改课是在实践中逐渐完善、迭代形成的，有理论做基础，更有实践做支撑。为了让教师研有所得，她倡导人人"卷入"，没有一个是看客。无论是刚毕业的新手教师，还是名师和特级教师，下一步有可能就是你上场。刚开始，每一个人被拽离教研舒适区，的确有点不适应，到后来慢慢体会到"尴尬一阵子，幸福一辈子"。磨一节课，磨的过程很痛苦，磨完以后很快乐，这种"痛并快乐"的感受是业务的又一次历练，是心理的又一次成熟，也是又一次的鞭策与成长。改课旨在让不同群体的人都受益。从说给你听，到做给你看；想明白说清楚，改到位做出来。改课改出实效，改出获得感，改出幸福感，改出归属感。渐渐地大家都习惯了，从害怕变成喜欢，直到放弃休息日也愿意来参加改课教研，体验业务成长的快乐。

　　宽阔的育人视野。教研员虽然接触的对象是教师，但归根结底还是在育人。令人尊敬的教研员具有知性更具有德性，既有知识的点拨更有道德的引领。学科教研员深入研究学科，但不是学科本位，更坚持学生本位和教师本位。认识斯老师的人都知道，她心直口快，但她对课不对人，有时针对教学研究，先是"棒喝"，后有"蜜糖"，当面狠狠批，背后是暖暖爱。她说自己是杂家，聊课改课的过程中，说着说着就融入教育学、儿童心理学甚至包括社会学、哲学，眼里有光，心中有爱。要求严格、言语严苛、执行严厉的斯老师，此时变得待人宽容、视野宽阔、情怀深厚。

这几年，浙江的小学数学好课幸得大家厚爱，展现在各大舞台，赢得了赞誉和美誉，2021年7月还将在第14届国际数学教育大会上作专门的展示。祝愿好课不仅在"浙"里燎原，还希望"浙"里的好课与好课背后的故事能够走向全世界。

唐彩斌[1]

2021 年 5 月

---

[1] 作者系杭州市时代小学校长，浙江省小学数学特级教师，正高级教师，国家《义务教育数学课程标准》修订组核心成员、教育部基础教育数学教学指导委员会委员。

目录

"教研"是我国基础教育教学隐形的翅膀,是"强师提质"的法宝。

没有教研,基础教育质量就提不起来。一个学科的区域教学质量,与当地教研员的理念、能力密切相关。有个好教研员,相应学科的教学就会高质量,反之亦然。

好的教研员通常有敏锐的眼光、灵活的头脑,以及先进的理念、过硬的专业本领和灵活的沟通协调能力。他们在理论与实践之间、教师与教材之间、学生与教师之间、教师与教师之间、教师与专家之间牵线搭桥,畅通道路,提供平台,自己却常常隐在幕后,似乎与掌声无关。北京师范大学丛立新教授著书名曰《沉默的权威》便有此义。

长期以来,我们关注"名师"和"好课",却难得把目光投向"名师"背后的教研员,很少谈论"好课"背后教研员的教学主张与辛勤付出,以及"好课"产生背后的持续、严密、向纵深发展提升的教学研究、探索及实践改进。实践中的一些"好课",有的是天才教师的天才做法,有着别人学不来的秘笈;有的是误打误撞,是不可持续也道不明缘由的巧合。"名师"亦然,有的是天才,有的是偶然。唯有那些能说明缘由、可持续、可推广的"好课",那些自觉成长起来的"名师"才有迹可循:都离不开教研活动,离不开教研员的长期关注和辛苦付出。

斯苗儿是浙江省小学数学教研员。她从事了30年的教研工作,既无官职,也无荣誉,是一个没有光环的教研员,而这样的形象,恰恰是我国十万教研员的典型代表。

一

斯苗儿没有光环，她所带的浙江小学数学教育却非常了不起。他们有许多"了不起"：有"低头找幸福"播撒"种子课"的俞正强，有"学会向学生借智慧"的袁晓萍，也有工作不足两年却敢于给特级教师改课的"小青椒"；有引领小学数学教学方向的"先锋探索课"，也有朴素日常的"大众好课"；有典型的关键课改进，更有单元整合与拓展的整体探索；他们有说课、评课，更有聊课、改课；他们有凝聚名师实践智慧的"小学数学学科教学建议30条"，也有来自一线教师困惑的"千思百问"；他们有"名师名校长联盟"，也有"乡村教研共同体"……能够带领这样一支队伍、形成这样教研局面的斯苗儿，必然不简单。

斯苗儿确实不简单。她既能对小学数学教研做整体布局和整体观照，又能够通过对细节的深入洞察和把握，将整体设想转化为操作细节，通过细节来实现整体布局。

关于教师队伍提升发展，她整体布局抓大放小，用她的话说，就是"抓两头"，抓住最"顶尖的"名师和最"年轻的"或偏远农村的一线普通教师。她努力促成名师名校长联盟，既是为了发挥名师名校长的影响力和辐射作用，带动团队整体质量提升，也是为了营造共同体学习氛围，让名师名校长能够互帮互学、相互促进，把心思放在数学教学规律探索、教学质量提升上，而不是放在个人名利上；她创建乡村教研共同体，则是为实现教育质量高位均衡、实现教育公平所做的最扎实的工作。

斯苗儿的教研愿望是"让多数人上好多数课"。这个愿望看起来朴素，实现起来却并不容易。斯苗儿创造了一套督促、鼓励教师自觉提升教学水平的简明做法和程序——"想明白""说清楚""做到位""写出来"，激发教师主动学习、思考、实践、反思，帮助教师一步步提升"上课"的水平，形成自己的"代表作",从而增强自信、实现个人成长,成为"名师"。

二

调动教师对教研的热情,让教师成为教研的主角,是斯苗儿设计和组织教研活动的核心理念。省教研室组织的面向全省的活动次数不多,每年一次到两次,但她组织的每一个教研活动,都能够促成和牵动教师几年的教学研究。在浙江小学数学界,教研活动不是正常教学工作之外的"负担"和"加班",而是教学活动的另一种样态,是对教学活动的精进。斯苗儿创造的极具特色的"改课"教研,从教研员对教师的"评课"变为教研员与教师一起互动"聊课"、教师之间相互"改课",从"说给你听"变为"做给你看",转变了通常教研活动的"听时激动""想起来感动""过后一动不动"的局面,带动所有教师深度卷入教研活动,实现教研活动的全员、全面、全过程参与。

斯苗儿的"改课"实践,不仅有理念,还探索形成了"三段十步"教研流程。这"三段十步"将备课、上课和评课融为一体,把模糊的实践经验清晰化为可拆分整合、可复制推广的步骤,易上手、可操作。它既有规范又有个人创造的空间,对教师自觉开展教学研究裨益良多,尤其为年轻教师开展教学研究提供了一个好抓手。

在浙江小学数学界,斯苗儿评课、聊课用的是"金刚手段"。她不"和稀泥",不当"好好先生",就是要充当刺激教师成长的"牛虻"。她的"金刚手段"在帮助教师准备"赛课"时表现得最为突出。她鼓励更多的教师登上"赛课"这个交流和展示的舞台,为的是提升教师的自信,促进教师的自觉成长,但指出问题时却"雷霆万钧""不留情面"。斯苗儿说,能够让教师有所收获有所成长,才是真的对他们好,才是"菩萨心肠"。她的菩萨心肠藏在金刚手段里,从不迁就。奇怪的是,省内外不少小学数学教师都以能够得到斯苗儿的"棒喝""批评"而欣喜。对于想要上进的教师而言,他们识得出金刚手段里的菩萨心肠。

斯苗儿工作时的"不留情面"，是因为她把"课"放在第一位。她要通过"金刚手段"让教师把心思放在"课"上，而不是"面子"上。梨园行有句老话叫"戏比天大"，在斯苗儿这里，是"课比天大"。给学生一节"好课"，比教师自己的面子重要得多——因为课是为学生成长服务的，不能因为教师的面子而牺牲学生的发展。说到底，能上好课的教师，才是好教师。好教师与好课分不开。

斯苗儿的教研活动有许多有趣的细节，越琢磨便越觉意味深长。例如，公开课要求教师给学生做双面姓名签，公开课后通常会采访学生、让学生来评课，等等。这些做法，意在提醒教师从学生的角度来思考"课"。上课，心里要装着学生，眼里能看到学生，耳朵能听到学生，口中能呼出学生的名字。给学生一节节"好课"，才能做到"多数人上好多数课"。为了学生的健康发展，是一切教研活动的原点、归宿。有了这样的立场，就有了教研活动的主心骨，就有了不被潮流左右的定海神针。

斯苗儿是一个有趣、有魅力、有吸引力的人。工作中的她严肃严格，生活中的她幽默风趣，但同样是伶牙俐齿、妙语连珠、一针见血。能和她呼应的那些教师也同样充沛灵动、自信有趣！所以浙江小学数学的教研活动，真正是严肃紧张、生动活泼，而丝毫没有枯燥无聊、乏味无趣。总之，浙江小学数学教研和斯苗儿一样，凝聚力强、吸引力大。他们让教研活动变得有意思。

三

人们常说教研员是"教师的教师"，也说教研员是"沟通理论与实践的桥梁"。这些表述虽然抽象，我们却总能在优秀教研员那里感受得到。在斯苗儿身上，我们真切地感受到了。斯苗儿融合了学者的钻研求真与实践者的务实肯干，她有广阔的理论视野又有朴实的实践意识。她的理论思考与研究，深深扎根于教育实践土壤中，有芬芳的泥土气和来自基层实践的底气，是顶天立地的；她能把抽象干涩的理论变成教师听得懂的语言、转化成教学实践案例。她之所以能成为一个好教研员，一个很重要的原因是她有善解人意的品质。她要求教师上课时知道"学生在哪里"，她自己做教研时也同样要知道"教师在哪里"，要知道"教师有什么困惑""教师需要什么"，知道教研怎样做能够激发教师自己主动"卷入"、获得成长。在这个意义上，她确实是"教师的教师"。

在斯苗儿身上，我们更能感受到教研员令人佩服的独特才能，即能够在不改变教学秩序的情况下、在不做颠覆性改革的背景下，静悄悄地、缓缓而有力地、有序地推进教学变革。梅兰芳曾提出京剧改革"移步不换形"的主张，即把握根本，慢慢地稳步向前推进，教学改革也当如此。那种大动干戈、伤筋动骨、另起炉灶、重新开张的革命式做法，既不符合教学实践，也不符合教师成长规律，更会损害学生的发展。当然，"移步不换形"的改革难，既要把握改革的根本，又要有坚定的改革意志、持久的耐心，更要能把大方向化为教师能理解、能操作的语言和行为。斯苗儿做到了。她通过帮助"多数人上好多数课"，形成一节又一节的好课，有力地推动了教学实践稳步、扎实的改革。

十多年来，浙江小学数学出现了一大批"好课"，也形成了一大批有代表性的典型教研成果。"跨区域集体备课"入选《2019 中国基础教育典型案例》，"现场改课"作为中国特色教研活动，获邀在第 14 届国际数学教育大会展示。浙江的好课以及形成好课的教研主张与教研实践，从省内走向省外，从国内走向国际，已然形成了"好课燎原"之势。

我们把目光聚焦于斯苗儿，聚焦于她背后的浙江小学数学教研，最先便是被浙江的"好课"吸引，顺藤摸瓜，发现了斯苗儿独具特色的教研活动、教研主张以及她作为教研员的个人魅力和能力。我们希望通过对斯苗儿这一只"麻雀"的"解剖"，探讨我国教研活动的运行机制，研究如何在不打乱现有教学秩序的情况下，发挥它改进教学、发展教师、提高教学质量的作用；了解新时代教研员的教育理想与追求，了解他们的工作方式，剖析他们是如何把抽象的理念化为具体的每日工作、化为教师的教学实践的，了解他们是如何与教师、学生打交道的。我们也想了解一个好的教研员应该拥有什么样的个人品质与能力结构，了解他们是如何将行政的领导管理职能、学术的研究引领能力、教学的实践操作能力、团队的人际沟通能力等完美结合从而形成教研员魅力的。

斯苗儿无疑是一个典型范例，她有想法、有做法、有业绩、有故事。于是，我们反复访谈斯苗儿，持续关注、参与她的教研活动，访谈她周围的教师、同行，搜集她的文章、著作，观看她的活动视频，把我们观察到、体验到、访谈中得到的、文字材料中分析出的斯苗儿及其教研活动，还原为一个个生动、有意义的教研故事，希望描绘一个真实的、能够代表中国教研员的新形象，体现新时代教研活动的新追求。

教研员以及教研工作应该获得更严肃的对待和关注。应该关注那些为推进我国基础教育教学改革与发展做出实实在在研究和探索的人物与事件，讲好中国的教研故事。

第一章
给学生一节好课

教研活动虽然劲儿使在教师身上，着力点却在学生身上。

——斯苗儿

教研活动的朴素初衷就是给学生一节好课，让学生在好课中恣意成长。斯苗儿常说，我们只有把握住学生立场，才能真正掌握教学的精髓，这样的教师是不会被淘汰的，这样的观念是永远不会过时的。

第一节

每个学生都在场

> 学生立场要做出来，而不是停留在口头上。

我们从斯苗儿组织的教研活动中，发现了不少体现学生立场的小细节。在班级授课中，教师一个人站在讲台上，面对着几十双渴求知识的小眼睛。怎样关照到每一个学生，让每个学生都在场，成为教学中体现"学生立场"的核心问题。

一、给学生做个姓名签

学生立场就是真正把学生放在心上，尊重学生、关心学生的成长。教师要看得见学生。在课堂上，教师的注意力不应该放在自我展示上，而要放在每一个学生身上。教师的注意力可以温暖学生、鼓励学生，让他们积极地释放活力，向上生长。在这个意义上，姓名签这件小事就显得十分重要。

⊙ 舞台课照亮了谁

教学评比和大型教研活动的场所，通常不是执教教师所在的学校，为了保证教学评比的公平和公正，教师又需要"借班上课"。于是，教师面对的是陌生的学生，学生面对的是陌生的教师，教师上课时叫不出学生的名字，自然也情有可原。

"某某同学，你能回答这个问题吗？""某某同学的这个想法非常具有创意。"当教师在舞台课上叫出学生的姓名时，观众席上开始了嗡嗡的讨论声，"这不是借班上课吗？怎么能叫出学生名字呢？这位教师怎么跟学生这么熟，不会是违反比赛规则吧？"按照规定，每位教师在正式上课前都被允许提前一天用一课时的时间接触学生。利用这短短的四十分钟记住所有学生的名字几乎不大可能，因此观众席质疑的声音才会此起彼伏。然而，前排细心的代表已经发现了这背后的小秘密——姓名签。每个学生的座位上都放着一个漂亮的姓名签，手写的娟秀字体和双色双面的样式设计，虽不比主席台上放置的姓名签整齐规范，却鲜活有趣。

只是多了个道具，多叫了几次学生姓名而已，真的能带来教学活动质的飞跃吗？许多教师对这一举动不以为然，使用人称代词"你"不就行了，何必弄这些花拳绣腿。"你——你——你——你，来黑板上写一下这道题的答案。"刷的一下子四个学生都站起来面面相觑。"你们三个坐下，我只叫了这个同学。"教师红着脸尴尬地解释着。教师因为紧张而有小小的口吃似乎不是什么问题，但学生的反应却把潜在的问题不留情面地曝光了。他们并不知道教师在跟谁交流，教师也根本不知道他们的姓名。看起来师生在一起的课堂，学生真的在场吗？当人们的目光如探照灯一般聚焦到这没有墙壁的教室时，照亮的舞台究竟是讲台和教师，还是作为整体的课堂与师生？电影的演职员表尚且把所有演职员的姓名，无论是主角还是配角全部展示一遍，观摩课上的所有学生却貌似成了配合教师"表演"的群众演员。这不是教学的常态，更不能够是教学的常态。公开课作为教学研讨课，究竟应该怎样避免学生在教学现场的隐没？斯苗儿找到了能让聚光灯照亮学生的道具——姓名签。

⊙ 带着姓名签出场

　　"姓名签必须要有，如果你忘记带制作材料，我们今晚就去买，加急制作出来。"一开始，何月丰老师并不理解为什么斯苗儿如此执着于这个道具，但比赛过后关于姓名签的故事却久久萦绕在他心头。斯苗儿对何老师说："和学生接触的时候，问问学生'老师该怎么记住你的名字呢？'，听听学生名字背后的故事，再把双色姓名签作为礼物送给他们。"2017年11月，嘉兴市的何月丰老师代表浙江省参加"中国教育学会小学数学教学专业委员会第十三届小学数学教学改革观摩交流展示培训活动"。报到的那个夜晚，斯苗儿又一次跟何月丰老师强调着比赛中的细节："六年级的学生自我保护意识更强，许多学生因为担心回答错误当众出丑而不敢回答问题。课过半的时候，让没有回答过问题的学生把姓名签翻个面，这样你就知道应该多关注哪些学生了，尽可能让多一些学生得到发言机会。"双色姓名签的设计就像是教师和学生间的一个小秘密，观众们看不懂，只有"我们"懂。翻转姓名签的小小动作，让教师和学生在课堂上完成了无声的交流，拥有着小秘密的他们又怎能不去共同全情投入课堂呢？从"我"和"你们"变成"我们"，就在于这样一个小小的举动，就在于这样一个不起眼的小道具。如果学生甚至不能在教学过程中"拥有姓名"，我们怎敢声称自己坚守的是"学生立场"。最终，何月丰老师的展示课取得了所

姓名签必须有！

在会场第一名^①的好成绩。事实上，这样的姓名签，在 2015 年"中国教育学会小学数学教学专业委员会第十二届小学数学教学改革观摩交流展示培训活动"中就被浙江省参赛教师王丽兵老师采用，王老师同样夺得了所在会场第一名的荣耀。

斯苗儿为什么这么强调姓名签？她在长期的教育实践中发现，许多教师会利用跟学生接触的时间进行彩排，甚至设定好学生的反应。"等会儿你来回答这个问题！""老师，那我应该回答正确还是回答错误啊？""您放心，我们肯定给您争气！"这样的童言童语怎能不令人心酸？就连学生都认同了自己的"配角"身份，要配合教师完成一次精彩的舞台表演。这样的课不是好课。斯苗儿提出用姓名签，就是要以"姓名"为切入点，来帮助教师与学生在有限的接触时间内建立良好的师生关系，让每一个学生都不再是藏在人称代词"你"背后的一个模糊的身影，而是带着自己的姓名出场的活生生的孩子。

"最近的路并不是最快的路"，每个出租车司机都明白这个道理。虽然看起来距离最近，但有时候绕路才能避开多个红灯或拥堵路段。教学评比的备赛也是如此，最近的路不一定是通往成功的捷径。教学评比是教师专业发展的重要活动形式，教师技能和素养往往成为评价的重要内容。因此，许多教师都不断地琢磨教学流程设计，琢磨自己的板书、体态、口语速度等技能细节，教学展示就像是教学技能的陈列大会。做如此准备的教师忘记了：教学评比的关键词不是"比赛"，而是"教学"。教学的核心目的不是教师技能的展现，而是促进学生发展。没有学生在场的教学，还能称作教学吗？即使教师个人的技能和才情秀得再精致，也只是个人表演，而不是教学。没有学生在场的精致课堂只是美丽的风景画，却不是健康的教学生态。斯苗儿指导教师备赛的过程，似乎是走了远路，但实质上却把握住了一堂好课的灵魂。从二流到一流或许靠技能训练可以弥补，而从一流到卓越则必须从价值观上

---

① 从 2009 年起中国教育学会小学数学教学专业委员会主办的小学数学教学改革观摩交流展示培训活动分两个会场分别排名。

进行改变。没有学生立场，就不可能有真正意义的好课。学生立场从口号变成行动，浙江教研成功的秘诀通过她所带领的团队的成功课例被看见、被发现、被认可、被推广。

⊙ 被看见才能真投入

并不是每一节课都需要姓名签，但每一节课都应该体现学生立场。公开课是日常教学的理想化与可视化，是浓缩的理想教学样态。公开课只是教学的一个特例，日常教学才是师生共同成长的沃土。使用姓名签的公开课是学生立场导向的日常教学缩影。评判教学好不好的标准不是教师展示的教学技能多么熟练，而是学生到底有没有成长，教师是不是真的通过教学促进了学生发展。小小的姓名签，正是在告诉所有的教师，无论是怎样的课堂，不能只有教师在场，学生在场才是根本。

学生在场的直接表现就是——学生姓名挂嘴边，学生姓名进教案，学生样子在心中。班额偏大、学生太多，往往成为教师记不住学生，心里装不下学生的借口。斯苗儿常常和教师说，把学生放在心上，是教学的第一步。在日常评课中，她非常关注教师教学细节中所体现的对待学生的态度。例如，有没有认真听学生回答问题？有没有考虑学生现有的认知水平？有没有抓住学生的注意力？许多专家把评课仅仅局限于授课教师、观摩教师和专家之间的活动，但斯苗儿在评课时常常进行学生访谈。在她看来，教师课上得好不好，学生是最具有发言权的。在每次的学生访谈中，都能发现许多教师从专业评价的角度会忽视的小细节，如这个知识点虽然教师讲得很投入，但学生没明白；那个提问很新颖，但学生没听懂。在这样一节专家眼里的精致课里，学生可能并没有好的学习体验。

姓名是我们每个人的一个代称符号，每个姓名背后都隐藏着美好的故事和一个个形象生动的学生。要懂教学，首先就要懂学生，记住学生的姓名是了解学生的第一步。说得通俗一点，"学生立场"就是教师能够懂学生。在课堂教学中，教师和学生是一对多的关系，每个学生的内心其实都渴望"被看见"。教师那道注视的目光就是照亮他们的阳光，教师能够叫出他们的姓名，就代表着他们被放在了心上。教师要和学生处理好关系，首先就要真正地看见学生。加拿大儿童心理学家戈登·诺伊费尔德（Gordon Neufeld）提出，在亲密关系中，看见就是爱，每个孩子都需要被看见。

人都渴望被看见，这是一种根本的需求。低年级的学生会争着抢着回答问题，举着手大声嚷嚷着："我我我，老师看我。"高年级的学生虽然不再那样直接地表达自己"被看见"的诉求，但每个学生都会因为教师记得自己的名字，教师特意提到自己的名字等小事而欣喜雀跃。

课堂教学是一种师生双边参与的动态变化的过程，学生和教师各自扮演不同的角色。学生是学习的主人，是课堂上主动求知、主动探索的主体；教师是学习过程的组织者、引导者和合作者。教师的"教"应该为学生的"学"服务，教师教的过程要顺应学生学的过程，教师教的效果要体现为学生学的效果。[①] 在教学过程中，无论是日常教学还是公开课都必须保证学生在场。让学生拥有姓名签的意义，就在于让教师的心中、眼中有每个具体学生的身影，让学生知道自己能够被教师看见，能够和教师建立亲密联结。师生共同全情投入的课堂才是一堂有灵魂的好课。

二、读懂学生的表情包

通常的听课评课活动中，教研员和观摩的教师往往在教室后排落座，全景观摩教师授课过程。这一习以为常的方式，斯苗儿却觉不妥："我们连学生的表情都看不到！"有人不理解："听课就听课，看学生表情干什么，又不是学

---

① 斯苗儿. 以学生为本探索课堂教学设计的新思路 [C]// 中国教育学会小学数学教学专业委员会《小学数学教育》编辑部. 中国教育学会小学数学教学专业委员会第8~9届年会优秀论文集. 沈阳：辽海出版社，2000：335-342.

生在讲课。"那么，在斯苗儿眼里，"读懂学生表情包"究竟有什么意义？

如果说姓名签是给每位学生颁发了进入教学"场域"的入场券，那么读懂学生的"表情包"便是教师走出教学独角戏的关键技巧。和"姓名签"一样，这是让教师关注学生、尊重学生、站稳学生立场的细节体现。

⊙ 课上得好不好谁说了算

斯苗儿常说，学生很聪明，他们能猜出教师想要什么样的答案，他们很会配合教师。许多教师有意无意地把公开教学看作一场演出，编剧、导演和演员全是教师自己，而学生只是观看教师演出的人。如此演出的教师，有的需要学生配合做出或思索、或困惑、或快乐、或恍然大悟等表情，有的则无须配合，只管按自己计划的进度和安排演出。"看黑板！""看老师！""看教材！"成为推动剧情发展的常见台词。在这样的教学演出中，教学发生了吗？学生学习了吗？学生发展了吗？学生愉快吗？学生喜欢教师吗？……

斯苗儿在思考：课上得好不好，到底是谁说了算？是教师自己说了算吗？如果自己完全按照教案完成了教学计划，就给自己满分？是我们听课评课的人说了算吗？我感觉这堂课听起来对我的胃口和套路，我就给他满分？应该都不是。教学效果好不好，应该由学生说了算。学生听明白了，有感触了，有发展了，那就是一堂好课。学生听得云里雾里、呆若木鸡，即使教师讲尽兴了，我们又怎能说这是一堂好课呢？！化熟悉为陌生，是改变习以为常的教研的第一步。我们熟悉的那个"配合表演"的学生形象被消解了，学生将以无比重要的新形象出场。

斯苗儿说："我常常会在课后进行学生访谈，那当然也是邀请学生与我们一起共同评课，了解教师教学真实的效果。然而这样的反馈是不及时的，学生的表情是教师教学效果最直接、最灵敏的反应器。学生还不懂得伪装，如果你看到教师上课十分钟，大部分学生就哈欠连天、精神涣散，是不是非常直观地反映了事先的教学设计出了问题？如果学生能够一整节课都跟着教师的思路，笑逐颜开，是不是非常直观地反映了教学抓住了学生的注意力，抓住了学生的心？对每一个教师来说，读懂学生的表情都是必修课。因此我们要在听评课过程中结合学生的表情，关注课堂的温度。"

2002 年，在"中国教育学会小学数学教学专业委员会第十届年会暨成立 20 周年纪念会"上，斯苗儿发出了这样的倡议："改变驾轻就熟的教学方式，为学生的学习服务；改变习以为常的教研方式，为教师的成长服务。""改变驾轻就熟的教学方式"，不是为改而改，也不是为求新而改，而是要真正为学生学习而改。这当然对教研方式也提出了新要求，要帮助教师真正把学生的学习和发展作为教学工作的重心。"教师参与课程改革的切入口要从备课、写教案、上课、评课等日常工作着手"[①]，斯苗儿把"课程改革"这一宏大主题具体化为教学和教研工作中可操作的具体细节，能操作、接地气。当人们突然在全国教学评比中感叹"浙江的小学数学课堂不一般"时，也许才会追寻、发现浙江省教研员斯苗儿及她所带领的浙江小学数学团队的追求和努力。

⊙ **读懂学生的表情**

斯苗儿身边不乏这样的名师，他们在课堂上时刻关注着学生的一举一动，练就了一双察言观色的眼睛。省特级教师俞正强老师曾生动地比喻课堂教学中师生交流的场景："老师就像是太阳，学生扬起的一张张小脸就像是向日葵，向日葵总是跟着太阳走，学生的目光和注意力也总是跟着老师走。"在执教初期，俞老师也曾为了课堂纪律问题十分苦恼，非常严格地控制学生，试图借此夺回学生的注意力。他在自述中说道："有个小男生给我写了一张纸条夹在作业本里，上面写着'如果你能让我们忘记去吵闹，算你有本事'。童言无忌，我突然意识到我要做的不是怪他们走神，试图去惩戒和控制学生，而是应该琢磨怎么才能吸引学生的注意力，能够

---

① 斯苗儿. 新课程与课堂教学改革——课堂教学改革面临的困惑与思考[J]. 小学数学教育，2003（Z1）：15-20.

吸引学生的老师才是好老师。"[1] 任何其他的荣誉都比不上学生殷切注视的目光和露出喜悦的脸庞。特级教师似乎都懂得这一修炼之道,他们成为名师的道路上所获得的荣誉,正是在这样的一堂堂好课中,在一次次学生给予的"笑脸"中累积和展露的。

省特级教师袁晓萍老师更是如此。2002 年,袁老师还是一位初出茅庐的年轻教师,她代表浙江省参加"中国教育学会小学数学教学专业委员会第五届计划单列市小学数学教学观摩交流研讨会",授课内容是《百分数的认识》(详见《好课多磨》经典课例改课案例 6)。在课堂总结时她问道:"老师非常想了解一下同学们这节课的学习情绪如何?特别是愉快、紧张和遗憾这三种情绪,你能用百分数来告诉大家你这节课的各部分学习情绪所占的比率吗?"袁老师的总结既是对学生学习体验的关注,同时也用这样一种特别的方式让学生再一次运用百分数。

① 王永红,俞正强 . 低头找幸福 [M]. 北京:教育科学出版社,2007:13.

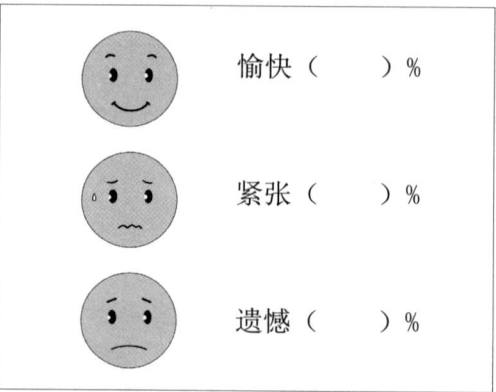

愉快（　　）%	
紧张（　　）%	
遗憾（　　）%	

让她感到意外的是，回到学校之后，居然收到了参与她执教的公开课的学生的一封信，稚嫩的字迹诉说着喜悦之情。

袁老师：您好！

今天听了您的数学课，精彩极了，我上完后，心想：要是袁老师能天天给我们六（2）班上课该多好啊！

今天，我本想大显身手的，因为我能去上公开课，是我的荣幸，当然要好好表现了，很可惜，我只回答了两三个而已，太少了。无所谓了，在信上讲也是同样了：这节课我的愉快为80%，紧张为5%，遗憾为15%，不用讲你也知道为啥了！

祝您天天快乐，工作顺利！

与您有一课之缘的学生　梁某某

2002 年 11 月 20 日

袁老师在多年授课中修炼出了读懂学生表情包的功夫。她认为，学生的表情是授课效果最灵敏的反应器，时时关注、准确解读，才能把握住学生的注意力，引导学生进入自己设计的教学情境之中。在《学会向学生借智慧》一书中，她写道："捕捉儿童心灵的波段，调节好心灵共振的频率，从儿童的需要出发，与儿童的生活实际相连，以儿童喜欢的方式，重构教与学的内在秩序。当学习成为儿童真实的探究与创造，你就可以看到，儿童在数学学习中蓬勃生长的姿态，这才是数学教育最美的模样！"

《学会向学生借智慧》出版时，斯苗儿为这本书作了序，其中说道："许多一线教师，随着新课程理念的不断落地，逐渐明白了良好的师生关系是一切教育教学的出发点，也时时把'平等''尊重'挂在嘴边，但骨子里对师道尊严的理解还是师命不可违。尤其是学科教师，单纯围绕课堂 40 分钟的学科知识教学，不舍得在日常沟通上花时间和精力，师生之间一切沟通都直奔主题，就事论事，没有生活闲聊的铺垫，没有细小情感的互通，沟通变得简单、粗线条，使得本来就相对抽象的数学变得更加乏味。"[①] 知识教学是教学过程的明线，师生沟通交流是教学过程的暗线。在课堂教学过程中，教师常见的问题不是"只见树木不见森林"，而是"只见森林不见树木"。教师要明白，学生不是一个抽象的概念，而是一个具体的形象，是窗边那个正在愁眉苦脸的小孩，也是这个争着要上台展示一脸骄傲的小孩。斯苗儿倡导的观察学生"表情包"的教学方式，要求教师去改变轻车熟路的教学方式。唱独角戏是容易的，出演即兴戏剧是困难的；按部就班是容易的，根据不确定性随时调整教学过程是困难的。然而容易不代表就是对的，教研员需要用一双有力的手推着教师做"困难但有意义"的事情，逐步成长为懂学生的教学名师！

⊙ **读懂学生是教学之源**

2020 年上半年，由于新冠肺炎疫情的肆虐，全国中小学在教育部"停课不停学"的政策指导下开始了大规模在线教学。无论是直播教学还是录播教学，教师和学生都处于不同的空间之中，无法进行面对面的沟通交流。"隔着屏幕看不到学生的表情，也就很难判断学生的学习状态。你不知道他是正专注听讲呢？还是在脑子里跑火车呢？不知道他是喜欢这堂课，还是不喜欢这堂课？"在线教学让学生的"表情包"这一实时反馈系统失灵了，即使人工智

---

① 袁晓萍. 学会向学生借智慧 [M]. 杭州：浙江教育出版社，2018：2.

能技术的运用对于学生的在线学习行为可以做到精细化的监控，如"鼠标在那道题停留了多久""参与在线讨论输入了多少个字"等，但这些数据仍然很难为教师拼凑出一个完整、丰富和生动的学生画面。在斯苗儿眼里，这也是线上教学质量堪忧的主要原因。

在面授教学的过程中，教师与学生之间的非语言交流（目光、面部表情、肢体动作）构成了无声的课堂第二场域，教师能够根据学生的表情变化实时判断学生的理解程度，适时调整教学安排。在这样的背景下，有些学校在未来智慧学校的建设中引入了基于人脸识别技术的"慧眼"课堂表情记录分析系统。"慧眼"可以识别害怕、高兴、反感、难过、惊讶、愤怒和中性六种表情，实时进行统计。"慧眼"究竟是帮助还是取代教师完成这项教学任务呢？是否我们收到机器人脸识别的结果就能够准确把握学生的状态，促进深度学习呢？

深度学习的关键不是表面的形式，而在于真正落实学生在教学中的主体地位。因此，我们需要甄别的是人脸识别技术究竟是"形式"还是"本质"。"读懂学生的表情包"是形式，"读懂学生"才是本质。"读懂学生"需要心灵和情感，是师生的心心相印。机器的人脸识别技术，缺的正是心和情。基于面部表情识别的教学效果研究，目前只停留在表情识别得准不准的基础阶段，还没有过渡到"学生是否被读懂"的深层阶段。"智能教学系统"通过多种设备来广泛收集学生的行为数据，教师可以依据学生行为的数据分析更好地做出个性化教学决策。但数据的收集分析仍然是"深度学习"的形式，而非实质。有了数据不代表就做到了"落实学生的主体地位"，通过教学促进学生深度学习，需要教师既能读懂"学生表情分析的二手数据"，又能读懂学生课堂"表情包"的一手数据。

读懂学生的"表情包"是一项通过实践经验积累以及个人体悟习得的教学技能，更是"一棵树摇动另一棵树，一朵云推动另一朵云，一个灵魂唤醒另一个灵魂"的教学艺术。斯苗儿对于在线教育的担心，或许并不是担心学生的表情"看不见"，而是担心学生的表情不能被"看见"，更谈不上"读懂"。

机器不能直接读懂人心，技术不能直接读懂复杂的学生个体，正是因为机器做不到，教师就更要去做到。即便技术能够读懂，也不能代替师生间心与心的交流。读懂学生的表情包是教学的艺术，是把学生放在心上，是教师成为卓越教师所必需的自我修炼。

每一堂课都是教师与学生共同参与的演出，每一次演出都是师生之间精神能量的相互转换与相互生成。教学是师生共同塑造的"即兴戏剧"，而学生的"表情包"正是教师引导剧情发展方向的指路标。

三、知道学生在哪里

美国认知教育心理学家奥苏贝尔说过，如果我不得不将教育心理还原为一条原理的话，我将会说，影响学习最重要的原因是学生已经知道了什么，我们应当根据学生原有的知识状况进行教学。在斯苗儿眼里，几乎没有一堂数学课完完全全是"新授课"，因为任何一个学生都不是如白纸一般出场的，每个学生都带着丰富的生活经验进入课堂，每一次教学都是在学生已有的经验基础上"改造"而已。即让学生通过与已有经验的连接和对新经验的整合，使得学生在经验重组的过程中获得数学发展。杜威说，教育是经验的连续改造。因此，教学发生的前提，首先是了解"学生在哪里"。如果教师不知道学生"在哪里"，不从学生已有经验出发，教学就扎不下根，就进不到学生的心里。

⊙ 叫醒装睡的教师

"学生在哪里？"一些教师是不知道如何去了解和确定，而另一些教师则是不愿去了解，就如装睡的人，心眼两闭。"你永远叫不醒一个装睡的人"。并不是缺乏了解学生经验起点的机会，而是教师主动选择了"我不想知道"。作为省教研员的斯苗儿认为自己有责任去叫醒那些"装睡的"教师，但要叫醒他们，总免不了打破他们精心设计的自以为"完美"的教学进程，总免不了让他们经受从梦境中醒来时的痛苦和难堪。

斯苗儿常常会在教研活动现场，想方设法叫醒"装睡的"教师。一位名师刚上完《平行四边形的面积》一课，斯苗儿没有直接开始评课，而是现场先采访了学生。她问："在上课前，已经知道平行四边形面积公式的同学请举手。"令人意外的是，一大半的学生都举手了。她继续追问："在课堂上你们为什么没有提出来呢？"一个学生回答："老师你知道吗？如果我告诉上课的老师他讲的内容我都已经知道了，他会很难堪的。"另一个学生补充道："这是剧情的需要，我们不能剧透啊！"原来是学生在配合教师的"完美演出"！听着这样的对话，我们不禁感叹：本以为学生会为了不被批评而"不懂装懂"，却不曾想到学生还会担心教师难堪而"懂装不懂"。究竟是学生太懂事，还是授课教师太自我？当教师满足于自己精心设计的"完美"课堂时，可曾想到自己的美梦成真来自学生的牺牲和成全？被斯苗儿从梦境中叫醒的教师一定会痛苦，但这样的痛苦能让他们保持清醒，让他们重新去认清"学生在哪里"。

斯苗儿常常指导教师备课。备课的过程中她鼓励教师直面学生的现有经验，直面学生的疑惑。别去追求教学形式的完美，而要追求学生真实的发展。2010年，丽水市的朱伟森老师作为浙江省的代表参加"华东六省一市第十二届小学数学课堂教学观摩研讨会"，执教《负数的认识》一课。他把认真准备的、自认为已经成熟的教案发给了斯苗儿，满心期待斯苗儿的认同和赞许，却收

到了这样一条短信："教案我看完了，最大的问题是无视学生的现实起点。问问自己，学生一点都不知道负数吗？"朱老师回忆说："这条短信让我脑子空白了半个小时，我仿佛一下子被一盆冷水泼醒了。我才反应过来这几十个小时所做的教学设计都是在思考怎么从我的角度把'负数'

教出去。"他说自己被"泼醒了",但心中还是充满了疑问,"学生没有学过负数,怎么会知道呢?"在斯苗儿指导下,学情调查的数据改变了他的想法。有92%的学生能用正、负数表示零上、零下温度;有46%学生已经通过天气预报、电梯等场景见过负数。虽然学生没有通过数学课正式学习过负数的意义,却已经有了一定的生活经验和知识储备。朱老师终于意识到,忽视学生经验的教学就宛如蒙上自己双眼的自娱自乐。(详见《好课多磨》经典课例改课案例8。)

斯苗儿说:"一位教师究竟是以教材呈现知识的逻辑作为教学起点,还是以学生经验作为教学起点,往往体现在教学导入环节。所以一堂课刚开始的五分钟导入非常能够看出问题。"再具体一些,可以从教师的课堂用语去判断对学生"经验起点"的态度,是顺着学生的经验展开过程来引导,还是逆着学生的经验去单向地灌输。在导入过程中许多教师害怕提出类似"你已经知道了什么?"的问题,担心学生把新课要学的知识说出来。一般情况下,教师一旦提出类似"你已经了解了有关某某的哪些知识?"后,就立即断定"学了这节课我们就知道了",紧接着就展开教学。这就使得本可以了解"学生在哪里"的提问流于形式,被虚化了。斯苗儿主张,教师在教学过程中要做到"心无杂念,只有学生"。

教材为教学提供了一个完美的、逻辑的知识世界,而教师则需要在教学过程中整合学生复杂的、多元的经验世界。只有这样,教师才能从完美梦境中醒来,真实地去触碰学生的经验,才能真正地了解学生,从学生立场出发展开教学活动,促进学生发展。

⊙ **规划教学的路线**

在评课过程中,斯苗儿常常向执教教师提这样的问题:"您事先接触学生了吗?与学生做了怎样的沟通?如何寻找并有效利用学生的起点?"斯苗儿说,学过小学数学的人都知道"一条线段有两个端点",同样,只有终点,没有准确起点的路线不可能进行路线规划。但是,一到教学这里,事情就变了样，教师缺乏去寻找教学"起点"的自觉性，一厢情愿地走着"虚拟起点"与"测评终点"之间的糊涂路线。

教师在教学中的作用就是带领学生获得发展，教学是为学生发展服务的，因此，必须知道学生在哪里，从学生现有的知识经验出发。学生在教学中学习的主要是人类已有的认识成果（知识），即教学具有"高起点"性，但具体的教学活动却必须从"高起点"转向学生经验的"低站点"，观照学生在哪里、学生知道什么、学生能做什么、学生对什么感兴趣、学生学习可能会遇到什么困难，等等。教师要设计能够让学生全身心投入的主体活动，帮助学生从"低点"主动走向"高点"。如果教师只关注知识的"高起点"，却不去连接学生既有经验的"低站点"，就很难准确设计教学活动的路线。

斯苗儿特别关注学生的起点。1998年，斯苗儿在一次支教活动中执教一年级《圆柱和球》一课。回想这节课的设计与教学过程，她认为，这节课的教学设计打磨过程就是不断把学生的经验起点与教学的目标终点进行对接的过程，具体执教的过程中，还要根据学生的经验起点不断进行路径调整。

《圆柱和球》这一课时的核心目标是让学生认识圆柱和球的特征，初步建立物体的空间观念。一年级学生虽然在日常生活中见到过圆柱体和球体，但这种生活经验往往是零散的、模糊的。因此，找到一年级学生的现有经验，寻找生活经验与学科知识之间的桥梁，就非常重要。最初，斯苗儿课前布置学生准备一些长方体、正方体、圆柱和球等形状的生活用品，让他们带进课堂。然后，围绕这些材料展开教学，设计了"介绍自己带来的生活中的物品""对物品按形状进行分类""总结圆柱形和球形物品的特征"三个核心教学环节。本以为借助学生带来的物品作为教学素材，能够充分关联学生的生活经验，了解学生对于立体图形现有的认知水平。在对物品进行感知的基础上，引导学生对立体图形的特征进行总结，从而实现对生活经验的改造。然而，试教的过程并没有按预期的设计推进，教学的瓶颈出现在学生对自己带来的物品进行分类这个环节。在最初的教学设计方案中，组织学生以小组为单位对自己带来的物品（正方体、长方体、圆柱体、球体）进行自主分类。这个设计带来两个问题，一是学生带来的物品五花八门，教师引导学生进行分类的过程太长；二是学生并不一定按照预设将圆柱体和球体划分为一个类别。一年级的学生虽然对立体的物品具有直观感知和生活经验，但是"对物品分类"这个任务涉及物品的多个特征，标准不唯一，还需要学生有清晰的逻辑思维才能进行物品间的比较。显然，最初的设计超出了学生的现有水平。试教过程中遇到的障碍，让斯苗儿清晰地认识到"大概知道物品是什么立体图形"到"能够对物品根据形状分类"之间还存在着差距。于是，斯苗儿重新定位了学生的现有经验水平，并对教学设计进行了修改。教学的初始任务从过高难度的"多种物品比较分类"变成了"用自己的话描述圆柱和球体的特征"，如学生可以说圆柱是圆圆的、直直的，球只是圆圆的，但它们都会滚来滚去。如此设计，更能引导学生的自主活动。

这几年，斯苗儿又帮助教师对这一内容进行了设计，考虑到学前教育的普及，直接采用任务驱动去诊断学生的经验和教学的起点，使《圆柱和球》一课成为有趣又有价值的好课。例如，让学生找两个不同形状的物品，比一比：谁搭得稳？让学生从长方体、正方体、圆柱和球的比较中感悟圆柱和球会滚动的特征；紧接着再让学生用一模一样的一个长方体和一个正方体，比一比：谁搭得高？让学生感受到长方体棱长的变化与搭得高矮的关系。在磨课的过程中，斯苗儿一直有清晰的认识，教师若想要真正在教学过程中掌握如同北斗导航系统一般的教学路线规划能力，就必须先找到自己进行教学设计的起点和终点，并依据起点的高低及时调整路线。

⊙ **寻找学生的起点**

斯苗儿认同"教无定法，贵在得法"的观点。不同的教师擅长不同的方法，不同的学生适应不同的方法，到底采用怎样的方法来寻找学生的起点可以具体情况具体分析。寻找学生起点的学情测评，有经验的教师心中有数，无须专门测评；对没经验的教师来说，学情测评就格外重要了。常见的有学生访谈和问卷调查两种方式。通过学生访谈进行学情测评，对教师本人的访谈技巧有很高的要求,难以在教师群体中大规模推广。因此,斯苗儿更主张新手教师和刚开始接触学情测评的教师选择"技术化"的问卷调查的方式,包括针对教学内容进行认知测评,依据教学目标将学习内容编制成测试题目来了解学生掌握特定内容的水平,从而有针对性地进行教学。斯苗儿为我们介绍了宁波市的王世彦老师带领团队所做的关于《三角形》单元教学前的学情测评,参见表1-1。

表1-1 《三角形》学情前测示例(节选)[①]

前测内容	答题样例	完成情况
1.画一个三角形,并写出画的步骤。	1. 先画点,再连线。 ①画三个点 ②把三个点连起来 2. 先画角,再连线。 答:先画一个角,再把角的开口用一条线段封上,但线段不能超过两条线段。 3. 逐条画边。 ① ② ③ 先画一条线,再在线的任意一端再画一条线,然后把这条线的另一端连起来。 4. 描画。 答:用一把三角尺中间的空隙描一下。	正确率100%。
2.下面哪些是三角形,是的打"√"。你能用一句话概括什么是三角形吗?	用3条线围成的一个封闭图形叫三角形。 三条线段组成的封闭图形。 由3个角和3条直线组成的图形叫三角形。 三角形是一种封闭图形,它由3条边和3个顶点组成。	1."封闭图形"出现率65%; 2."围成"出现率23%; 3."线段"出现率45%。
3.画出下面三角形的高。	错误类型:	正确率82%。

由上面的学情测评可知,作为五年级学生要学习的《三角形》单元,学生的起点已经很高,如何从单元视角重新突出重点、厘定教学难点,正是学

---

① 王世彦.整合视域下的"三角形"单元教学实践[J].小学数学教育,2020(Z3):92-95,136.

情测评提示教师要整体把握的。

事实上，了解学生还不仅局限于教学的知识经验起点，内容还可以更广泛。学习者画像（见图 1-1）就是一种全面了解学生的好方法。学习者画像是基于"用户画像"理念发展出的教育测评方式，利用人工智能技术进行分类贴标签，如内容偏好、认知状态、学习风格等。这些分类为教师理解学生提供了一些参考维度，有一定的帮助。当然，确定学生起点绝不能仅限于标签分类，教师眼中要有活生生的孩子。学习者画像的研究目前主要集中于在线教学，充分体现了对"学习主体"的重视，时时提醒教师思考"我们真的对学生特征了解清楚了吗？"

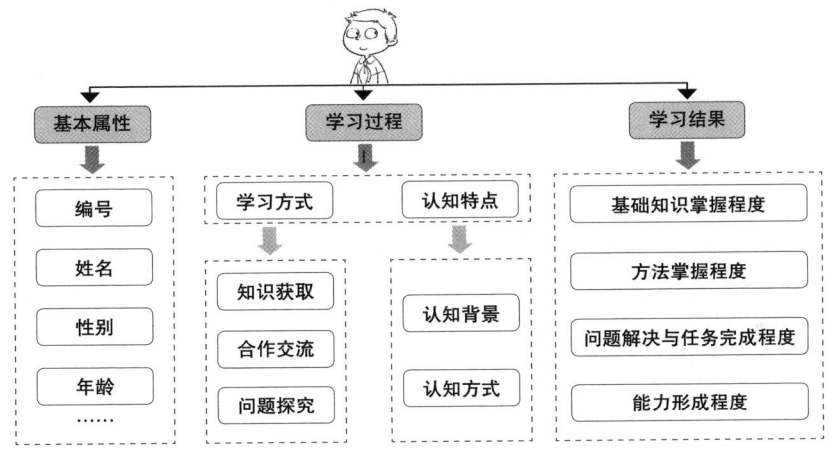

图 1-1 学习者画像模式示例[①]

目前学习者画像研究还存在着"重学而轻教"的倾向，停留于客观信息的收集与分析，还没有成为促进教学改进的依据。如果不能转化成教学改进的养分，"知道"或是"不知道"便没有区别。知道"学生在哪里"，根本目的在于明确用什么样的方法把学生引到教育目标处。

---

① 唐烨伟，茹丽娜，范佳荣，庞敬文，钟绍春. 基于学习者画像建模的个性化学习路径规划研究 [J]. 电化教育研究，2019，40（10）：53-60.

> 不仅有心，还得有力，不能心有余而力不足。

教师要有"想要对学生好"的心意，还得掌握"怎样对学生好"的方法。斯苗儿说，教师指导学生，不仅有心，还得有力，不能心有余而力不足。课堂教学中的语言就是教师是否"有力"的重要指标。自然流畅的语言可以巧妙地引导学生，把学生带到预设的"目的地"，反之，则可能成为阻碍学生前行的"绊脚石"。斯苗儿希望教师的教学用语既能自然流畅又富有意义，能够让人听起来如沐春风，却又醍醐灌顶。

一、聊天的艺术

浙江小学数学团队的公开课，在初看时常常觉得非常朴素，不属于惊艳的"第一眼美女"，细细琢磨，你会发现，上课教师几乎在课堂上的每一句话都是有意义的。这样的意义生成不是"背台词"，也不是漫无边际的"聊天"，而是有教学意图的师生交流。精致的课堂语言失于刻意，聊天式的教学语言则胜在真实。

⊙ 开口即教学

无论是公开课还是日常课，只要教师向学生一开口，就开启了教学和教育活动。公开课是常见的教研活动，活动的开启往往需要预热过程。在斯苗儿眼里，教师一开口，与学生聊上几句，便可以判断这位教师的上课立场，到底是为了完成教案、为了表演还是为了学生发展。斯苗儿发现，有些平时教学水平还不错的教师，一上公开课，说话立马就变了"腔调"。有的讲起话来宛如新闻联播，有的讲起话来宛如晚间八点的肥皂剧。这样的语言风格，显然是"表演"的调子，而非朴实的教学。有些教师或许平时在课堂上还能够关注到学生，但在公开课上却把课堂变成了"我"的教学秀。斯苗儿认为，当教师把自己放大时，学生就被缩小了，把学生缩小了的教学、眼中没有学生的课，不可能是好课。

怎样把教师拉回到正常且温暖的教学状态呢？斯苗儿认为，教师得会聊天。斯苗儿希望教师能够利用公开课上课前那一段短暂的等待时间，或平时刚上课的几分钟，跟学生简单地聊聊天，即使只是问一问学生上课累不累，或者只是好奇某个学生的名字，就能够把学生从紧张的氛围中解脱出来。如果教师依然利用等待时间"排兵布阵"，抓紧时间和学生预习知识点、熟悉流程等，教师就会沉浸在那个只有"我"的小世界里。"我一定要把课上好"的执念就像一个套子把教师套住了，学生就在眼前，他却看不见；学生有见地的回答，他也听不见；他只能看见教案，听见自己的声音。

2017年在"中国教育学会小学数学教学专业委员会第十三届小学数学教学改革观摩交流展示培训活动"中，何月丰老师代表浙江省执教公开课。按照惯例，正式上课前可以有半小时左右的时间接触上公开课的学生。上课教师都会用心准备如何与学生见面，何月丰也不例外。就在接触学生的前一个晚上，他十分得意地练习着见面时对学生的自我介绍，从"西湖—南湖—南北湖"入手，层层递进，最后告诉学生"我来自浙江嘉兴海盐"。斯苗儿直接对这个设计泼了一盆冷水："你心里有学生吗？你知道学生想知道什么吗？"面对这番质疑，何老师傻了眼："说实话，我真心没想过学生想知道什么，我全部的想法都集中在自己这里了。"而后，在斯苗儿的指导下，何老师把自我介绍环节变成了互相了解的聊天。"你们想知道老师什么呀？"这个问题打开了学生的话匣子，也迅速拉近了师生的距离，何老师适时介绍了自己，也顺便询问了学生姓名背后的故事，让每个学生签了名，和全班学生合了影。等正式上课时，特别用心地为每个学生做了姓名签，最后和学生共同成就了一节好课。正是与学生自然而温和的聊天，让何老师从套子里解脱了出来，与学生亲密接触。当教师不那么关注自己的时候，就能放下执念，真正地看见学生、听见学生，不知不觉中形成了良好的师生关系。

斯苗儿说："从事教师职业的人不一定能够真正履行教师的职责，背着书包进入教室的学生也不一定能够真正参与到教学活动中来，也就是说，社会身份意义上的教师、学生，不一定是教学论意义上的教师、学生。"教学交往是教学发生的内在要求。与学生聊天并没有那么困难，因为学生对于教师在"角色面具"下的个人，保持着天然的好奇心，只要教师能够敞开心扉，从学生的角度去聊点儿学生感兴趣的、想要了解的话题，往往就能够收获满满的善意和爱意。

⊙ **聊出教学温度**

斯苗儿非常善于和学生建立亲近的关系。随堂听课时，看着滔滔不绝的教师和昏昏欲睡的学生，课堂气氛几乎接近冰点的时候，她就坐不住了，直接走上讲台，打断教师的教学，和学生聊开了："同学们，我们让老师先休息一下。你们知道今天有两个老师来上课吗？……我有一个问题不明白，你们谁能教教我呀？……你觉得今天这个内容最容易犯错的是什么？为什么呀？如果你是老师，你会怎么上课呢？……"就这样，她和学生聊对教师的感受，聊对内容的理解，聊对教学的建议。沉闷的课堂立马就被激活了，昏昏欲睡的学生也一下子都变得能说会道、聪明伶俐、活泼可爱起来。

你先休息一下。

　　教师都知道教学需要学生全身心投入。那么，怎么才能让学生投入呢？靠权威的规矩，还是靠批评的手段？还是靠内容的吸引力？……答案也许有多种，但聊天是最简单的、最好用的方法。聊天不是演讲，必然是有来有往的，是我讲完了你得讲，你讲完了我接着讲。在教学过程中这样有来有往的语言互动让学生感觉到"我的意见和反馈是重要的"，让学生有了参与感，全身心地投入到教学中来。教学并不是教师把知识材料加工好，"端上桌"让学生"食用"就完事儿的过程，而是教师带领学生一起去寻找和编制材料，让学生在这样的过程中津津有味地去"消化"的过程。这个过程也正是教学促进学生发展的过程。

　　在斯苗儿看来，俞正强老师是"会聊天"的高手。在俞老师看来，通过聊天来了解学生是有效施加教育影响的前提。俞老师说："班里经常会有一些不声不响、性格内向的学生，他们很少与老师沟通交流，我便经常选这些学生作对象，故意找到他聊天，嘻嘻哈哈中，便把那位学生的拘谨感渐渐消去了，他也会无拘无束地说起来。这样的次数多了，人也就变活泼了……在聊天过程中，会有许多绝佳的教育契机，只要把握住并略加引导便会起到说教所起不到的效果。"[①] 可见，"会聊天"的技巧，在于"真诚地说，耐心地听"，而绝不是没有温度的纯粹技巧。通过聊天打开了学生的心，也就找到了学生成长的契机。

斯苗儿不断强调，要给学生创设一个安全、愉悦的对话氛围，要让学生能够"愉快地站起来，体面地坐下去"，教师绝不能在对话过程中高高在上。对话不是评判对错，而是在平等、尊重的氛围中保护、激发学生的求知欲和好奇心。

许多不会和学生聊天的教师，常常给人一种"端着"的感觉，不接地气、难以接近。他们端着的"架子"，就是他们不肯摘下的社会角色的社交面具。斯苗儿注意到，不少教师会在疲惫的工作中感到"情绪枯竭"。如果在聊天的过程中依然要端着架子，时刻要展示自己的权威性和指导性，就仿佛一头备战状态的狮子，即使确实在与学生交流，感受到的却依然是神经紧绷的压力状态。好的聊天会让学生感到温暖，同时也是教师的情感补给站。能量补给式的聊天是舒服的，能让教师和学生在爱意流动的聊天中彼此都得到放松。

有研究发现，教师通过语言的积极回应，能够显著提高学生与学校的连接感，增加学生的亲社会行为。如果教师能够不"端着"，和学生之间建立起亲密的人际关系，教学便能够活起来，教学语言也就不再是干巴巴的，而是混杂着多样情绪的、生动而有灵性的话语。这样的语言，能够"入心入脑"，在学生心中种下一颗生发温暖关系的种子，让学生全身心投入教学活动中。

---

① 斯苗儿，俞正强."浙江省中小学学科教学建议"案例解读·小学数学[M].杭州：浙江教育出版社，2014：241-242.

⊙ **聊出教学深度**

聊天不仅是好课发生的润滑剂，还是重要的教学方法。斯苗儿鼓励教师使用"产婆术"式的对话来引导学生进行知识探索。

斯苗儿希望教师能够通过聊天来引导学生思考，在对话中铺下学生认知发展的一级级台阶，如"这样一共是几张呢？""你是怎么算出来的呢？""该怎么列成算式呢？""像这样的算式该取个什么名字呢？"等问题，在师生对话的过程中，教师的主要职责不是给出正确答案，而是给出好的问题，抛出问题让学生去思考、去争论、去互相学习，教师只需要在适当的时候进行总结和反馈即可。对话教学最直接地体现了教学预设与教学生成之间的张力。因为是对话，你只能预设你要说的部分，却不能够完全把握学生要怎么反应，更不能不管学生的反应自顾自地往下顺流程。如果教师把所有的难点、疑点都自己解决了，都直接告诉学生了，反而是越俎代庖。教师知道了不代表学生就知道了，得让学生自己去经历这个思考的过程。

斯苗儿走进课堂，不仅会在教学缺少聊天的时候救场，还会在聊天跑偏的时候收场。新教师往往学会了开始跟学生聊出温度，却很难跟学生聊出深度。于是，斯苗儿就会走上讲台，做给你看。

湖州市的高雪艳老师在入职刚一年时迎来了她人生的第一堂公开课，执教的内容是《比》。按照前一天集体备课的要求，《比》这节课的导入部分需要让学生把误认为足球赛比分中的"比"从数学意义上排除掉。为此，高老师设计了如下的聊天内容："同学们，你们看过足球比赛吗？足球比赛上见过比分吗？大家看看黑板上的比分，你们考虑一下如果甲队是 2 分，乙队可能是多少分呢？"学生陷入了沉默。高老师接着说："有没有人愿意到黑板上做记分员？"但没有学生举手。

斯苗儿经历过不少这种场景，当年轻教师投来求助的目光时，她便走上讲台开始"接课"。她拍掌示意学生注意，说道："今天是我和高老师共同给大家上课。现在足球比赛的上半场结束了，我们再来一场好不好？"高雪艳老师回忆说，那一刻"简直觉得是救星来了"。"同学们，现在甲队是2分，乙队可能是几分呢？可能是3分吗？可能是1分吗？来，你来说一个……我们再来一局，假如你们班和隔壁班比赛，现在开始计分，你们希望是怎样的比分呢？来，你们进球了，他们没进，记作1：0，你们又进了，他们还是没进……"简单几句话，突出了这次聊天中的关键词——比分的不确定性。乙队的比分不会随着甲队的比分增加而相应地增加，不存在确定的比值，甚至可能出现后项为0，因此比分不是数学中的比。很快，学生便悟出了这个知识要点。这次聊天示范，让高老师对课堂聊天的"水到渠成"有了深刻的反思。她感慨道："课堂的生成不是没有准备的，而是在大量准备下的自然流露。"

斯苗儿强调"聊天"，并不是让教师和学生随便聊，而是有目的地去聊。强调让学生发声，关注学生的反馈，但教学的对话并不是漫无目的，而是有着清晰的目标指向的。学生当然可以发散性思考，但需要教师把握节奏，确保有温度的聊天还能够有深度。

二、提问的技术

学贵有疑，小疑则小进，大疑则大进，不疑则不进。课堂提问是促发学生生疑的重要路径。然而，许多教师的提问是"对不对啊？""是不是啊？""都懂了吧？""还有什么不会的吗？"，这样的提问并不能促发学生的思考，甚至不能算作提问，而只是教师个人的课堂习惯用语，是一个教学环节结束的标志，类似于一个句子的句号。那么，什么样的问题是有价值的呢？有价值的问题在什么时间提问才合适呢？斯苗儿"以问促问"，通过提问引导教师对课堂提问的方法进行反思，让教师问得对、问得精、问得巧。

⊙ **问题的生活化改造**

大部分教师都很重视在课的开场阶段设计导入性的问题来引起学生的学

习兴趣，但不知如何提问能实现这个目的。例如，《利息》一课常能听到这样的提问式课堂导入："同学们，我们今天要学什么内容呀？你们想了解利息是什么吗？"面对这样的提问，除了配合老师给出封闭性的回答，学生似乎再无说话的余地，而好的课堂需要让学生有话可说。

斯苗儿说，提问需要激活学生的生活经验。"为什么不从学生的日常生活开始寻找数学问题呢？学生会对利息这个抽象概念有兴趣，还是对怎么存自己的压岁钱感兴趣呢？"斯苗儿一语点醒梦中人。学生自然是对压岁钱感兴趣，而"教书育人"的教师却忘记了学生的兴趣，只记着离学生遥远的抽象概念。斯苗儿常把"心无杂念，只有学生"这句话挂在嘴边。提醒教师时刻记着从学生的角度去思考、感受自己的教学设计。换个思路就不难找到那个真正令人激动也让人有话可说的好问题。斯苗儿在评课的时候会这样提问："你觉得自己是在团结教材进攻学生，还是在团结学生进攻教材？"教材呈现的是静态的知识体系，教师要使学生在指导下积极主动地"进攻"教材，就需要把教材知识转化为生活问题，以比较现实的、有趣的或与学生已有的知识相联系的问题引发学生讨论。在解决问题的过程中，学生自然而然地学习新的知识，形成新的技能。

斯苗儿回忆起二十年前听过的《较复杂的百分数应用题》一课，至今还赞不绝口。她说："当时是随堂调研，是桐乡市的路茂方老师上的课，他一开始就让学生对一些生活中的现象加以解释。"师生对话如下。

师：昨天，老师在街上看到，某某服装八折出售。谁能告诉我是什么意思？

生：打八折就是 80% 的意思。

师：老师还在电视上看到，某某股票上涨了 8 个百分点。又是什么意思呢？

生：就是说，这只股票上涨了 8%。

师：很好。现在我这里又有这么一条信息：某电视机厂去年第四季度计划生产电视机 4000 台，实际生产了 5000 台。（同时板书。）你能用数学的方式说明该电视机厂的生产状况是好还是不好吗？

｜第一章　给学生一节好课

生：是好的，因为实际比计划多生产了1000台。（许多学生表示同意。）

师：有不同意见吗？

生：有！比计划多生产并不能说明生产状况是好的，因为有可能销不出去，反而造成浪费。

师：有道理吗？（学生点头。）那你能用刚学过的百分数知识来说明吗？

学生试着自己解决，列出了一些算式，并根据这些算式自编了许多百分数应用题。

斯苗儿认为，这样的呈现方式，对接了学生的生活经验，同时注重了数学的应用价值，更能培养学生的数学意识，让学生养成用数学眼光观察生活问题的习惯，培养学生解决实际问题的能力。因此，问题生活化的重点并不是在问题中简单地加入生活素材，而是搭建从学生生活经验通往数学知识殿堂的桥梁。

⊙ 给学生"思维留白"

不少课堂上学生异口同声、齐声作答的情形，大多是表面上的"热闹"。斯苗儿认为，如果问题过小、过浅、过易，学生不假思索就能对答如流，则无助于学生思维的提升，课堂提问要适当地提出一些让学生有探索空间的"大问题"。

封闭式问题往往指向了一个固定的答案，如"这样算对不对啊？""这个题的答案是什么啊？"；开放性的问题则不是"对不对？是不是？"这样的简单设问，而是一个蕴含着无限可能性的问题，如"你发现了什么？""你有什么疑问？"。在设计教学中的开放性问题时，斯苗儿提出了两个方向：一个是横向的，目的在于充分收集学生的反馈信息，在学生给出回答后，提问其他学生"还有别的答案吗？""你们还有什么补充吗？"；另一个是纵向的，目的在于深挖回答背后的道理，如"你为什么会这么想""你是怎么得出答案的？"。横向和纵向的开放性问题结合起来，就能够为学生构建一个可以自由探索的思考空间。要把课上得有趣，就得让学生带着一种高涨的、激动的情绪学习和思考，而对有探索空间的大问题的探索可以让学生充分发挥自己的聪明才智，体验到学习和思考的乐趣。

对于一些教学重难点问题，斯苗儿希望教师能够提出恰当的问题让学生去自主探索。教师需要引导学生思考，而不是替学生思考。例如，在《分数化小数》的教学中，在学生经历了借助计算器把分数化成小数后，教师适时地向学生提问："面对分数化成小数的两种结果（一种是有限小数，一种是无限小数），同学们有什么疑问呢？一个分数能否化成有限小数，与什么有关？请同学们大胆猜测。"几秒钟后，学生纷纷举手回答："我认为与分子有关。""不，我认为与分母有关，与分子无关。""我想与分子分母都有关吧。""我好像感觉与十进分数有关。"[①] 虽然学生的猜测不一定完全正确，但显然教师的这个问题激发了学生面对新知的新奇感。这种感受可以抓住学生的心，造成一种悬而未决但又必须解决的求知状态，让他们迫切地想知道结果，从而深入思考和理解。学生的学习兴趣正在于探究奥秘：为什么要研究分数的分子？为什么要研究分数的分母？为什么要研究十进分数？通过一个开放性的问题引导学生去思考一系列富有挑战性的问题，带领学生进入了富有乐趣的探索空间。

相对困难的问题还可以让学生小组合作进行探究。斯苗儿常常对教师说："既然你教得这么辛苦，还是没让学生明白，为什么不让他们互相学习，共同探讨呢？"提出好的挑战性问题，既能够让教师讲得不那么辛苦，又能够让学生学得愉快而彻底。探索新知需要充足的时间，表达自己的看法也需要时间。如果教师只是给出了问题的空间，却吝啬于给学生时间去思考和表达，便会功亏一篑。某些教师会以课堂时间有限为由不让学生充分地讨论和表达，而斯苗儿认为，学生的思考、表达、争辩都是需要时间的，一个课时不够可以改成两个课时，只要能够促进学生思维的发展，教师在课时安排上可以掌握主动权，灵活地进行调整。

① 斯苗儿. 小学数学教学案例专题研究 [M]. 杭州：浙江大学出版社，2005：261-271.

教师如果有勇气给学生足够的空间和时间去探索挑战性的问题，学生就不仅能收获思考的结果，还能体验思考的乐趣。

⊙ **把追问和补问作为脚手架**

提问的技术并不是要把思考的任务全部交给学生，若是问题过难，学生"跳起来也摘不到果子"，那么教师就需要用"问题串"为学生搭起通往高阶思维的梯子。

斯苗儿在听课过程中常常坐在教室的前排观察学生的反应和状态。她发现，教师如果只是提出一个大问题让学生自主探究，成绩优异的学生无疑是最为活跃的，但在这个过程中思维慢一些的学生，表情是茫然的。如何在一个挑战性问题下帮助绝大多数学生思维发展呢？斯苗儿希望教师可以在讨论的过程中巧妙地使用"追问"作为学生更进一步思维发展的脚手架，如"这种思路可行吗？为什么？""再想想，还有其他的解题方法吗？""你们能理解某某同学的思路吗？""你是怎么想的？为什么这样想？""你如何来捍卫你的立场？""你能把意思说得更明白、更简洁吗？"。学生的思维顺着教师的提问拾级而上，就能看到大部分学生因为明白而笑逐颜开。

在思维的难点上，教师需要巧妙地提出问题，引导学生进行总结。例如，"平均数的计算"在教学之后大部分学生都能够掌握，然而学生是否真正理解了平均数的内涵呢？由教师直接告诉学生平均数的内涵，学生不容易理解和感悟，因而需要通过问题让他们主动去思考，去体验恍然大悟的思维乐趣。

斯苗儿为我们介绍了《小学数学教学案例专题研究》（以下简称《案例专题研究》）中有关《平均数》的教学。一位教师在《平均数》的课堂上，出示了一组身高数据：132 cm、135 cm、140 cm、149 cm、144 cm，要求学生算出平均身高，并就平均数计算的结果进行追问："你们最终算出来的140 cm，和题目中给出的140 cm是同样的意思吗？"也有教师结合题目中的信息进行追问："2012年某市平均每人住房面积达35平方米，是不是每个人都拥有 35 平方米的住房面积呢？"在课堂上，学生就这个问题给出了精彩的回答："不是的，这个 35 平方米是平均数，是所有人的住房总面积除以总人数得到的，有的比 35 平方米多，有的比 35 平方米少，也有的刚好是 35 平方米。""有的人是富翁，3 个人住着几百平方米的别墅；而有些乞丐以地为床，以天为被，一点儿住房也没有。""平均数是为了说明整体的情况而产生的，并不是真正存在的。"可以说，在这个过程中教师是排查知识难点的侦察兵，学生则是排雷的拆弹专家。

斯苗儿常鼓励教师学习苏格拉底的精神，把问题变成推手。她认为，提问要使学生注意教材内容，而不是注意教师目的。如果重点主要放在得到正确答案上，就违背了这个原则，上课也就变成了追求教师答案的猜谜游艺会了。在重点处"布雷"，在疑难点"搭把手"，教师的追问便成为释放学生思考活力的催化剂。这样的追问，让学生体悟到思考的乐趣，在心中种下不断深入探究的种子。

三、反馈的价值

没有反馈，就没有师生课堂互动的"你来我往"。斯苗儿说，"反馈"就像是课堂方向的测试仪、课堂节奏的调节器。教师在教学中需要眼观六路，耳听八方，既要能读懂学生的表情包，又要能听懂学生的话外音。抛弃"我认为学生会怎么想"的前见，以"学生是怎么想的"为基点，蹲下来，顺着学生的思维进行反馈和引导。

⊙ **以正确的方式回应学生的错误**

学生害怕犯错，教师担心学生出错，斯苗儿却把错误看作宝贵的教育资源。学生出错在所难免，认识错误、修改错误的过程是学习历程应有的轨迹。斯苗儿说："教师要给学生创设一个安全、温暖的课堂心理情境，让学生敢说、想说，不怕犯错。"不怕犯错，是学生在日后的成长道路中能够不断创新的关键。硅谷是全球知名的高科技创业区，同时也是创业失败率最高的地方。硅谷文化中有句广为人知的老话就是"迅速失败（Fail fast）"，迅速行动，不怕失败。

学生即使"答错了"，也未必没有可取之处。如果教师非要把学生的回答"规范化"，不仅会挫伤学生主动思考的积极性，更会束缚学生的思维和想象。在斯苗儿主编的《案例专题研究》一书中，介绍了《分数》一课的教学过程。教师提问："小芳吃了 $\frac{1}{4}$ 的蛋糕，小明想比小芳吃得多，你会建议他吃几分之几呢？"有学生回答" $\frac{2}{4}$ "" $\frac{3}{4}$ "，这时一个学生得意地说："干吗那么啰唆，把一整块都吃掉不就可以了！"教师怎么回应呢？他说："你的意思吃掉的就是单位1，这是一个整数，刚才我们要求给出的是分数。"这位学生的脸上顿时露出挫败的表情，全班的气氛也一刹那凝固，几个学生把举起的手悄悄放了下来。这样的反馈既无情商也无智商，打击了学生揭示分数丰富内涵的热情。斯苗儿说："学生所说的'吃掉一整块'是宝贵的可利用资源，如果教师顺势将其转化为' $\frac{4}{4}$ '，既鼓励、肯定了这位学生，也会让更多的学生敢于发言，而且把单位1和分数建立起关联。而上述这位教师简单粗暴的否定使课堂平坦了，却也呆板了。"

斯苗儿说，即便学生在知识学习上有错误，也要让学生能够体面地坐下。斯苗儿的"教学模特"袁晓萍老师在这方面有高超的智慧。袁老师的课上，学生都积极踊跃，思维新奇、新颖，常有新异想法。一次袁晓萍老师上课时选了一位坐在教室最后一排的女生回答问题。这位女生理解错了题目的意思，给出了错误的答案。但袁老师的表情却还是一如既往的温柔，笑着对她说："好的，谢谢你。"随后，袁老师笑着问了其他学生，借学生的回答纠正了女生的错误。错误纠正了，但是没有人感到尴尬、沮丧、丢脸，教学其乐融融地推进着。那时我突然明白，我担心的并不是答错，而是答错带来的否定和消极情绪。知识的漏洞终有机会修补，但学生的尊严、自信和积极的态度，却经不起损耗。

　　错误不可怕，若能恰当对待，还能变成丰富的教学资源。斯苗儿主持制定的《浙江省小学数学学科教学建议 30 条》的第 16 条写道："……要善于筛选和有效利用课堂生成资源，尤其重视典型错误资源的捕捉与利用。"不少学生存在"一听就懂，一做就错"的问题。因此她希望教师重视错误案例的搜集和整理。例如，建立学生的"错误收集本"，把平时课内外作业中的典型错误及时地记录下来，帮助学生提升反思错误的能力。同时，也可以将错题案例作为复习课的重点，成为教师改进教学的镜鉴。

　　袁晓萍老师在《学会向学生借智慧》一书中写到，她在复习课上，让学生以"坑"为题对错题进行盘点。学生创造了许多有趣又有料的作业：《那些年，我们掉过的"坑"》《凉凉，处处是"坑"的考试》《坑来坑去，何时了》……这样的数学错误案例，正如斯苗儿所设想的那样，成了"丰富美丽的教学资源"。也正如图 1-2 的学生作业中所说："当一个又一个坑被填平，便可会当凌绝顶，一览众山小。"

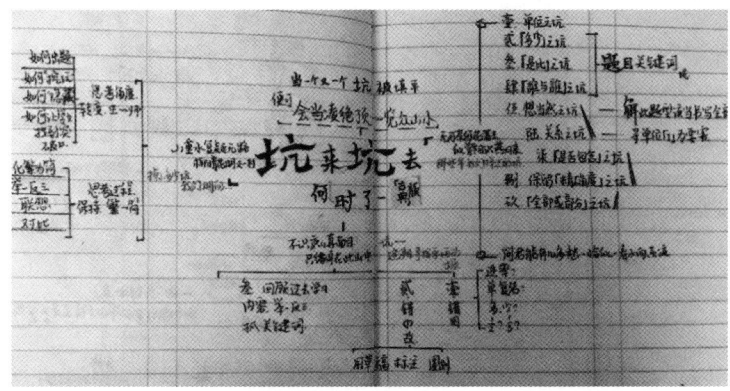

图 1-2　学生作业《坑来坑去，何时了》

⊙ **反馈要面向全体但要有"代表性"**

斯苗儿要求教师心中装着所有的学生，而不是某几个学生。在我们和斯苗儿一起参与的教研活动中，多次见她对教师反馈的"代表性"提出质疑。在一节课上，教师以学生课前整理的小报为线索梳理了单元知识，而在教学过程中，仅仅选用了一幅学生作品和四位学生的问题进行展示和评价。针对这种情况，斯苗儿开始了"踢馆式发问"，她拍掌示意学生注意，并走到学生的座位中间问："你们整理得都特别有思考价值，刚才老师只拿了一个同学的小报和四个同学的问题，你们觉得已经把你们的想法呈现在上面了吗？"学生回答道："没有。"她又追问："那你们有意见吗？"多数学生摇头示意。"是不敢有意见还是真的没有意见啊？"斯苗儿追问。学生笑着回答说："不敢有意见啊！"

选择自己希望看到的回答来进行反馈，无疑是把教师个人的教学安排放在首位来考虑的。部分教师会倾向于选择"优等生"上台展示，课堂上也总有那么几个特别愿意发言，教师也总让他们发言的学生。斯苗儿把这种课堂戏称为"老师和学霸的秀恩爱"。"课上都会了，课下全错了"的症结也正在于此。教师被课堂上优等生们的积极表现、被高高举起的小手蒙蔽了，没有了解全班学生真实的掌握水平。斯苗儿从不在评课时问"你们都学会了吗？"，而是提问"还有哪些同学觉得没有听懂？"。反馈的答案需要具有代表性，不应只是来自优等生，而要有不同类型和层次水平的学生的答案。

反馈之所以要具有代表性，正是因为课堂时间有限。要突破这个难点，需要回到斯苗儿对学生的那个提问："你们觉得已经把你们的想法呈现在上面了吗？"把学生的想法都呈现，不是呈现每一个学生的想法，而是每一类学生的想法。斯苗儿借用物理学中"串联"与"并联"的概念，提出归类反馈，并能从线性的串联反馈到网状的并联呈现。串联式反馈是把学生的学习结果按照一定的顺序依次反馈，并联式反馈则是同时出示学生的学习结果进行整体归类反馈。例如，教师在黑板上呈现学生的各种算法，通过追问学生"你们的想法都被呈现了吗？""你属于哪一类？"，使每个学生的想法都得到了尊重。

在听评课的学生访谈环节，斯苗儿常常提问："你们还有没有别的想法？""有谁和他是一样的？""再仔细看看周围的同学，还有没有和这种类型不一样的答案？"通过对多位学生的采访，就可以使教师对学生学情的了解情况从点状变为分类聚焦，呈现具有代表性的材料。分类并联反馈最大限度地呈现了绝大多数学生的真实水平，给了学生更多的思考和讨论的空间。这样的反馈，需要教师在课前能够针对不同层次水平的学生回答作出预设，才能在课上高效完成学生情况的分类收集。

斯苗儿希望教师在备课的时候就能够多重预设学生可能出现的情况。《"浙江省中小学学科教学建议"案例解读·小学数学》（以下简称《案例解读》）中，收录了省特级教师、嘉兴市教研员朱国荣老师执教的《分数的意义》一课。朱老师设计了这样一道探索题："懒羊羊说，我吃了一个月饼的 $\frac{1}{4}$。喜羊羊说，我吃了一盒月饼的 $\frac{1}{4}$ 。谁吃得多一些？"面对这个有"陷阱"的问题，他预计绝大多数学生会主动跳进去，不假思索就得出"喜羊羊吃得多"的结论。

而且学生得出这一结论源于量的直觉的可能性大，而非理性思维。显然，如果直接来交流结论无法达成问题所承载的环节目标，即要让学生认识到分数还可以表示把一个整体（单位"1"）平均分成若干份，表示其中的一份或者几份。因此他在学生想说出结论时，不让学生说出来，而是接着提出如下的教学要求："不要告诉大家你的结论是什么，请你画两幅图，一幅表示懒羊羊吃的月饼，另一幅表示喜羊羊吃的月饼，让大家一看就明白你的结论是什么。"

朱国荣老师预设了四五种学生回答的可能方向，并针对每一种情况都设计了反馈路径。如果学生都掉入了题设的"陷阱"，就展开追问；如果有部分学生能够发现"陷阱"，就展开讨论。朱老师既关注"大众"起点，预设大多数学生可能的探究方向和探究结果，也兼顾了两头。既要思考"面对束手无策的学生，教师应提供怎样的帮助"，也要思考"那几个特别聪明的学生可能会提出什么教师意料之外的方法"。有意识地积累教学经验和有针对性地开展课前调查，是帮助教师准确预设学生可能的探究方向和探究结果的重要途径。确定反馈顺序应遵循就低不就高的原则：当有学生的认知水平比较低时，一般先反馈低认知水平学生的材料；当有学生出现错误时，一般先反馈学生的错误材料；当有学生理解不够全面时，一般先反馈学生的残缺材料。反馈既要面向全体，又要必须具备代表性。

⊙ **反馈要有序更要让学生的智慧发光**

教学中的"无为而治"，可以让学生的智慧发光。只有教师适当地"隐入幕后"，学生才更有空间发出自己的声音，展现自己的智慧。教师在反馈讲评中很容易扮演裁判者的角色，如果学生的回答符合预设就按捺不住内心的激动，迫不及待地用"很好""你真聪明"之类的语言加以肯定，过快地结束师生之间的对话。斯苗儿在《小学数学课堂教学案例透视》中记录了省特级教师、嘉兴市的钟麒生老师的反馈智慧，她说："钟老师在整个教学过程中，都没有以'裁判'的身份出现，而是把每一次反馈评价的权利都交给学生，如'你们的例子都举对了吗？同桌互相检查一下''你们听明白他的意思吗？谁来重复一遍？''就用他的方法试一试'等。"让学生来评价学生，让学生给出反馈，学生会更积极地投入其中、沉浸其中，把教学真正当作自己的活动。

但在很多课堂上，教师依然是以裁判的身份出现的。例如，一位教师执教《圆的认识》一课，教师提问"半径有什么特征？"，学生回答"直径是半径的二倍……"，还未等这位学生把话说完，教师就马上用商量的口吻说："你这句话等一下再说，好吗？我们先来看看所有的半径有什么特征？"这样便打断了学生的发言。尽管教师用很客气的语气，表示对学生的尊重，但是还是未能掩饰住教师完成教案的心态。这位教师与许多教师一样，在他的心目中，上课就是执行教案的过程，在课堂上无论教师的教还是学生的学，最理想的进程就是完成教案，而不是"节外生枝"。说出了正确的答案，却没有被给予肯定，那么学生以后还愿意积极思考和回答吗？成功的体验是一种巨大的情绪力量，它可以促进学生好好学习的愿望，因此学生的学习兴趣是需要教师精心呵护的。斯苗儿建议，当学生提前说出答案的时候，教师可以不必让他"等一等"，而是提问"谁听懂他的想法了？"。连贯敏捷的思维应该得到鼓励。

如果教师换一种心态，学生的"节外生枝"就可以成为一道亮丽的风景线。杭州市的蔡雯丽老师在完成两位数乘两位数笔算的新授后，安排了一组练习题，感受一个两位数乘 11 的速算方法。当已经完成既定目标准备进入独立练习时，一个学生提出疑问："老师，两位数乘 11 有这样的规律，那三位数乘 11 有没有这样的规律，能不能快速的计算呢？"蔡老师接着学生的问题说："同学们，你们准备怎样去验证三位数乘 11 有没有这样的规律呢？"学生有的出题，有的验证，有的沉思，多次尝试、探索，反复纠正。虽然三位数乘两位数的笔算不是这堂课的教学目标，但教师抓住并利用这个疑问，动态生成了新的教学目标。蔡老师说："课堂上有时会因为学生大胆的质疑而一石激起千层浪，有时又会因为学生智慧的补充而一语惊醒梦中人。"引而不牵，放而不纵，便能够营造充满活力的课堂。

斯苗儿常常调侃自己还属于成长中的"苗儿"，没有多少智慧，是向教师借智慧。而斯苗儿指导的教学名师则调侃自己没有多少智慧，是向学生借智慧。可见，教育的大智慧正藏在"借智慧"之中。袁晓萍老师在《学会向学生借智慧》一书中这样描述教学中借智慧的美妙："永远不限制儿童提问，我们只需要装作不明白就好了，儿童需要的是好的学伴。永远不限制儿童表达，我们只需要听他们表达就好了，儿童需要的是好的听众。永远不要过度教儿童，我们只需要为他们鼓掌就好了，儿童需要的是恰当的鼓励。永远不限制儿童尝试，我们只需要捍卫他们选择的权力，儿童需要的是自己去经历。每一种声音都值得倾听，学会向学生借智慧，让我们自己可以更智慧！"

第三节

每种体验都需精心设计

> 经验的积累需要过程，教学要设计让学生体验的过程。

眼睛盯着教学进程，心里想着学生的感受——这是斯苗儿听课时给人留下的深刻印象。在访谈中，她这样描述教学活动和学生活动的关系："课堂看起来是教师在一通忙活，但这通忙活的目的实际是要引起学生的学习活动。教师提供素材、安排任务、反馈作业，如此等等都是基于对学生的学习体验的设计。"基于将教学看作"体验设计"的思路，我们在斯苗儿组织的课堂教学研究活动中发现了许多别具匠心的设计思路。这些设计不仅让学生学得更深入，也让学生学得更开心。

一、素材运用更灵活

好的素材可以赋予课堂生命力，激发学生的思维活力。因材施教，循序渐进，教学素材本身也需要有"序"。一个材料之所以成为教学材料，不仅是因为它的实体出现在教学的时空当中，更重要的是它承载了特定的教学意义，具有特定的教学功能。那素材的选取和运用到底有什么门道呢？在活动中，斯苗儿一般不会直接上台开讲"素材怎么选、怎样用"的大道理，而是通过对课例的解剖使参与者领悟到她心中的"好素材"。

⊙ **典型性素材**

不少教师尤其是年轻教师觉得，一节课的素材要丰富多彩、琳琅满目才好。然而，斯苗儿坚持一切从学生的学习和发展出发，主张教学素材"简约化"，反对烦琐的、哗众取宠的素材，强调教学素材要简单而典型。

2008年，斯苗儿策划了"'浙江特级教师大讲台'暨'西湖之春'小学数学名师名课展示活动"，为了发挥省级教研活动的导向作用，她让七位名师上了七堂朴实的课。七位名师没有准备精美的课件，也没有琳琅满目的教具和素材，但他们的课却精彩纷呈，学生学得主动、愉快、灵动。这使许多一线教师见证了"简单素材"的课堂智慧。有教师感慨道："在新课程背景下的数学课堂中，满眼是缤纷的色彩、热闹的场面，满耳是激烈的争辩、廉价的表扬。这次名师的课堂，却让我有了一种返璞归真的感觉，宁静而清新，扎实而不失灵动，有趣而不失有效。"

要做到"简"，就必须"减"。2017年，斯苗儿应邀参加云南省小学数学问题解决图示法教学实践研究课堂教学研讨活动。云南省昆明市的名师周佳泉老师执教《比例的意义和基本性质》一课，就体验了一次"做减法的课堂重生"。上完课，周老师说："公开课已经试教了三次，但总觉得哪个地方出了问题，特别别扭。"斯苗儿快人快语，直接说："这节课的知识结构是有序的，素材也不错，问题出在哪儿呢？舍不得丢，老师太勤劳了！周老师啊，你要学会懒一点。"一语惊醒梦中人，周老师当场要求"现场改课"重新上一次。他对自己的教学素材进行了大刀阔斧的删减，只留下"相似图形"这一个典型素材，降低一个年级上课。整节课就只剩下两件事——用相似图形来理解比例，又用比例来指导相似图形的作图，二者互相印证，浑然一体。

周老师说："课变简单了，老师变懒了，学生能学好吗？若非这次亲身经历，我也存有同样的疑虑。但现场改课证明，课变简单了，老师变懒了，学生就变聪明了。"

《百分数的认识》一课是衢州市龙游县教研员蓝雪敏老师的代表作，当年"删繁就简"的磨课，对蓝老师来说是教学理念转变的关键事件（详见《好课多磨》经典课例改课案例6）。2011年，蓝老师为了准备"华东六省一市第十三届小学数学课堂教学观摩研讨会"的展示课，跟着五位数学特级教师学习了好几个月，终于打磨出一节自己十分满意的《百分数的认识》。但斯苗儿却并不认可她的教学设计。因为百分数与生活息息相关，很容易找到生活中各种材料，以显示数学与生活的联系。蓝老师在正式比赛之前，曾有过多次的实践和改进，基本上都是材料过多直接影响教学进程，最明显的问题是过多地追求与生活的联系，而忽视材料本身的数学结构，以及材料之间的分层递进。斯老师说："一节课听下来，整体感觉就是'累'和'多'。老师上得累，学生学得累，听课教师听得累。学习材料多，低效追问多。"她直接提出，希望蓝老师可以思考"如何用简单的材料上出富有思考的课？"但对于蓝老师来说，这堂课上所有的材料都是她从多位特级教师那里学到的宝贝，都想放进去。事实胜于雄辩，实践过程中，每当她提问"同学们，那到底什么是百分数？"时，都会遭遇冷场。上课前一天的晚上，斯苗儿还是要求蓝老师对教学材料进行删减，去除了过多追求与生活联系的导入素材。开门见山导入新课。直接从教学重难点分析教学材料，并选择"百格图"表征百分数这个典型素材展开教学，教学效果非常好。我们不妨看看蓝老师当时的导入和展开过程。

师：今天我们来研究百分数，相信通过这节课的研究，你们对百分数一定会有更深的认识。老师这里带来几条百分数的信息，请大家一起读一读。（用课件呈现以下三条信息。）

（1）用流水洗手30秒以上，可清除80%的细菌。

（2）我国最新调查显示：25%的小学生患近视。

（3）第六次人口普查结果：我国男性人口约占51.27%。

师：大家请看第一条信息。谁能用自己的话解释一下这句话的意思？（逐步引导到学生个性化画图理解80%表示的意思。）

蓝雪敏老师在访谈中说："老实说，一开始我是接受不了的，因为我觉得那些素材丢掉太可惜了。但那次课之后，我感觉自己好像突然翻过了一座山。虽然被颠覆的过程很痛苦，但现在回过头去看，这个经历太值得了，特别是自己做教研员之后，体会更深。我一直记得斯老师当时说的，概念教学要指向基于本质的理解，要用简单的材料上出富有思考价值的课。"

⊙ 结构化素材

斯苗儿不仅擅长快言快语地给人当头棒喝，还仿佛一位魔术师一般，总能从口袋里变出最适合教师理解的课例来使大家领悟抽象的教学原理。简单的素材为什么可以给学生深刻的启迪呢？斯苗儿对此的回答是，关键在于素材内部的结构性。素材是教师引导学生认知发展的手段和工具，是学生要抵达认知彼岸所乘坐的船只。素材的结构本质上由教学目标所决定，每一个素材都要有明确的目标。即使简单，也必须指向目标，而且"有序"呈现。这次她便从她的"魔法口袋"里掏出了俞正强老师的《用字母表示数》一课，为我们呈现 "两只信封"的简单素材，怎样做到结构清晰、层次分明。

斯苗儿介绍说，俞正强老师只用"信封"做了两件事。首先把粉笔分两次放进同一只信封，一次让学生看着放，一次避开学生放，再让学生猜数量。学生看见老师往信封里放粉笔时，数是确定的；而学生看不见老师往信封里放粉笔时，数就不确定了。信封本身没有复杂的情境，反而有利于学生直接面对"数的表示"这个关键问题。通过这个素材，学生更好地体会到"用字母表示不确定的、有范围的数"的意义。在此基础上，俞老师又拿出了另一只信封，通过素材的扩充把问题引入了更高阶的目标"字母和字母式的比较"。通过给两个信封建立比较关系，如"一号信封比二号信封多两根"，引导学生理解用含有字母的式子表示的比较关系，即使用字母式来表示数量关系。①
这节课的素材实在是简单，而结构却非常清晰。一只信封缺乏比照不能撑起
一节好课，但"两只信封和粉笔"的逻辑结构成就了好课的骨架。

强调教学素材结构的同时，浙江小学数学团队这几年开启了单元整体教
学的研究，其中单元学习材料的结构性也是斯苗儿关注的重点。她指导的省
重点课题《小学数学结构化课程整合的实践与研究》，重点就是探索单元教
学内部的结构性。单元内部的各个课时之间可以使用具有相同结构的教学素
材，把单元内的教学任务有机地关联和整合。这里所指的"单元"，主要指
在数学知识体系中具有内在联系的单元，同一"数学单元"的内容可能分布
在教材的不同年级教材单元中。例如，正方形、长方形和四边形的知识在教
材编写中遵循从特殊到一般的思路，往往在不同的年级呈现。要将这些内容
整合，需要利用结构化的材料。通过点子图画出长方形和正方形，让学生自
主总结长方形和正方形的本质特征，再通过小棒让学生摆出"既不是长方形，

---

① 俞正强. 种子课 2.0：如何教对数学课[M]. 北京：教育科学出版社，2020：155-157.

也不是正方形"的四边形。基于前一个材料中得到的正方形和长方形的概念，通过辨析，学生可以提取出四边形的概念，而通过把四边形变成长方形或正方形，学生又能够理解长方形和正方形作为四边形的特殊性。可见，材料之中蕴含着认知的阶梯，通过材料的结构化可以把学生认知的结构显性化。

⊙ **关联性素材**

斯苗儿认为，寻找有价值的关联性素材可以盘活学生的知识经验，更好地促进学生思维的发展。在观摩了《真分数与假分数》众多课例后，斯苗儿发现学生对于"假分数"概念的理解存在困难。学生从三年级初步认识分数到五年级再次认识分数的意义，所见到的分数基本上都是分子比分母小的真分数，所以大部分学生甚至会认为"$\frac{5}{4}$"不是分数。如果教师直接告诉学生记住通过比较分母和分子的大小来判断真假分数，那么便忽视了学生对假分数本质内涵的理解。

斯苗儿找到了"分饼"这个素材，期待学生把除法和分数联系起来，从而更好地帮助学生掌握假分数的内涵（详见《好课多磨》经典课例改课案例5）。北师大版教材中为了凸显假分数是总数未知情况下的分数单位叠加，设计了"9张饼平均分给4个人，每个人得到多少张饼"的问题。然而，这个问题却很难得出"$\frac{9}{4}$"这个答案。因为学生往往凭借二年级的除法知识便可以得出答案，是2余1，而不是一个分数。堵不如疏，斯苗儿想到既然学生习惯于用除法解决"分饼"问题，何不干脆把"分数与除法"与"真分数和假分数"打通进行教学呢？

依然是"分饼"，但饼的总量是未知的，因此学生需要探究不知道总数的饼如何平均分给4位小朋友。先让学生列出除法算式表示分饼的过程，通过观察找到除法和分数的联系。再让学生发现每均分1张饼，每位小朋友就能得到$\frac{1}{4}$，分完5张饼，就能得到5个$\frac{1}{4}$。最后，通过结果的变化规律，使学生认识到"$\frac{5}{4}$"是如何通过分数单位的累积而得到的。这样清晰严密的教学素材设计，并不是一蹴而就的。从浙江省优质课比赛的初试开始，再到后来的全国第十一届深化小学数学教学改革观摩交流会，"联系"的思路在多位教师的多次尝试下才初步定型（详见《好课多磨》经典课例改课案例5）。让学生在知识联系中加深理解，也成为诸多教师心中对教学难点进行突破的利器。教学素材的选用要考虑到知识的"前后联系"，要通过具有关联性的素材讲清楚知识的"来龙去脉"。

关联性素材不仅可以串联起多个知识脉络的问题情境，学生已有的知识经验本身也可以成为关联新知识的"钩子"。斯苗儿介绍了2013年"浙江省小学数学课堂教学评比活动"中，义乌市的龚哲荣老师是如何用一道开放题串起了《平面图形的面积复习》一课。如图1-3，要求学生把想到的图形补充完整，并求出它的面积。题目的空间足够大，使不同水平的学生都能

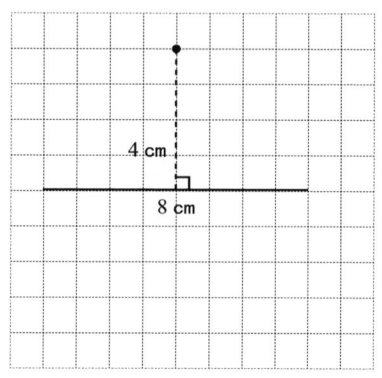

图1-3　平面图形复习课素材之一

入手，同时，学生可以从各个角度把图形补充完整，反映出学生的不同水平。这样用关联性素材整合旧知和新知，可以开阔学生的视野，有助于学生把数学知识由知识点变成知识网络，建构起自身的数学知识体系。

斯苗儿对于一节课的设计，通常把"教什么"放在"怎么教"之前来进行考虑。因此，许多课堂都是通过"改变素材"获得活力的。

诸暨市实验小学的数学教研组在讨论《计算经过时间》一课时，最初的思路是先找到难点即"经过时间"的计算，再寻找方法"怎么教才能让学生减少错误"，理由是这样的作业题学生错误率很高。在课堂展示后，斯苗儿否定了"就题教题"的教学设计，给出了以学生实际的"课程表"这个素材来串联知识点的新思路（详见《好课多磨》经典课例改课案例3）。

重生的课堂简化为两个大的环节，通过课程表来计算"经过时间"和设计自己的特色课程表。这样，两个环节相互关联，直接指向学生身边的问题

解决，课堂效果非常好。诸暨市实验小学的数学教研团队把这次教研活动称作"颠覆性"的改课。在大多数关于课堂教学的教研活动中，大家都直接奔着"怎么教"，却忽视了"教什么"。也许不少教师会困惑：教材上编什么我就教什么呀，难道还需要怀疑吗？

正因为如此，《浙江省小学数学学科教学建议30条》第4条强调："要关注整套教材的基本结构……以此为背景研读课时教学内容。"教材的内容，需要前后联系，需要理出"清清爽爽一条线"。用教材，重教材，但不拘泥于教材。

二、任务驱动更连贯

虽然是教师主导教学活动的进程，但斯苗儿从不甘心让学生仅仅成为被动配合的角色。怎样才能充分激发学生的积极性，让数学变得好玩呢？斯苗儿活用了苏霍姆林斯基的思想。苏霍姆林斯基说，在人的心灵深处，都有一种根深蒂固的需要，这就是希望自己是一个发现者、研究者、探索者。在儿童的精神世界中，这种需要则特别强烈。把知识学习变成任务解决，可以使学生燃起对学习的兴趣和动机。任务驱动教学的关键是任务的设计，而任务设计需要关注三个要点：一是要具有能促使学生拾级而上的递进性；二是要具有促使学生深度思考的挑战性；三是要具有能促使全员卷入的参与度。

⊙ 任务设计的递进性

任务设计要做到"低起点、多层次"，直面学生在任务解决过程中产生的疑惑，逐步引导其解决疑惑，向"最近发展区"递进。不少教师在教《平行四边形面积》一课时，会按照教材的编排方式通过数方格的办法先分别数出一个长方形和平行四边形的面积，接着提供一个标注出高的平行四边形，经过剪拼成一个长方形，通过引导学生对比原来的平行四边形和转化后的长方形，得出平行四边形的面积计算公式。这样的教学设计看起来非常完善和流畅，但斯苗儿却提出了质疑。

"把平行四边形变成长方形"的思路，是编者和教师的想法，还是学生自觉的意识和行动呢？如果直接让学生去进行平行四边形面积的计算，他们会按照这个思路思考吗？为了验证心中的疑惑，她要求教师在不同区域、不同班级中进行了前测，发现学生最容易想到的方法并不是割补图形，而是"邻边相乘"。如果教师直接从"割补图形"开始教学，看起来学生是在探究平行四边形的面积，实际上他们只是在配合教师走一走既定的套路。

斯苗儿认为，"平行四边形面积"的教学要从直面学生的疑惑开始，引出疑惑，引导学生澄清疑惑。一开始就可以把"如何计算平行四边形的面积"这个问题抛给学生，这是引导学生在现有的学习经验基础上迈上的第一个台阶，而后在发现问题的基础上，再引导学生去证明平行四边形的面积为什么不能用邻边相乘，实现认知的进阶。在发现和解决问题的过程中，学生才会真正感受到数学思维带来的惊奇和愉悦。

生活不仅有眼前的苟且，还有诗和远方。而斯苗儿说数学课不仅要有基础任务的"苟且"，还要有高阶任务的"诗和远方"。基本知识、基本技能扎实，

有利于学生考个好分数；而高阶任务则能够使学生体验到数学思考带来的愉悦，则有利于学生喜欢上数学。俞正强老师评价说，数学课的"苟且"是教师的责任心，数学课的"远方"是教师的慈悲心。斯苗儿用《案例解读》中杭州市江干区教研员潘红娟老师设计的《长方形的面积》一课，为我们呈现了融合"苟且"与"远方"的数学课堂。潘红娟老师设计了两个任务（见表 1-2），任务一只要利用公式求解即可，而任务二则需要学生掌握周长和面积公式进行任务解决。

表 1-2　《长方形的面积》任务设计

任务一	妈妈想为她的卧室铺上地毯，卧室长 6 米，宽 4 米，她需要购买多少平方米的地毯？
任务二	王老师所教的班级要为春季科技展饲养白兔，他们有 24 米篱笆用于修建一个饲养兔子的长方形围栏。 （1）如果想让兔子拥有尽可能大的空间，那么围栏的各边应该为多长？ （2）如果他们有 16 米篱笆，那么围栏的各边又为多长？

斯苗儿说："初始任务的核心功能便是设疑和布局，驱动更多的学生进一步深入学习和思考。在学生充分产生探究欲望的基础上，后续的任务设计需要具备一定的梯度，让学生能拾级而上。最恰当的任务设计需要具备分明的层次性，最好能让学生刚开始并不知道怎么做，但是调动自己最高水平的技能再稍微'跳一跳'，他们正好能够解决这个问题。如果教师给学生的任务一直都是低难度的，学生就会感到无聊；而如果学生遇到的任务大大超过了他们现有的经验水平，学生又会感到焦虑。"

⊙ 任务设计的挑战性

富有挑战性的任务设计可以开拓学生的思维疆域，让学生敢于跳出常规，不按套路地进行问题解决。1999 年，斯苗儿曾做过一项关注独立思考能力的调查，她发现学生在运用数学知识解决问题过程中有一定的思维定式。调查对象是一所城区小学、一所县实验小学和一所乡镇中心小学的 308 位毕业生，调查问卷中有一道题目是："小明的爸爸买水果用去了 16 元，买生活用品用去了 54 元。小明的爸爸今年几岁？"结果有 52% 的学生算出小明的爸爸是：54 − 16=38（岁），只有 11 位学生认为此题不能解答，约占 3.9%。

斯苗儿专门就此题的解答情况询问学生："你们有没有想到过这道题是不能做的？"有的学生说："我想到过这题根本就不能做，但过去从来没遇到过不能做的题目，因为是考试，还是写个答案吧。"有的学生说："许多老师提醒过我们，考试时千万别漏做题目，反正写错了，不会扣分，万一写对了，就得分了。"[①] 这么不合乎逻辑的题也能解答，是因为学生具有"只要是题目，肯定有答案。甚至只要是题目，肯定有唯一的标准答案"的思维定式。要让学生改变思维定式，需要教师设计一些挑战性的任务。挑战性任务不一定就是偏题、难题，但它需要能够引起学生的猜想、讨论和争论，能够多途径地寻找解决办法，让每个学生都有自己的思考空间。

斯苗儿强调，教师要能够接受学生解决问题的"路径差"和学习过程的"时间差"。以计算题为例，教师应该提倡和鼓励算法多样化。斯苗儿介绍说："袁晓萍老师在《分数除以分数》一课中的任务引导用语很好地体现了挑战性任务对开拓学生思维的帮助。"袁晓萍老师在课上直接出示了几道题目，提出任务要求："同学们能不能想到一些方法来计算这些题目，证明这个结果是正确的，这样的计算方法也是正确的，有没有可以画出来的方法，有没有需要算一下的方法，静静地想一会儿，把所有能想到的方法都记录下来。"容易让人产生疑惑的是，既然要鼓励让学生用自己最喜欢的方法或策略来解题，那么我们还需要优化算法吗？受学生的个体差异影响，一个问题可能会有多种解决方法和策略，这些方法和策略可能没有对错之分，但一定会有优劣之分。因此袁晓萍老师并没有流于"肤浅的开放"，而是以类比思想对学生的多样算法进行了优化。

---

① 斯苗儿. 应用题该如何上出"应用味"来——两次教学调查引出的思考[J]. 福建教育，1999（6）：34-35.

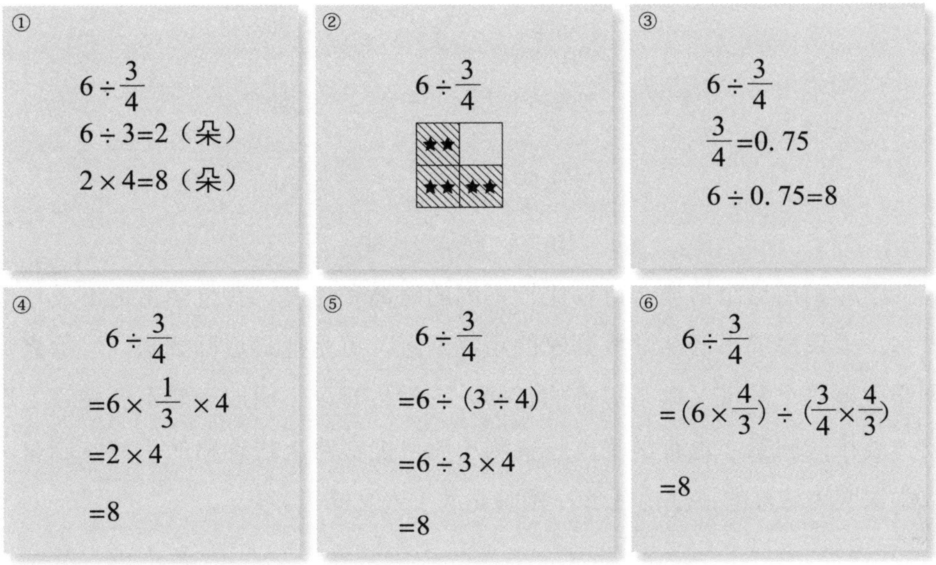

① $6 \div \dfrac{3}{4}$

$6 \div 3 = 2$（朵）

$2 \times 4 = 8$（朵）

② $6 \div \dfrac{3}{4}$

③ $6 \div \dfrac{3}{4}$

$\dfrac{3}{4} = 0.75$

$6 \div 0.75 = 8$

④ $6 \div \dfrac{3}{4}$

$= 6 \times \dfrac{1}{3} \times 4$

$= 2 \times 4$

$= 8$

⑤ $6 \div \dfrac{3}{4}$

$= 6 \div (3 \div 4)$

$= 6 \div 3 \times 4$

$= 8$

⑥ $6 \div \dfrac{3}{4}$

$= \left(6 \times \dfrac{4}{3}\right) \div \left(\dfrac{3}{4} \times \dfrac{4}{3}\right)$

$= 8$

图 1-4 《分数除以分数》单元前测课堂反馈

呈现了学生的多种算法（见图 1-4）后，袁老师引导学生进一步讨论和交流："这些方法，哪些你也想到了？哪些你现在能看懂？哪些算法之间是有相似性的？"学习任务强调"开放"，却不能陷入"放任"的误区。求变的目的不只是求异，而是探索与思考。通过对挑战性任务的设计，打开了学生的思维空间，还体现了数学的育人价值。

斯苗儿说，一个开放的数学课堂，不应盲目追求整齐划一，也应不仅仅追求纯粹的知识、技能的收获，教师应该给学生的思维松松绑。在 2002 年"华东六省一市第六届小学数学课堂教学观摩研讨会"上，省特级教师、金华市的徐双莲老师执教《万以内数的大小比较》一课中设计的挑战性问题（见图 1-5），当时就给她留下了深刻的印象。

小冬、小明和小芳都是浦江县实验小学二（3）班的学生，学校到他们的家有三条不同的路。这天他们三人高高兴兴地回家了。看完后，你发现了什么？

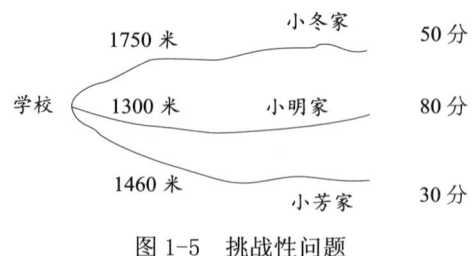

图 1-5　挑战性问题

　　学生利用这个情境，可以比较不同的距离和速度。有位学生迫不及待地发言："我发现小明从学校到家的距离最近，可是他最迟回到家。"徐老师和学生就这个发现又做了思维的延伸。有学生建议小明放学后不要在路上玩耍，要按时回家，也有学生大胆猜测小明可能在路上送迷路的小妹妹回家。数学课因为这样的挑战性任务，顿时充满了人文味道。

⊙ 任务设计的参与度

　　斯苗儿认为，任务设计除了要关注递进性和挑战性，还必须考虑学生的参与度。不同学生的经验起点不一样，适合的任务难度也不尽相同，但在考虑个体差异的基础上，一节课必须设有一些能够让学生全员参与的任务。例如，前面提到的《平行四边形的面积》一课，在斯苗儿的引领下经过朱国荣、顾志能、袁晓萍等几位省特级教师历时八年的研究，成果发表在《小学数学教育》（2015年1—2月）上。朱国荣和顾志能以"平行四边形是否可以邻边相乘"为主任务，袁晓萍以"是否所有平行四边形可以转化成长方形"为主任务，他们都直面学生的疑点，引导学生不断思辨和验证，让学生搞清公式的来龙去脉，形成了经典的课例。而当时只有五年教龄的绍兴市的洪侃老师，对他们的课例进行了再研究，更加关注任务设计的参与度，通过"画图"这样一个活动，找到了《平行四边形的面积》授课的新思路（详见《好课多磨》经典课例改课案例3）。思维的进阶是具有难度的，并非所有学生都能流畅地完成，但"画一画"能够让所有学生都卷入并且有自己的独特体验与收获。

　　在这节课中，平行四边形的面积计算被设计为"画出指定面积的平行四边形"一个大任务。但在导入环节，则只让学生画一个面积为 12 平方厘米的长方形，让所有学生都能够参与到活动中。在此基础上，让学生"画一个面积为 12 平方厘米的平行四边形"，这个任务便具有挑战性了。"底乘边"是学生最容易出现的错误。学生误认为，"把这个平行四边形拉一拉，变成长方形，就是长乘宽了"。于是洪老师让学生画出他们的思路，在把自己的想法画出来，演示给大家的过程中学生便意识到了这个思路不对劲。

通过动画课件演示长方形和平行四边形在转化过程中边长的对比后，学生发现被拉动的平行四边形面积会变化。于是便主动推翻了自己的"谬论"。那么该怎样证实"底乘高"的正确性呢？依然由学生自己动手画图来证明（见图 1-6）。这节课不是通过"看"和"算"来得出结论，而是在连续的任务驱动下"画一画"，紧紧抓住新旧知识的连接点和冲突点，让学生学得更兴奋、记得更持久。

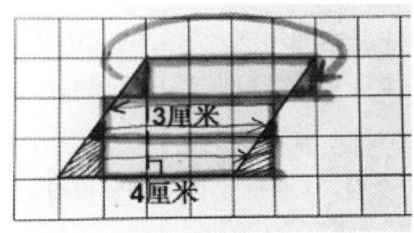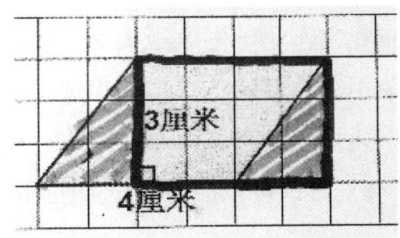

图 1-6　《平行四边形的面积》学生作品

任务的参与度不仅在学科教学中具有重要作用，也是跨学科项目学习的核心抓手。袁晓萍老师在杭州市学军小学开展了小学数学项目化学习群研究，对小学数学的知识进行了跨年级、跨学科的整合，如制作"我"的尺子、制作方形车轮等。

通过这些活动，知识学习变成了任务解决，又最终通过学生的努力变成了个性化的作品。参与度高了，不仅让学生学会了知识，还获得了丰富的体验。斯苗儿要求课堂上重视任务的参与度，正是希望在大班额授课制中也能兼顾个别化的需求，面向全体学生，让人人有事做。教师的提问、反馈，固然与本身的素质相关，但好的任务设计能为教师的提问和反馈提供有力的支撑。

三、作业更高效

学生不喜欢上学的罪魁祸首大概就是"写不完的作业"，如果遇到处于学龄期的学生只要问一句"作业写完了没？"，就宛如给人家泼了一盆冷水。斯苗儿说，减负要落到实处，就要从高效的作业设计做起。学生中流行这样一首打油诗："举头望明月，低头写作业；洛阳亲友如相问，就说我在写作业；少壮不努力，老大写作业；垂死病中惊坐起，今天还没写作业；生当作人杰，死亦写作业；人生自古谁无死，来生继续写作业；众里寻他千百度，蓦然回首，那人正在写作业；在天愿作比翼鸟，在地一块写作业。"这首打油诗，正是对过多且无趣的作业的控诉。

⊙ 让作业批改成为师生间的有趣对话

布置完作业学生做题头疼，收上来作业教师批改头疼。批改作业是许多教师最不喜欢做的工作，因为烦琐、工作量又大。但斯苗儿希望教师批改作业时不要把自己当成流水线工人，而要把自己看成给学生的学情"问诊"的医生。作业批改可以成为一个师生对话的过程，作业批改也可以变得有趣起来。

斯苗儿观察到，当数学作业本发还给学生时，一部分学生看都不看一眼，就将作业本置于一边；大部分学生翻开作业本看一下对错和成绩，也把本子合上了。但语文的作文本发下去之后，学生不仅会仔细阅读，还会叽叽喳喳地讨论起老师的评语。为什么学生对数学作业的反应这么冷淡呢？因为数学作业的批改只有简单的"√""×"等，而语文作文的批改会有圈画、批注、评语等，内容更加丰富有趣。

杭州市的王建老师借鉴语文作文的批改方式，进行了探索。他借鉴作文批改符号，补充了"——×""——？""☆""O""••√"等数学批改符号，标示不同性质的错误，既简洁又实用，避免了一个大"×"对学生解题全盘否定。他还会在学生作业上留下自己批语，点拨学生如何去订正作业。再通过给出作业总评的方式，对学生的整体学习状态进行点评。学生不仅关注题目是否做对了，还关注"老师是怎么看我的"，更关心老师有没有发现"我最近很努力"。作业总评为师生之间的情感交流也提供了一个适切的窗口。

面对"学困生"，教师不仅得多"问诊"，而且要多"开药"，因此，除了在作业本上"对话"，还要经常当着学生的面批阅他的作业，并根据作业情况有针对性地进行即时辅导。不然便会出现"你以为他懂了"和"他以为他懂了"，但是"他根本不知道自己懂没懂"的趣事儿。以上关于"懂了"的绕口令来自斯苗儿分享的俞正强老师的面批经历。

师：52 型拖拉机，一天耕地 150 亩。12 天耕地多少亩？

生：52×150×12=……

师：告诉我，你为什么这么列式？

生：老师，我错了。

师：好的，告诉我，你认为正确的该怎么列式？

生：除。

师：怎么除？

生：大的除以小的。

师：为什么是除呢？

生：老师，我又错了。

师：你说，对的该是怎样的呢？

生：应该把它们加起来。

显然，这位学生是在瞎猜。为了帮助学生找到正确的解答，俞老师开始启发。

师：我们换一个题目，比如你每天吃两个大饼，5 天吃几个大饼？

生：老师，我早上不吃大饼的。

师：那你吃什么？

生：我经常吃粽子。

师：好，那你每天吃两个粽子，5 天吃几个粽子？

生：老师，我一天根本吃不了两个粽子。

师：那你能吃几个粽子？

生：吃半个就可以了。

师：好，那你每天吃半个粽子，5天吃几个粽子？

生：两个半。

师：怎么算出来的？

生：两天一个，5天两个半。

虽然小数和分数乘法还没学，但在俞老师的引导下学生很轻松就得出了答案。"学困生"其实一点都不笨。如果没有这样的对话，学生也许就会对自己的错误懵懵懂懂，对正确的解题思路也是一知半解。但是，又要对作业本进行丰富、认真的批改，又要注重对学生的面批，学生是减负了，教师不会增加负担吗？斯苗儿回答说："全班学生富有个体差异本身就是学习资源，教师得学会'偷懒'，学会'借力'。杭州市王建老师的作业共批实践模式（见图1-7）就是很好的典范。"

王建老师指出，值得注意的是，"学困生"名单并不是那样固定，而是根据学生的学习状态随时动态调整。学生在面批之后还可以回到小组中充当"小老师"。有趣的是，学生相互批改时彼此的要求往往比教师的要求还要严格，对不同过程与不同答案，往往还会进行争论。通过这种生生间相互评价的合作交流方式，会使学生对知识的理解更深入。教师的作业批改更轻松了，但学生却能学得更好。（详见《案例解读》中"5-6作业的批改如何让'优者更优，困者解困'"。）

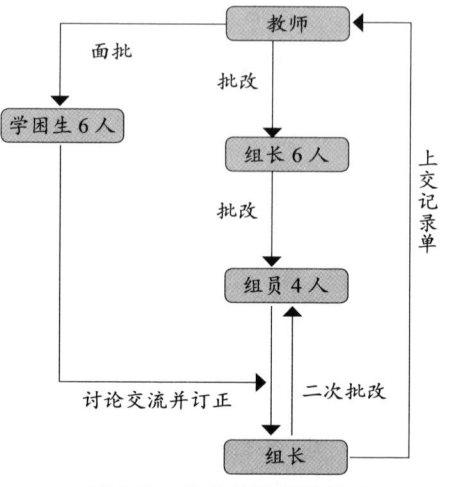

图1-7　作业共批实践模式

⊙ 作业设计的短长之道

斯苗儿认为，作业有长有短，才能满足学生的学习需要。作业的长短根据什么划分呢？短作业知识跨度小，完成作业的限定时间短；长作业知识跨度大，完成作业的限定时间长。作业布置要长短结合，就可以让它们优势互补。

短作业要短得有道理，需要教师在难度和层次上准确把握。短作业需要围绕本课时的教学内容和教学目标进行设计。斯苗儿举例说："在《长、正方形面积计算》的第一课时后，某位老师布置了如下的作业。"

1. 找一块正方形的手帕。先估计它的面积，再测量它的边长，算出它的面积。

2. 在一张长12厘米，宽8厘米的长方形纸上，剪去一个边长5厘米的正方形。剩下图形的周长和面积分别是多少？

第一题考查学生面积计算的方法，与本课教学内容是吻合的。但第二题不仅需要用到长、正方形面积计算方法，而且还涉及组合图形的周长，综合性过强，难度太大。作为第一课时的作业，显然是不合适的。短作业的设计需要契合所教课时的内容，在难度上具有层次性，这就要求学情诊断精准。

斯苗儿说："短作业的限定完成时间虽然短，但是因为渗透在日常教学的每一天，所以具有细水长流般的教育功效。""课始2分天天练"就是省特级教师、杭州市教研员平国强老师倡导的关于短作业的有效做法。在每节数学课开始前，利用少量的时间（一般是1～5分钟），让学生进行一些基本的计算训练。训练的内容包括基本的口算、运算的定律和性质等。计算单元的学习结束后，由于学习重点的转移、训练量的下降，学生的计算水平很容易降低，而每天适量且稳定的短作业，会帮助学生维持较好的技能状态。

短作业要目标简明，集中兵力。对练习内容可以适当进行"剪枝瘦身"，剪掉"徒枝"，保留"果枝"，让有限的"肥料"集中用在长果子上，袁晓萍老师形象地把这种作业设计的极简美学叫作"适当粗糙"的智慧。如果练习设计得太过细腻以至琐碎了，便无形中压制了学生探究的乐趣，对习题进行"剪枝瘦身"，可以让学生作更有价值的数学思考。

长作业的设计往往更具综合性和开放性，可以充分激发学生学习的探究欲望。斯苗儿介绍说，一位教师在复习完长方体和正方体的特征之后布置的长作业是"一个正方体，若将其切一刀，所产生的截面会是什么形状？"，学生依据这一题目进行研究，并就问题提出、结论猜想、实验方法与过程、实验结论等几方面撰写了研究报告。一个星期后教师组织学生进行反馈交流。学生通过研究发现了各种各样的截面，并总结出正方体截面的形状与刀面接触的正方体棱的数量有关。这份长作业把复习活动提升到一个"新境界"，让学生乐在其中。

长作业不仅可以用于复习拓展，还可以作为新课教学的经验铺垫。例如，湖州市的吴慧婷老师在《秒的认识》课前，给学生布置了这样一个前置性长作业（见表 1-3）。要求学生利用每天放学后或周末的时间，在爸爸妈妈的陪伴下完成下面的活动，并记录时间。

表 1-3　前置性长作业示例

活动内容	活动要求	时间
快速跳绳	用最快的速度跳绳 100 下，你用了多长时间？	
50 米冲刺	和爸爸妈妈一起找一块宽阔的场地或跑道，量出 50 米的距离，以最快的速度冲刺，你用了多长时间？	
口算训练	请爸爸妈妈帮你出 20 道口算题，以最快的速度完成，你用了多长时间？	
刷一次牙	早上你刷一次牙用了多长时间？	
系红领巾	你系一次红领巾要多长时间？	

课上首先让学生充分讨论交流所完成的作业，在此基础上，教师逐渐引导学生建立起对时间单位的认识。而后通过对长作业中的材料进行变式练习，再次使学生巩固对新知的认识。

斯苗儿强调，不同的学段需要用不同的形式进行长作业。高年级的长作业一般以小课题的形式呈现，学生需要完成简单的研究报告。而吴慧婷老师针对低年级学生，采用在家长辅助下进行小调查的形式，非常符合学生的特点和水平。

⊙ 让作业成为作品

在浙江调研期间，我们在斯苗儿的介绍下参观了许多宛如艺术展览一般的学生作业展。让人想逃避的"作业负担"怎么就变成了"美丽作品"呢？斯苗儿结合刘善娜和袁晓萍两位特级教师的实践，让我们充分领略了"把作业变成作品"的魅力。

斯苗儿曾和袁晓萍老师讨论，怎么把"应付作业"变成"创造作业"。受到启发，袁晓萍老师开始让学生自编、自练数学习题。而这一举动就宛如"留白"艺术，充分激发了学生去填补、去探究的创造性。学生的数学小报，既有意思，又长知识。

当然，这个过程也不是一蹴而就的，袁老师把它叫作"两个等待时"。"第一等待时"是指学生自编习题前，要等待足够的时间，不要要求学生立即自编习题，而要在思维的材料和方法方面，给学生提供恰当的帮助。"第二等待时"是指自编习题后，学生的思维大都还处在不自觉的状态中，教师也要给足等待的时间，让学生整理、斟酌、补充或者修改自编习题，总结习题教学的方法，锤炼自己理解、表述。

斯苗儿说："学校总是把基础一般甚至较弱的班级交给袁老师，而她不到一个学期就能把所教的学生变得越来越优秀。二十五年教学生涯中，袁老师带出了十五个毕业班，几乎百分之百的优秀率。成就的背后一定与这些美丽作品相关，因为学生爱上了'作业'。"

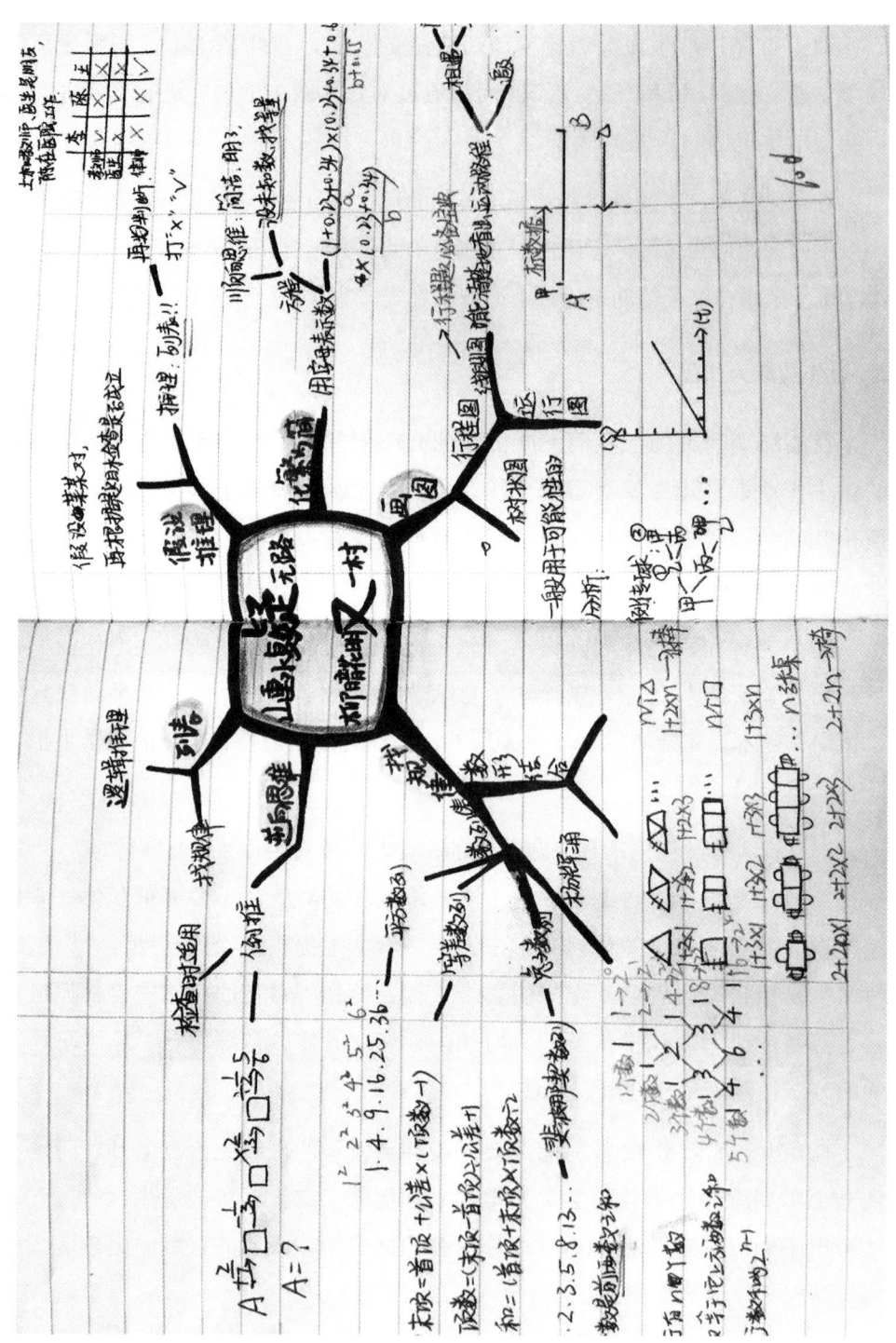

在发现了"作品式作业"的魔力后，斯苗儿就致力于让更多的老师了解和掌握这种教学设计的艺术。省特级教师、宁波市的刘善娜是一位"研究作业成就专业"的教师，一开始她总是自嘲自己研究作业是"自娱自乐"，但斯苗儿却非常欣赏，因而多次在浙江省级教研活动中介绍她的经验，甚至跨学科推广。

斯苗儿常说，要让学生喜欢数学，就不能让学生讨厌数学作业。数学作业不仅是教师检测学情、检验教学效果的工具，还可以成为学生表达自我和展示个性的平台。刘善娜老师指导下的学生作业有多种样态，有画出来的，有自编小故事的，也有扮演"小老师"讲题的。学生在完成作业的过程中能够充分发挥自己的创造力，完成作业后又收获满满的成就感，作业对他们来说不再是负担，而是翅膀。

刘善娜老师还在班上开展过"数学门诊"活动，让学生根据角色完成一份探究性作业。"坐诊"的学生要完成对数学疑难问题进行诊断和医治的"施诊报告"，"问诊"的学生要对自己的问题提出"抗病"策略。[①] 刘老师给学生提供的"作业超市""微课小老师""数学漫画"等作业，不仅激发了学生知识学习和分析的欲望，更点燃了学生想要创造"作品"的激情。

数学教学的设计不是流水线上的工人生产，而是一个教师可以充分发挥创意的设计过程。要让学生发现"数学真好玩"，教师自己首先要能够乐在其中，体验数学教学的趣味。

---

① 刘善娜.这样的数学作业有意思——小学数学探究性作业设计与实施[M].北京：教育科学出版社，2016：55-56.

第二章

让多数人上好多数课

磨的是课，成的是人。

——斯苗儿

斯苗儿坚持要做困难但正确的事情——教研活动一定落到实处，产生实效。深度卷入式的教研活动是斯苗儿多年来通过不断实践总结得出的宝贵经验，是实践与理论结合的代表。它不仅是抽象的理论总结，更可以还原成一个个生动热烈的活动现场。

第一节 教研活动要让每
个人成为主角

> 课堂上每个学生都要被关注，教研活动中每位老师都是主角。

　　斯苗儿的教育理念不是挂在嘴上，而是落实在行动中的。教研员对教师的教学活动有怎样的要求，就应该身体力行地在教研活动中首先做到。只有这样，才能当好"教师的教师"。儿童学习与成人学习虽有阶段性差异，但平等尊重、互助合作、创新探究等教育理念却是共通的。

一、磨一节课，带一批人

⊙ 搭建人人参与的开放性平台

　　斯苗儿常常跟教师说，要在教学中给学生创设平等、开放的成长空间。她自己也以身作则，在教研活动中给教师创设了平等、开放的成长空间。许多教师都把省教研员看作权威、看作专家，斯苗儿却从不会自以为是。她认定，教研活动要走群众路线。教研员一个人的力量是非常有限的，教研员在活动中也只是参与者、合作者和学习者。教研员不是主角，教师才是主角。许多教研活动中，上课教师在忙，评课专家在忙，广大听课教师却只需带着耳朵当陪客。那到底怎样才能改变教师参与教研活动的现状呢？

斯苗儿认为，首先要力求做到每个人的声音都能够被听见。大型公开课的参与人数众多，几乎不可能让每个人都能够有机会发声。斯苗儿很早就开始尝试利用信息技术手段让教师有机会发声。在 2007 年"浙江省小学数学农村课改经验交流会"中，她提出让听课教师通过短信平台发送听课的想法、感受和提问，同时在现场的大屏幕上动态呈现。一点小的改变就打开了教师的话匣子，五节研讨课收到了六百多条信息，这一招激发了教师们的参与热情。可见，教师并非"没什么好讲的"，而是没有机会和平台呈现自己的想法。

在小型的校本研修活动中，斯苗儿更是要求"人人参与、人人过关"。教师很难懈怠和游离。斯苗儿不仅通过"翻牌子"来确定发言、说课和上课的教师，而且没有"免死金牌"，但渐渐地教师都适应和喜欢上了这种方式。诸暨市的何楼校长任教的是语文，也迷上了斯苗儿组织的数学教研活动。她清晰地记得斯老师带领学校数学组教师第一次"玩转教研"的集体备课活动的场景。

斯老师把会议室布置成了类似工会活动茶话会的模样，老师们分年级围桌而坐，再按每个年级分组，给每个组、每位老师都编了号码。斯老师和诸暨市教研员汤骥老师作为主持人，用一副扑克牌进行抽签，笑曰"翻牌"。被抽中的教师上台主讲，也可以邀请同一年级的成员补充，而后抽其他年级的小组成员点评和提问，再进行答辩交流。就这样，五十多位老师被卷入了教研，有上台侃侃而谈被赞的，也有被问得面红耳赤的。整个过程紧张又刺激，时时爆发出阵阵笑声和掌声。整整一天，大家的精神都高度集中，期待被抽中又害怕被抽中，就是这样的"玩法"，深深地把我吸引。

斯苗儿强调，集体备课不是备课组长（主备人员）一个人唱独角戏把所有课备好了，或把整册教材按单元分给教师，再把交上来的材料简单拼组给大家，而是一个凝聚集体智慧的备课过程。[①]

通常教研活动中少数骨干教师很容易拥有绝对的话语权，集体备课看起来是集体的想法，其实只是个别教师的想法而已。但在斯苗儿组织的集体备课活动中，由于发言人是随机抽签产生的，被抽到的发言人又代表了团队，所以组内的充分交流就变得尤为重要。大家都铆足了劲为的就是不给团队丢脸，新手教师会在组内主动要求试讲，有的多达五遍。东阳市的丁丽华老师在集体备课活动后回忆说："明确备课任务后，小组成员们进行了一周的认真思考。开学初事务繁多也没有让大家停住备课的脚步，每晚下班后微信小群就热闹起来直至深夜，大家集思广益，提出自己真实想法，都在努力让集体备课有质有量。"可见，这样的活动形式充分激发了教师的团队意识。当教师以主人翁的态度积极地投入其中时，便达到了人人卷入的效果。

这样，教研活动就盘活了。她没有行使自己省教研员的权力来要求教师参加活动，而是把有意义的活动变得有意思，激发起教师参与的欲望。她没有霸占着舞台去成为专家、主角，而是向后退了一步，把台子搭好，把路径设计好，让每一位教师成为教研活动的主人。

⊙ **设置群体性的不确定任务**

斯苗儿组织的教研活动多是生成性的，让人没办法猜透她的意图，更无法预先进行针对性准备，而她正是要让教师群体以真实的状态去迎接不确定的、真实的挑战。省教学评比活动的主题和课题的确定方式，就彰显了她设置具有挑战性的、不确定的群体任务的章法。

为确保研讨活动的聚焦性，省教研活动一般都有明确的主题，如 2009 年的小学数学课堂教学评比活动就以"概念课"为主题，但一般不会确定具体

---

① 斯苗儿．集体备课的价值取向和实践机制 [J]．人民教育，2019（22）：65-68．

的教学课题。斯苗儿说："如果课题由上课教师自己定，毋庸置疑，大多数上课教师一定会选一节经过自己千锤百炼的课，或者是可参考的资料颇多的经典老课，以确保在赛课中获得好成绩。但这样自定的课题只是对'经典老课'的低层次重复。"教研活动不应只对上课教师有意义，还应对所有参与活动的教师有启发和引领。因此，她决定"垄断"对课题的决定权，采用"自下而上"的收集方法，要求一线教师代表、特级教师代表和各区市教研员每个人写出自己认为最难上的三节概念课，再根据进度从中确定相应的课题，如"小数的初步认识""小数的意义""三角形的认识"等。因为难上、有挑战性，所以更要去研究。

确定了主题并不能让参赛教师轻松下来，因为最终要上哪一个课题是由现场抽签决定的。斯苗儿希望通过增加"不确定性"因素，带动教师研究一类课，而不是只给上课教师陪练一节课。一位教师参赛后回忆说："因不知道会抽到什么课，只好去阅读一些概念教学的文章，把十二册教材中的所有概念课梳理了一遍。"这样便达到了以"点"带"面"、以"赛"

促"研"的效果。正因为有这样的教研活动机制，浙江省的小学数学教学评比活动虽然两年一次，却能够因为一次活动牵动一个团队一段时间的持续研究。

2020年的小学数学课堂教学评比活动，主题锁定了"数与代数"领域。受新冠肺炎疫情影响，斯苗儿将现场上课改为"单元整体教学框架梳理＋关键课例模拟上课"。赛制的设计充满了"不确定性"的艺术：首先提前半年公布单元整体教学框架梳理的评审标准，让参赛教师了解单元备课的要点；而后提前一天公布需要准备的四个具体教学单元，并现场抽签决定单元内容和次序；比赛当天，由每三位教师进行"同单元异构"。

这样的赛制使课堂教学评比活动不再是一个人或一个团队只研究一节课，而是一群人在一段时间里持续研究一个领域。

斯苗儿常说，教研活动的最终目的是滋养教师的日常教学。一场教研活动不能解决所有问题，但一场教研活动一定能成为教师解决日常教学问题的契机和引子，推动教师对一些重要问题进行深入而持久的研究。基于研究再进行展示和交流，以达到引发思考、倡导方向的目的。在教研活动的"预设"和"生成"之间找到平衡点，既能让教师从大处着眼研究，又能让教师从小处着眼上课。展示一节课要备好一类课，打磨一节课从而带出一批人。

⊙ **寻求教师发展的长效机制**

让每位教师都成长，是斯苗儿最关心的大事儿。但能站上省级教研活动舞台的教师只是少数，学校教研活动也不能每次都得到省教研员的指导。因此，斯苗儿将省级教研定位为示范引领学校教研活动的范例，而教师成长落实的关键在学校，学校"最重要的是通过课让人成长起来"。教研活动最怕的就是"听的时候激动，回去之后一动不动"，不能只是让教师在某一次活动中感到有收获，而是要真正建立起促进教师发展的长效机制。

学校的教研活动面对的是各种层次的教师，特别需要助力青年教师成长，因为初出茅庐的教师虽然富有热情，但缺乏经验。怎样帮助青年教师成长呢？斯苗儿以杭州市安吉路良渚实验学校为基地，和省特级教师、杭州市的骆玲芳校长一起探寻学校助力教师群体成长的良策，把价值观的引领放在了首要位置。斯苗儿非常重视温暖的人际关系对于个人成长的作用，重视为教师成长创造"好的关系"。她说："骆校长在这方面就做得很出色。她对教师的要求是'你希望你的孩子遇上什么样的教师，就努力去做这样的教师。'并且骆校长自己也做到了'自己年轻时希望遇上什么样的校长，就努力去做这样的校长'。"眼里有刺的人擅长堵路，而心里有花的人更适合带路。教师为学生带路，而教研员和学校管理层要为教师带路。安吉路良渚实验学校曾同时把四个教一年级的年轻教师派出去参加"浙江省小学数学课程整合共同体研讨活动"，在这些教师外出学习期间是骆校长自己帮他们带班上课。[1]骆校长和教师的日常相处中，没有一点领导架子，只是不断给教师的成长铺路搭桥。斯苗儿说，这样的校长才可以给教师创造一个充满安全与尊重的环境，教师可以从容发展，享受教学和教研的乐趣，和学生一起"慢慢成长、静静灿烂"。

学校不仅需要引领正确的价值观，更需要踏实打磨和提高教师的教学专业水平。斯苗儿发现许多学校的日常听评课活动中，教研组内年轻教师只是带着耳朵作"听众"，资深教师有着绝对的话语权。所谓的评课也只是停留在细节和技巧上，缺乏整体立意和方向的引领。对此，斯苗儿认为袁晓萍老师设计的针对听课、议课的"导研单"（见图2-1）是个值得推广的法宝，可以让听评课变得更加有章有法，而不再是一言堂。根据不同的听课主题，导研单上会给出不同的思考题，为教师指明观察的要点和思考的方向。导研单给新手教师提供了评课、议课的"脚手架"，让他们也能够在议课中有话可说。

---

[1] 斯苗儿. 刚柔并济的引领与历练——杭州安吉路良渚实验学校助力教师群体成长的秘笈[J]. 小学数学教师，2018（12）：52-57.

话题 1：课堂上，总有那么几个学生是游离在课堂教学之外，你认为造成"游离"的主要原因在哪里？可行的措施有哪些？

话题 2：怎么让学生学会表达、学会倾听、学会笔记、学会评价、学会质疑？

话题 3：学生交流时，一对一、一对多、多对多哪种方式更有效？

话题 4：怎样培养学生勾画圈点、静心读书等习惯？

话题 5：如何协调学习小组间、小组内的人际关系问题？怎样让各种类型的学生敢说话，有话说？

话题 6：学生作业（研究成果）展示的方式有哪些？怎么操作？

话题 7：课堂小结有哪些方式？小结什么内容？

话题 8：如何收集、转化在课堂上生成的学习材料？

图 2-1 "导研单"示例

斯苗儿认为，教师的成长过程不应是单打独斗，而应是结伴而行、抱团取暖。教师的长效发展除了需要骆校长和袁老师这样的引路人，还需要同伴之间的相互扶持、相互影响。在斯苗儿作为教研基地的杭州安吉路良渚实验学校，她支持和指导教师组建了"教师成长合作社"，由教师自愿联合起来进行研究，同伴互助、共同成长。每年学校都会举办教学年会，学校数学组在 2018 年 1 月第四届教学年会上，以"七年之养——养大一群会玩数学的人"为题，阐述了教研探索之路。年轻的教研组长梅春兰老师回忆："回首七年，我们痛苦过、尴尬过，但是我们努力着、幸福着！那些曾经的尴尬、曾经的不知所措，必然会是我们教学生涯的宝贵财富和美好回忆。"斯苗儿牵头组建了"浙江省小学数学乡村教研共同体"，以"借力名校、牵手名师、聚焦课堂、助力成长"为宗旨，目的就是让普通教师、新手教师和名师结伴成长。于是我们看到，在一个大熔炉中，再弱的教师都愿意奋进。教研活动就是要让这把火烧得越来越旺，站在教师成长的立场，聚焦教师的日常问题，榜样引路、精准帮扶，让教师的成长激情经久不衰。

二、从"评课"到"聊课"

斯苗儿的评课向来犀利,直面问题,不和稀泥。斯苗儿虽然评得"稳准狠",姿态却放得很低。她总是把问题指出来之后,又踢回去,调侃道:"这个问题我不是特别懂,所以提出来和大家一起聊一聊。""麻辣"的评课很少会激起火药味,被点评的教师不会生气翻脸,听课教师也听得津津有味。她从不说自己是在评课,而是说自己在和上课教师以及幕后的团队聊课。

⊙ 大众评委有话说

在一般人的印象中,评课似乎是特权。评课专家往往是教研员、高校教授和一线名师。评课专家的点评似乎也颇有居高临下审视课堂的气势,并遵循着评课的"潜规则":优点要务实,缺点要务虚。这样司空见惯的现象,斯苗儿并不赞同。她常说,一锤定音、隔靴搔痒的评课是面子工程,没有落到帮助教师成长的实处。与课堂教学相关的教研活动设计一定要围绕着"让教师能够上出好课"这个核心来展开。专家觉得好的课,听课教师就一定会觉得好吗?为了听到来自听课教师的真实反馈,改变专家一言堂的局面,斯苗儿在教研活动中进行了形式上的创新,把话语权交给教师,营造包容开放、求真务实的教研氛围。

2000年,在"浙江省小学数学第六届年会暨课堂教学观摩活动"上,展示了当年省优质课评比获一等奖的六节课。展示结束后,斯苗儿拿起话筒说:"以往所有省级的教研活动,都是请一批专家、名师来进行点评,这似乎已经成了一种惯例。今天,我们要打破这个惯例。台下坐着的都是全省各地的骨干教师,我想邀请台下的老师自告奋勇来评一评今天的课。"

话音落下后是短暂的沉默,然后一位年轻教师站了起来,在全场一千多人的注视下毫不犹豫地走上了讲台。他说,自己从穷山沟里出来,又从浙西小县城辗转上百公里,耗费一整天时间才见上了"大活动""大世面"。但过分依赖多媒体的"好课"让他感到有些无所适从,所以他发问道:"多媒体出现后，现在很多老师上课用课件替代粉笔、替代板书，有的老师一节课下来黑板上一点痕迹都没有留下。我们应如何处理好传统教学材料、形式和现代媒体的关系？"他还提到了课本的利用和课堂作业布置的问题。这是一位普通教师的评课，是对舞台课怎样回归到日常课的真实疑惑。这样的疑惑不同于高屋建瓴的方向指引，而是从实践出发的接地气的提问，为参与教研活动的教师提供了不同的思考角度，因此得到了掌声如雷的肯定。

但是这种畅所欲言的评课氛围在当时还没有被教师和教研员广泛地接受。当他发完言回到座位上时，当地的教研员和骨干教师给他当头泼了一盆冷水："你这小伙子怎么这么莽撞！你想过没有，如果你发表的意见不合理，别人会以为你是代表我们县甚至我们市整个团队在发声，丢的是全市的脸……不过还好，你今天的几点意见还是很中肯的……"

这位自告奋勇上台评课的年轻教师叫郑水忠，斯苗儿把他上台评课的照片推荐刊登在《小学数学教育》上，美其名曰：一位自告奋勇上台评课的一线教师。目前，郑水忠老师是宁波国家高新区外国语学校副校长、浙江省特级教师。回忆起二十年前的评课，他感慨道，斯苗儿给他的发言机会改变了他的成长轨迹。斯苗儿打破了"专家评课"的惯例，为所有教师打开了自由表达的大门，也为浙江小学数学教研注入了一股改革创新、自由表达的新风。而郑老师打破了"老教师评、年轻教师听"的惯例，成了最先被卷入浙江省小学数学教研新风的一员。

这股改革新风卷入了越来越多的人，斯苗儿"群众路线"的评课活动也越来越受到大家的理解和喜爱。2005年，在"浙江省小学数学课堂教学评比活动"上，斯苗儿创新地引入"大众评委"的评审制度。区市教研员不担任评委，由省小数会的理事长、秘书长及学术委员组成专家评委组，选出110位（每个区市10位）与会代表组成大众评委组，专家评委组与大众评委组分别对12节课打分排序。

斯苗儿给这次活动取名为"同上一节课"，有三位教师上同一个课题。

她希望淡化评比的痕迹，而强化交流、研讨，激起听课教师"再次同上一堂课"的欲望。斯苗儿认为，尽管评比需要评出名次，但对于广大听课教师来说，重要的不是比赛中谁得了一等奖、谁得了二等奖，而是什么样的课是值得被肯定和推广的，什么样的课又是应该引以为戒的。评课不能仅仅只给出结果，一锤定音，还应该思考怎样把评课背后的道理讲明白，让广大教师能从评课中知其然并且知其所以然。

⊙ **学生也做小"专家"**

学生会评课吗？斯苗儿说，学生其实也能够"引领大家把课嚼出味道"。如果评课的目的是改进教学，那么真正能感受教学优劣的不是学生吗？为什么不让学生参与评课呢？出于这样的思考，在2013年第十五届华东六省一市观摩交流会上斯苗儿提议开启学生评课环节，学生可采用发短信、写日记的方式参与评课。活动的效果让人喜出望外，学生可谓是评课高手。

对于好课他们会用生动的语言描述自己的感受。一位学生上完俞正强老师执教的《折线统计图》一课后写道："其实我一开始不喜欢这个老师，因为他长得有点儿难看，根本没法和自己班的赵老师比。可是上完课后我却发现，这个老师竟然能够用最简单的方法，最最幽默的方式教会我们折线统计图，果然是'智慧的头上不长毛'。"对于俞正强这样的好教师和好课，学生会毫不吝啬地加以肯定和褒奖，同样对于稚嫩的教师和不成熟的课堂，他们也会提出中肯的意见和建议。例如，一位入职第一年的女教师执教了《用字母表示数》一课后，收到了全班四十位学生的评议表，提出了改进建议，如讲课声音太轻、语言太单调、要面带微笑、学点儿幽默，不能总是提问某某同学、提问太集中、总是提问前面的同学后面的没有机会……一位实习教师执教《负数》一课后，收到了全班学生的以下建议：上课之前要问同学，哪些内容已经学过了？哪些没有学过？可以由此展开；上课时先思考，思考不出来的人可以互相讨论，讨论不出来，再问老师；先请不会做的，学习有困难的同学；题目可以分档次；发言之后可以鼓励和表扬；板书可以写好看点儿；语言应该生动。这七条建议涵盖了教学内容的选择、教学方法的取舍、分层教学、教学评价以及教师的基本功，非常全面。可以肯定地说，学生是会评课的。

什么样的课是好课？这个问题虽然没有标准答案，但真正能感受教育教学水平的一定是学生。学生有无发展和进步是衡量课堂教学好坏的唯一指标。离开学生感受和发展的侃侃而谈是没有根基的评课。斯苗儿说："通过课后访谈、让学生写建议等，尝试着让学生参与评课，目的并不是要否定专家和同行的评课，只是想给教师成长多一个'用户至上'的视角。而学生评课是一面镜子，是一个非常有益的补充。被学生评课的教师虽然刚开始会觉得尴尬，但细细想来却发现学生的建议可以让我们更好地看清课堂，更好地认识到好课的原理。"

学生的评课充满了希望教师更好、教学更好的善意期待。邀请学生来评课，不仅有利于改进教学，还有利于改善师生关系。师生之间就学生作业的沟通很多，就教学效果的沟通则相对缺乏。听听学生眼里的教师、学生眼里的教学可以让师生关系更加和谐和亲近。在一次单元连续课的现场改课活动上，一位教龄只有两年的教师在执教《比的应用》一课时，语速和教学节奏都显得过快。课后，斯苗儿跟学生聊起了这节课："你们觉得老师这节课有哪些优点？又有哪些缺点呢？"一位学生说出了"讲得太快了"这个缺点，但另一位学生补充道："可能是快中午了，老师肚子饿了，所以讲快些我们可以早点儿去吃饭。"在场的师生不禁被逗得大笑，也感受到了学生的善良，即使有些缺点，在他们眼里也都成了"情理之中"。教师看到完成得不好的作业可能会破口大骂，但学生却很少会对教师的教学过于苛责和批评。这位教师收获了许多关于怎么把问题讲清楚的好建议，如"让会了的同学示范，让出错的同学讲讲为什么这么写"，也收获了许多来自学生的温暖鼓励，如"我希望老师上课可以语速慢一点，也多笑一笑，因为老师笑起来很好看"。来自学生的教学评价反馈，不仅精准而且温暖。

⊙ **聚焦问题来聊课**

通过"聊课"推动教师的教学改进，目的是让教师和教研员对好课达成一定的共识。公开课往往不是教师一个人的想法，而是一个团队的想法。省级的教研活动不仅仅要展示成果，还要传播理念。公开课呈现的是精心打磨之后的课堂，而教师的成功经验与优秀课例的形成过程，犹如"冰山"隐藏在水面以下的部分，成了无法触及的"黑匣子"。斯苗儿常说，聊课就是要打开优秀教师和课例的"黑匣子"。打开"黑匣子"需要寻找钥匙，她经常会选择和聚焦下面四个问题设计聊课，这些问题便成了打开"黑匣子"的钥匙。

（1）您事先接触学生了吗？与学生做了怎样的沟通？如何寻找并有效利用学生的起点？

（2）今天这节课与同类课相比，有什么亮点与特色？您心中的好课应该是什么样的？

（3）要上一节公开课您首先关注的问题是什么？这节课今天是第几次做公开展示？有预料之外的情况发生吗？

（4）课堂上您最担心什么？这节课的难点是什么？需要在哪个环节上花大力气？

这四个问题分别对应了教学的起点（学情）、终点（目标）、过程（磨课）和重难点。这样的聊课，能避免课与课之间横向比较的尴尬，又能避免"就课论课"的小格局。从教师对这些问题的陈述中，可以洞见教师的价值观和日常教学行为。

斯苗儿认为，专家评课的意义在于诠释课堂设计背后的深意，让一线教师明白好在哪，不好在哪，为什么这么教，为什么这么组织学生学，明晰教学设计的原理。所以她在评课时坚持把自己作为一个观察员，而不是评判员，能让普通教师听得进、听得懂、做得到。斯苗儿的聊课就像是以"公开课"为对象的解剖，解剖的章法正是分析好课的前世、今生和未来。她询问教师怎样理解教材，怎样分析学生的学情，设置了怎样的目标来进行教学设计；她通过询问教师为了达成这个目标，采取了哪些教学步骤，哪些环节取得了预期的效果，哪些预期与生成存在较大的差别等问题，来分析教学过程；她通过询问教师课后的反思和改进的计划，对于教学有怎样的启示和发现来指明好课未来的成长方向。

在 2016 年"华东六省一市第十八届小学数学课堂教学观摩研讨会"上，斯苗儿围绕"尴尬与作为"与执教教师对话聊课。她并没有直接从"到底有哪些尴尬，教师又有哪些作为"进行点评，而是从教师自己的教学设计中所写的思考问题入手，"你觉得这几个目标都达到了吗？如果让你给自己打分，你打多少分？扣分扣在了哪里？"，通过这样的引导，教师自主反思自己的教学进程，即使聊到课堂上的尴尬场景，也是基于自我反思，免去了被他人直戳痛点的尴尬。

当时一位老教师在执教《统计表初步》一课时，希望学生可以体验用"正"字记录的优势，但课堂上，学生就是不喜欢用"正"字来记录。这样的尴尬如何破解呢？斯苗儿和执教教师及其团队进行了深入讨论，达成的共识是：通过改变问题情境，使需要记录的数量足够大，让学生体会到用"正"字记录的好处。斯苗儿总结说："数学是抽象的、理性的，而儿童是感性的、经验的，这是我们遭遇尴尬的原因。而如何把两者对接起来，便是我们要作为的发力点"。斯苗儿针对《重复的奥妙》一课提问："此内容与什么数学知识有结构性的联系？"执教教师一时答不上来，活动允许教师请专家帮忙，于是执教教师请教了上海市特级教师曹培英老师。曹老师告诉大家："数学中的重复周期规律与除法知识有结构性的联系。"这样的回答让执教教师与听课教师豁然开朗。专家与执教教师之间的互动交流，执教教师对专家提问的回应及对自己课堂所做的反思，使听课教师对课例有了更深一步的理解与认识。

参与活动的教师对该环节特别喜欢，他们在参会感言中写道："聊课的环节真是一绝。"很多时候，斯苗儿会事先设计好几个问题，现场聊课时请执教教师随机抽一题结合自己的课进行解读与辨析。斯苗儿则针对执教教师的辨析，做机智幽默的现场点评与指导，并适时将其中一些问题的回答权交给台下的听课教师和参会专家，不仅让听课教师聆听专家的意见，也有机会发表自己的观点，拉近了听课教师与专家的距离。参会教师说："斯苗儿老师引领大家把课嚼出了味道。"斯苗儿把"舞台课"变成了"研究大餐"，把课堂观摩活动变成了促使一群人共同成长的舞台！

> 专家要放得下架子，教师要磨得开面子。

　　斯苗儿认为好课是磨出来的。要打磨一节好课离不开两把刷子——"说给你听"和"做给你看"。她主张把评课变为聊课，借助"说给你听"的过程探寻好课的原理，聊出好课的共识。而"做给你看"则要求教研员的角色从"裁判"变成"陪练"，走上讲台示范教学，通过"踢馆式教研"让教师领悟什么样的课是好课，如何上好一节课。

一、尴尬一阵子，幸福一辈子

　　俗话说："人要脸树要皮。"斯苗儿的教研却经常让人"没有脸面"，她主张教师要有"尴尬一阵子，幸福一辈子"的教研心态。斯苗儿指导的新手教师竟然也同意这样的观点，他们说："当你对待教研从'难为情'变成

'不要脸'，当你主动跳出温水区去磨砺自己时，不要怀疑，你已经深深地陷进'斯式魔力'中。你没有一点点的防备，也没有一丝丝的顾虑，心甘情愿地沦陷。"是怎样的"斯式魔力"让人心甘情愿地沦陷呢？魔力在于她对课不对人，在于她组织的教研活动是研究真问题，是真研讨，在于能够让教师有感悟，而后能付诸行动。

⊙ 对课不对人

提起《1000以内数的认识》一课的改课经历（详见《好课多磨》经典课例改课案例1），已经是省特级教师的江萍老师依然记忆犹新。2011年3月，江老师应邀在"全国小学数学优秀青年教师教学观摩交流活动"中展示了这一课。斯苗儿听说这节课的反响不错，便约请她把这节课拍成录像，作为网络观摩课在省级平台供教师学习。江老师信心满满地按照在北京展示的教学设计进行了试教，没想到却得到斯苗儿的一句"这课怎么行？"。江老师回忆说："课后，正当我心里美美地想着教学设计肯定不用作大调整时，斯老师走到我身边对我说'这课怎么行？'，就这五个字让我足足愣了几秒钟……我起先的高兴劲儿一下子跑得无影无踪。"

这课怎么行？

江萍老师当时已是杭州市某教育集团的副总校长，自带光环。一般情况下，尤其是在众人面前，听不到这样的评价，但斯苗儿不"一般"啊。初次参与教研活动的教师往往会被这样的快言快语和泼辣犀利惊到，竟然有这样的教研员？！"目中无人"又"不通人情世故"。那斯苗儿究竟是怎么想的呢？看似"目中无人"的她，不是不把教师放在眼里,而是把"好课"放在了第一位。她认为改课的目的是促进教师教学水平的提高,教研员的职责自然是督促教师上"好课",而不是在教师面前充"好人"。教研活动需要研究真问题,课堂应该以学生为主体,课的好与不好应该看学生是否有收获,而不是把教师的面子放在第一位。若是出于人情世故,为了教师的面子不去捅破窗户纸,那教研活动就偏离了教研的本质。"课比天大",斯苗儿的犀利是因为她在教研活动中"对课不对人"。

再来看看斯苗儿为什么会用五个字犀利点评?江萍老师最初选用的材料是:计数器、1000根吸管、1000元纸币,学生人手一份《千字文》。以"数小棒"的方式导入,通过将凌乱摆放的小棒按十根一捆的方式整理,帮助学生理解"计数单位"间的十进制关系。在复习巩固部分,利用《千字文》进行拓展,让学生找第224个字、第884个字。她期望课件中的小棒和《千字文》能成为亮点,却未曾想到最得意的地方却成了被质疑的问题。斯苗儿认为这么多材料过于复杂,而且缺乏结构性,因此建议她把教学材料简化成几张数字卡片和一个计数器。这一改变让这节课成了江老师的代表作。2012年12月,江老师应邀在金秋羊城小学数学优质课展示活动亮相,被给予了极高的评价:"一堂课三个情境,紧紧围绕知识点教学把每一个情境用足、用够、用好。例如,复习引入部分'写一个比100大一点的数',出示数字卡片0、1、4,只用这三张数字卡片就把数的组成、读、写、拨珠几个环节完全融合在一起,话题集中。再如,'看计数器把这个数写出来、读出来、把意义说出来',呈现了三个不同的计数器、三种不同的类型,说明江老师的教学设计非常有心。"接着在"浙江省小学数学十年改革获奖课例展示会"和"华东六省一市第十五届小学数学课堂教学观摩研讨会"上又进行了展示,江老师执教的《1000以内数的认识》在众多的同类课例中脱颖而出,获得了一线教师和专家的一致好评。留给大家印象最深的是:构思大气、材料简单,教师引导精巧到位,学生思考深刻而灵动……

斯苗儿并非真的"不懂人情世故",只是比起维系教师的面子,她更关心的是推动教师的成长。她认为,要促使教师观念到行为的转变需要有关键事件，尤其是像江老师这样有了一定经验和名气的教师，需要受点儿刺激才会引起她真正的重视。当她能欣然接受质疑并乐于改变的时候，她就又往前迈进了一步。正如江老师自己所说："回顾这节课的思考、实践历程，每一次公开观摩课无论规模大小，我都努力尝试着用这些简简单单的材料上出有思维含量的数学课。课堂实践也充分证明，课因学生思维的激活而精彩。材料可以简单，思考必须深刻，我也逐步形成了自然、扎实而灵动的课堂风格。"

斯苗儿说："是站在听课教师的立场把公开课进行客观剖析？还是站在执教教师的立场避重就轻？我选择了前者。"[1]正如美国诗人罗伯特·弗罗斯特的名作《未选择的路》所言：

黄色的树林里分出两条路，可惜我不能同时去涉足，我在那路口久久伫立，我向着一条路极目望去，直到它消失在丛林深处。但我却选了另外一条路，它荒草萋萋，十分幽寂，显得更诱人、更美丽；虽然在这条小路上，很少留下旅人的足迹……

公开课一般都是精心准备的成果，一旦被当众犀利点评，难免觉得尴尬和丢脸，甚至有教师真诚地说："斯老师，我们喜欢听你评课，但千万别评我的课。"而犀利的剖析无疑是推动教师教学改进的利器，即使"回首改课经历，每次教学都会被批得'体无完肤''颜面无存'"，换来的却是"醍醐灌顶的领悟"。于是有越来越多的人理解斯苗儿，支持斯苗儿。

⊙ **拽离舒适区**

意外和麻烦往往是成长的机会和机遇。正是意外和麻烦打破了惰性，推着教师从舒适区到学习区，通过克服调整、"拥抱麻烦"最终就能获得新的成长。斯苗儿的教研活动对于一些老教师来说，就是这样的"麻烦"。有着十五年教龄的诸暨市的徐丽老师，第一次参加斯苗儿组织的教研活动，就被

---

[1]　斯苗儿. 从评课到聊课：助力教师形成自己的代表作 [J]. 中国教师，2020（1）：29-33.

斯老师拽着走出了早已习以为常的教学舒适区（详见《好课多磨》学校教研组活动案例8）。

我有十几年的教龄，教学上有一定的经验，有自己的教学风格，更是"公开课"的常客。我自认为自己能一直这样"自信"地走下去，但斯老师的到来打破了这个局面。第一次参与斯老师磨课的经过，我至今还记忆犹新。记得那天斯老师来校指导教研活动，我作为一个"老戏骨"精心准备了一节《搭配》，在传闻的"犀利女神"面前展示还是很紧张的，怀着忐忑的心情，期望从"刀子嘴"中得到肯定。事与愿违，课后交流中斯老师的几个质问让我面红耳赤。"学生的学习起点在哪？""学生有思考发展的空间吗？""上课素材是老师给的，思考的步骤是老师定的，课堂就是这些善良的学生陪着老师演完的。"

是啊！从教十几年来，备课时总在认真地备教材，思考怎样把环节上精彩，却忽略了学生。雷厉风行的斯老师提出现场改课，让我与徒弟第二天同课异构上《搭配》。虽然设计上已经有了本质的改变，但一夜之间要改变十几年的习惯是很难的，第二天我的课因为紧张上砸了。反观徒弟没有教材框架的束缚，课堂始终关注学生，自信远远高我一筹，顺利地完成了教学任务。对于这样的结果我再次面红耳赤，没想到斯老师却笑着说："紧张了吧？都怪我，让你上得还没昨天好。"斯老师幽默的鼓励让我放松，更让我勇敢地去改变，在之后的课中我努力关注学生的起点、学生的内需、学生的发展，还获得了市优质课一等奖。

这位拽着老教师走出舒适区的教研员，其实也在不断走出自己的舒适区，也曾经历公开场合的尴尬，只是她把痛点消化成了养分。2000年，斯苗儿已经有了近十年的教研经验，组织了大大小小数十场活动，掌握了驾轻就熟的套路，她认为"活动无非就是要选一个主题、定一个时间、找一个地点、上几节课、请几位专家。会议通知一发，大家就从四面八方赶来，参加活动的教师自然会有收获。"但2000年11月"浙江省小学数学第六届年会暨课堂教学观摩活动"中发生了一件事，改变了她的想法。第一次开放评课，一名偏远山区的年轻教师走上讲台慢条斯理地说："今天六节课教师很少用黑板，学生没有用数学课本，也没有做课堂作业。我想问问主办单位，这样的课是做给谁看的？我是一名偏远山区的教师，第一次有机会参加省级的教研活动，但这样的课我们怎么学呀！我们在学校上课，是不可能不用黑板，不用课本，甚至不做课堂作业的。请问主办单位可曾考虑过我们一线教师的需要……"

话音刚落，台下爆发出阵阵掌声。显然他道出了许多代表的心声，确实存在着公开课与日常课两张皮的现象。面对他字字在理、句句恳切的质疑，斯苗儿作为活动策划者无言以对，凭借近十年的教研经历，本以为教师会在这样的千人大会上说一些"感谢""收获"之类的话，没料到他对整个活动进行了否定，当时的尴尬可想而知。

但那位教师的话像一根鞭子抽在了斯苗儿的心上，自此之后她更是不断改进自己的教研活动，从内容到活动的组织形式不断创新。她相信，教研员也只有走出舒适区，才能获得更大的成长。她说："教研员的成长又何尝能离开这些一线教师呢？！每当自己组织的活动被广大老师认可时，我依然会想起 2000 年的那场活动，浮现出那位年轻教师的身影，我由衷地感谢。"[①]那位上台质疑的郑水忠老师如今已成长为省特级教师。

教研员的成长心态不断地影响着教师的成长心态，于是大家渐渐地接受了对舒适区的挑战，形成了一种全员精进、拼搏向上的教研氛围。新手教师在这样的教研氛围下感慨："我们上课被斯老师骂，心里是没有一点不舒服和委屈的。因为我们总是这样安慰自己，我们小老师被骂是正常的，你看那些名师专家，不照样还是要被斯老师骂的嘛。参加教研活动的每一个人都特别虚心努力去学习。看到这些名师专家都那么用功和努力，我们这些小老师就更加不敢懈怠了。"

---

① 斯苗儿. 教研活动策划的关键要素 [J]. 人民教育，2010（7）：43-46.

斯苗儿总是在给教师带来"刺激"和"麻烦"，就像紧盯着问题的"牛虻"。但被她添堵的教师却依然觉得很幸福，虽然参加活动时胆战心惊，但"受虐"的过程，才是真正面对自我缺陷迎难而上，开始成长的时候。杭州市拱墅区教研员孙钰红老师说："人们号称最幸福的岁月其实往往是最痛苦的，只不过回忆起来非常美好罢了。你经历的时候或许觉得很慢、很难甚至很痛很苦，但经历过再回首的时候往往却非常怀念。"许多教师都深深地感受到，最困难的时候成长最快，最痛苦的转型带来了最幸福的成长。

⊙ 唤醒一群人

台上的人紧张，台下的人松散，这往往是教研活动很难避免的常态。斯苗儿却要打破这种常态。她认为，教研活动的主角是教师，且不仅仅是台上的教师，更应该是参加教研活动的每一位教师。如果没有让每一位教师真正卷入，让他们都去经历尴尬、紧张、刺激的教研过程，又怎么能有真正的收获呢？于是，斯苗儿不仅成了盯住问题不放的"牛虻"，更成了推动教师集体成长的"赶羊人"，不仅要关注领头羊，还要催促着整群羊往前走！

要让所有的教师动起来，需要寻找一种刺激教师参与活动的机制。斯苗儿找到的利器就是"用任务驱动活动，用抽签代替推荐"。这一改变一下子就让教研活动中的每个人都紧张了起来。一位老教师向我们介绍了他的经历。

工作将近二十年，曾多次参加各级各类教研活动。普通教研活动一般都是事先确定上课老师、发表评论的老师等需要展示的关键人物，其他参与人员，只要带着笔记本旁观就可以了。这一次工作室的活动，我也是抱着同样的心态参加的。直到报到那天晚餐前，师傅柳敏敏发的一条信息彻底打破了这份"宁静"。"今天晚上，大家加餐，明天的培训斯老师要临场随机抽人发言。主题大约半小时后送达。"满桌的美食都已经勾不起大家的欲望了。"等下的交流，我就从写着你们所有的座位号的签盒里抽，抽到谁，谁就是幸运儿。"斯老师的开场白又给我们放了一枚深水炸弹。每一次，斯老师的手往盒子里伸，我们的心都悬在心口，众口一词默念："不是我，不是我！"事与愿违，"幸运女神"降临到我的头上。虽然回答得不够完美，但是我好像觉得自己突然开窍了。就是小说里的主人公突破某个大境界一样，感到神清气爽、耳聪目明。这样的感觉在以往的教研活动中是无法体会的。

即使没有亲临现场，也能在字里行间感受到教师口中"疯狂教研活动"的紧张和刺激。事实上，集体备课、现场改课的推动也并非一帆风顺，初期也遭遇过质疑和抗拒。有的教师不希望别人来否定自己："我不愿意别人听我的课，我的课堂我做主，我会听取别人的意见但不一定采纳。我不愿意别人推翻我的设计。希望能尊重我们的劳动成果"。也有的教师感觉跟不上节奏："教研活动密度过大，其实，形式变了，心理压力还是很大，每人都希望做好又怕做不好，节奏太快，跟不上"。面对这些质疑，斯苗儿依然坚持推进同一批教师的第二次集体备课活动。她有一个朴素的认识，对成年人而言，成功是成功之母，成功的体验能够点燃教师自我成长的愿望。事实证明，经过第二次的集体备课，原来有质疑的那位老师改变了态度。他说："在以往的教学中，我思考比较多的是教材。第二次单元备课中二年级的教师对学生前测结果的细微分析，让我明白了自己对学生的认知真是太少了；三年级的教师为了更好的教学效果，利用前测和后测来改编教材。他们让我看到了'以学定教'的真正含义。"

斯苗儿主张"磨一节课成就一个团队"，虽然不可能人人都登台讲课，但在团队备课和改课的过程中，大家齐心协力、共同奋斗，每个人都感觉到不是孤军奋战，而是抱团取暖。一位参加活动的教师和我们分享了她的体会。

从确定备课内容后，备课组长召集我们开始分派任务，有的做前测，有的进行内容分析，有的制定目标确定重难点，还有的设计如何评价学生的掌握情况……从形式上来看似乎各自做着各自的事情，但是想要做好自己的那一块内容，必须对整个内容体系有比较深入的研究与解读。然后聚集在一起对各个环节进行研讨与串联，集思广益，确定初稿并制作课件。在短暂的准备时间里，我们时不时聚在一起，每次相聚都有新的想法来完善内容，一次又一次地更改补充，一次又一次地演讲练习。

无论是集体备课还是现场改课，都应该是一个凝聚集体智慧的过程，这种创新的教研活动组织形式激发了每位教师的团队意识，达到了人人参与、人人成长的目标，做到了"通过磨一节课唤醒一群人"。

十多年来，浙江省小学数学出现了一大批"好课"，也形成了一大批有代表性的典型教研成果。一次次真诚热烈的评课、议课，教研员的"犀利""不留情面"与教师心甘情愿的"不要脸面"，铸就了求真务实、民主开放的教研氛围。斯苗儿幽默地描述这热烈的教研场面："我们就像炉火上的茶壶，即使屁股被烧得红红的，还幸福地冒着鼻涕泡泡……"

教学活动以生为本，教研活动以师为本。斯苗儿的教研活动，与其说是磨课，不如说是磨人。杭州安吉路良渚实验学校的小学数学教研团队说："磨课的过程改变了我们的思维模式。让我们不知不觉地从学生的生活实际出发去思考教学设计，让我们更加尊重学生，也更加相信学生。"好课是学生成长的根基，也是教师专业发展的根基。斯苗儿正是通过对好课的打磨，引导着教师的专业发展。

二、从"裁判"到"陪练"

如果要给教研员画速写，那一定是一张"站在教室后面对教师指手画脚、评头论足"的人物像。然而，这种形象在浙江省小学数学的教研活动中正悄悄地发生着变化，甚至是一种"颠覆"。斯苗儿对教研员的角色定位不是裁判，而是陪练。

在 2010 年"'浙江特级教师大讲台'暨'西湖之春'小学数学教研员风采展示活动"中，一位一线教师当着全体与会者公开发言说："以前，我听完教研员的点评，一方面觉得教研员讲得真有道理，另一方面又有点儿不服气，说说容易，有本事你也上给我看看。"斯苗儿带领的教研员真的有本事"上给你看"，而且斯苗儿不仅自己"上台示范"，还组织评课专家"真功夫场上见分晓"。

⊙ "以课为本"去光环

名师的成长离不开教研员和教研活动。许多名师停滞在职业发展的"高原期"，丧失了发展的动力和方向。怎样帮助名师不断地成长呢？斯苗儿的一条重要经验是不把专家当专家。她曾在一次科学教师的读书论坛上说："这个时代淘汰的人和年龄无关，淘汰的是不会学习的人。"人最大的敌人，是惯性思维。"专家"的光环是对以往成就的认可，而名师需要去掉光环继续往前看、继续朝前发展。郁红老师是上任不到一年的宁波市教研员，在此前她也是当地的"名师"。当了教研员之后，自己亲自上课的机会并不多，但专业技能却一点不敢马虎，因为在活动中随时都可能被斯苗儿点到台上去"示范"。

敢于"上台做给你看"的教研员在浙江省小学数学教研团队里还真不少。在前文提到的 2010 年"西湖之春"小学数学教研员风采展示活动中，上课的是七位教研员，对课堂教学进行评头论足的主角却是一线教师。

在活动中上展示课的丽水市遂昌县教研员罗时长老师回忆说："展示的那节课只有短短四十分钟，但为此所付出的时间却是它的几百倍，在这个过程中心态也真正地发生了改变。"

从 2 月初接到通知要我在这次活动中上课开始，我就为这事苦思冥想。老实说我还从没在这么大的舞台上上过课，虽然当教研员有八年多，指导教师在省级开观摩课的经历也不止一次，有时在上课教师面前分析起课来也是一套一套的，但真正轮到自己上台却不免有点心虚。这个光荣而艰巨的任务是接受还是放弃呢？我也曾因怕出"丑"而矛盾过，可平时自己常对教师说上课不要怕出"丑"，只要你认真去解读过教材，用心去思考过，课上得成功与否对听课者来说都是一种珍贵的教学资源。是呀，出"丑"对听课的人来说未必是一件坏事，至少能使他们进行借鉴式的反思，再说能在全省这样一个大舞台上出"丑"也值得。经这么一想我的心情舒坦多了，在电话里我欣然接受了这一光荣而又艰巨的任务。

经常评别人课的教研员在活动中被别人评课，尤其是反过来被"平时经常被教研员点评的教师"点评，有时难免有些"尴尬"，但大家都是"就事论事，只为好课"。"上课"和"评课"都是"基于课成就人"，不管是成功的经验还是失败的教训都可以成为浙江小学数学团队共同的学习资源。

"现场改课"在浙江省内的小型教研活动中早就盛行。如今，在面向全国的大型教学展示舞台上，也开始了"现场改课"。教师的课一上完，斯苗儿就会眯着弯弯的月牙眼对现场的名师说："你不是专家吗，要不你同课异构一下？让我们看看'专'在哪儿吧。"台下的教师总是一阵鼓掌。很多人怕被斯苗儿点名重构，但俞正强老师却是十分愿意。2013年在杭州举办的"华东六省一市第十五届小学数学课堂教学观摩研讨会"上，俞正强老师只用短短一个中午的时间准备，就把当天上午一位教师执教的《折线统计图》一课进行了现场重构。俞老师直接用上午那位教师的思路和大部分材料，只补充了两则材料，即一个小组学生的身高和一个人不同年龄段的身高，让学生思考："分别用什么统计图合适？说明理由。"学生用生动的语言表达了折线统计图反映的是一个主角，而条形统计图反映的是几个主角，从而让学生明白了折线统计图与条形统计图的联系和区别，让听课教师明白了《折线统计图》的教学要义。

斯苗儿说："一般来说，公开课没有试教几遍，是绝对不可能搬上舞台展示的，而俞正强老师为什么敢不试教就上公开课呢？除了勇气，折射出的是对课堂的朴素理解，那就是课堂为学生的学习而设计，教师顺势而为，适时点拨，别无牵挂。"[1]黑龙江省佳木斯市的刘宝萍老师在参加了2019年"浙江省乡村教研共同体暑假备课夏令营活动"后感慨："参加你们组织的活动，总能让我感觉心惊肉跳和惊心动魄。让我在巨大的冲击中，感悟到'成长'，体会到'真实'，思考到'转变'，积淀到'责任'。"

---

[1]　斯苗儿. 从"被质疑"到"令人信服"[J]. 教育视界，2019（16）：38-40.

⊙ 真功夫场上见分晓

斯苗儿主张"说不清楚就上台示范"。这样的教研方式有效且能深入人心，让教师对好课有了直接的感受，从模仿入手，渐渐地便能领悟其中的道理。

对新手教师而言，特级教师、名师、教研员都是教育教学专家，是绝对的权威指导者。但在斯苗儿组织的活动上，专家不必讲想法、讲"套话"，她会直接说："你上台自己重构给大家看吧。"重构完了，观点也就落地了，对比之下，研讨更热烈更深入。重构成功，让大家看到了新的设计和做法，可以充分给执教教师启发；重构失败，说明这个内容真的难教，大家再一起抱团思考。由于这样的教研方式，慢慢地就没人会把自己当专家，而只是不同成长阶段中思考着"如何上出好课"的人。

不把专家当专家的背后，是让专家真正地成为小学数学教学的专家。斯苗儿说："现在很多教师都想成为名师，一些学校和当地的教研部门甚至教育行政部门也都希望在自己的地盘上能诞生名师，为此，不惜成本送他们到异地拜师学艺、去大专院校脱产进修等。但这样的'阳光大道'又能成就多少被学生喜爱、家长满意和同事认同的名师呢？如果教师缺乏自我成长的意识和手法，一切的培训都只是外因。要在短暂的教学生涯中走出一条有效的自我成长的专业化道路，首先要就要学会自我监控，能回答'我究竟教得怎么样'，有公开自我的姿态与技能。"[1] 不管是新手教师还是专家教师，都要诚实地直面"课"本身，保持以课为本的成长心态。

入职刚满一年的丽水市的陈文健老师在模拟上课环节时，突然遇到一位特殊的"真"学生——斯苗儿。她的提问根本不在预设里，原本设计得好好的预设就此分崩离析。

陈：斯同学说她会使用量角器，那就上来尝试吧！

---

① 斯苗儿. 课堂教学起步的家当[J]. 小学数学教育，2012（4）：1.

斯：点对不上啊！这里本来有一个点可以对齐的，怎么对不上了呢？

斯：老师，量角器上根本没有点啊！

陈：量角器上这里不是有一个洞嘛！

斯：这是洞，不是点。

　　这一连串的问题让陈老师陷入了深思："正是斯苗儿老师基于儿童视角的发问，让我的头脑里浮现出一连串的问题：学生认识量角器的结构吗？学生使用过量角器吗？学生能正确使用量角器吗？使用量角器的困难在哪里呢？是不是所有的量角器都长成一个模样呢？要尊重学生学习的起点，每个学生都有自己的一个起点，关键是课堂的起点在哪儿？如何立足学生起点搭建学习支架？"斯苗儿说："《量角和画角》一课，从认识量角器开始，但那是课本呈现的知识逻辑的序，不是课堂教学开启的序。课堂要从'谁知道这些角究竟有多大'开启，这就是任务驱动，然后引出量角的工具即量角器，再让学生自己试着量一些角，等学生遇到了困难或有了争议，再来组织讨论量角器的正确使用方法。这样基础知识和基本技能得以落实，教学的过程也变得既有序又有趣。"

省特级教师、义乌市的杨凯明校长说："我作为其中的一位导师，与学员'全员参加、全程参与'，每个环节都是真教研、真学习。上台的教师如果没有做到位，我就得现场示范上课。这就倒逼自己在前期的研修过程中必须把意图、策略和思想方法等讲清楚；听课时要十分专注，及时发现他们教学中存在的问题和遇到的困惑。只有这样，议课时才能选择大家普遍关心的具有普适性的问题展开对话，并针对性地进行现场示范。"可见，教学相长同样适合教师教研。斯苗儿的教研活动把处在高原期的专家教师、处于瓶颈期的普通教师和处于关键期的新手教师，有机整合成教研共同体。彼此之间没有地位的高下之分，围绕着共同的目标——"好课"，大家一起展开美丽的探索。

⊙ 从面红耳赤到游刃有余

无论是零教龄的小年轻还是十几年甚至几十年教龄的老骨干，在斯苗儿组织的教研活动中都经历过"面红耳赤"的场景，但在不断的历练中最终也能做到"游刃有余"。斯苗儿认为，教师对课的把握大致要经历三个阶段。一是囿于个人已有经验的阶段，自信地上着"有问题的课"；二是迫于新理念支撑下的认知冲突阶段，磕磕碰碰上着"方向正确、路径生硬的课"；三是基于学生立场的突破阶段，享受地上着"方向与路径匹配的课"。从面红耳赤到游刃有余的过程，是从理念方向到路径行为的一次彻底革命，虽然有坎坷但最终会化蛹成蝶。

斯式的"说给你听"，句式多反问、少陈述，语气多严厉、少温柔，一阵雨打芭蕉你脑门清的时候，狂风暴雨会变成和风细雨。这过程中，有教学理念，有专业词汇，有前人经验，有操作手法。只有两年教龄的诸暨市的胡志萍老师回忆自己第一次上公开课，这样描述自己如何"度劫成功，飞升上仙"。

不停地磨课，不停地听取各种声音，不停地修改，不停地再重复。呆呆地看着所有人，你一言我一语，有时还争得面红耳赤，但我始终插不上话，甚至一言不发。试教的过程一次不如一次，感觉极其糟糕，最后连课堂节奏都把握不住了。难道这就是我当老师的水准，我第一次质疑了自己。

直到斯老师来了……

晚上是说课，自己心里很没底，但始终想要展示最好的自己。一上台2分钟不到，斯老师说："课前游戏或者课前故事，这些都是特级老师的特权，一堂课就是40分钟，没有人会多给你5分钟。你这个复习导入一定要吗？没有你的复习，学生知道主题图的信息吗？既然学生都会，为什么要这些东西，让学生陪着你玩？"

三句话，不知道是不是打击过头了，仅仅三句话，突然在那一瞬间，我开窍了。我居然度劫成功，飞升上仙了。不再是那个只会呆呆地听，关键还听不懂的"我"。导入需要趣味去吸引学生的注意力，引发兴趣，但不是花哨，而是实用。我明确环节的目标，了解设计的意图，甚至斯老师说出前半句话，我就知道下面该怎么办了。

不痛击无反思，不摧毁无重建，不点醒无成长。斯苗儿不仅要点醒新手教师，还要唤醒骨干教师的再成长欲望。2017年，她曾与杭州市滨江区教研员来晓春老师共同组织了一场"零教龄"叫板"老骨干"的教研活动（见表2-1），让还没正式入职的几位新手教师去改老教师的课。新手教师的课堂自然多有不成熟之处，却不无亮点，这样的直接对比给老教师的成长打了一针强心剂。

表 2-1　滨江区 90 学时培训课堂教学板块安排

日期	时间	上课内容	教师
6 月 27 日	8：30—9：10	五上《用字母表示数》	王　霞
	9：20—10：00	五上《平行四边形面积》	沈志荣
	10：10—10：50	五上《梯形面积复习课》	孔忠伟
	11：00—11：40	五上《小数的乘法》	章　辉
6 月 28 日	8：30—9：10	五上《用字母表示数》	学员上课
	9：20—10：00	五上《平行四边形面积》	学员上课
	10：10—10：50	五上《梯形面积复习课》	学员上课
	11：00—11：40	五上《小数的乘法》	学员上课

骆玲芳校长把教龄长的教师组成了"夕阳红社团"，一起迎接挑战。一位十八年教龄的骨干教师在教研活动后感慨道："能被逼着成长很幸福。"

　　入职三年后我的课堂就没有这么被关注过，感到很刺激很温暖。感谢夕阳红社友们把跨出半步又退却的我拉回来。教研主任会在凌晨三点多答复疑问，会专门带着我去兜风放松心情，送回家洗澡再接回去磨课，比我早到现场准备教具。一个团的朋友一起彻夜的备课，不寂寞不害怕。我从来没有这么有效地思考过课要怎么上才更有效。

　　"犀利点评"和"踢馆式示范"塑造了一心上好课的热烈教研氛围。从"面红耳赤"到"游刃有余"，斯苗儿引导团队树立了不断成长的教研心态，让他们即使以后面对新的挑战，再次回到面红耳赤的尴尬之中，也拥有终究能够游刃有余的信心和力量。

> "三段十步"改课的教研范式，每一步都扎根于实践。

　　斯苗儿"三段十步"改课教研范式是为了帮助教师"想明白、说清楚、改到位、做出来"。短短十二个字涵盖了从理念到实践再到反思的全过程。"想明白、说清楚"要求教研员和教师要对"什么样的课是一节好课"达成共识，探索好课的基因，延续好课的传承。把准方向和确定目标之后，就要在具体的实践中"改到位、做出来"，通过不断的改课、连续干预，让教师把理念落实下去，再把好课的经历和经验写出来，成为滋养教师个人和团队的宝贵经验，让好课成为自己的代表作和生长点。小学数学"三段十步"改课的操作支架（见图2-2）是一个融"全程、全员、全课型"为一体的课程研究平台，呈现出既连贯一致，又易分解、好推动、可推广的特点。[①]

---

① 斯苗儿．小学数学"三段十步"改课的教研范式探析[J]．课程·教材·教法，2020（9）：81-87．

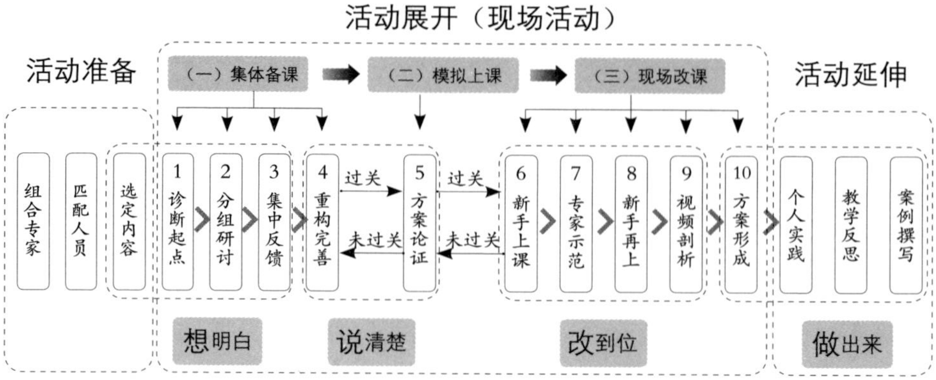

图 2-2 小学数学"三段十步"改课的操作支架

一、想明白好课的道理

斯苗儿认为，不同的人对好课的认知会有差异，同样一节课，甚至也会有"糟糕透了"和"精彩极了"两种极端的评价。因此，对好课以价值观进行引领，让教师在把握正确方向的基础上再去具体把握课的样态，引导教师想明白好课应该具备怎样的"基因"就显得尤为重要了。究竟什么是好课的基因呢？斯苗儿总结了一个立场和四个关键词，即坚持学生立场，做到有序、有趣、有用、有挑战性。

⊙ 坚持学生立场

斯苗儿对好课的认识非常朴素。她认为，万变不离其宗，好课的根本就是学生立场。想象一堂好课的情景：学生"小手林立""小脸通红""两眼放光"，当下课铃声悠然响起时，学生意犹未尽，"怎么这么快下课了？""能不能让我们再讨论一会儿？"……斯苗儿说俞正强老师之所以那么受到学生的喜欢，也正是因为明白了这个道理。俞正强老师说自己时刻都怀着"让学生喜欢我去上课"的愿望，所以他的课总是那么生动有趣。教育不仅是他养家糊口的"职业"，更是一种使命和信念。

人都是有了信念才会有积极性的。我始终不放弃我工作的每一分钟，这就是我的信念。只要我上课，就要把它上好。为学生考虑，我就要把课上得让学生开心一点。这节课让学生不开心了，我下节课一定要补偿他们。就这样一节课接着一节课地上好。

曾子说："吾日三省吾身"，斯苗儿觉得教师也要经常以"学生喜欢我去上课吗？"这个问题进行自我反思。这也是她引领新手教师成长所坚持的原则，先有学生立场，再磨炼教学技巧。杭州市的喻书蕙老师入职一年后回顾自己的职业生活，很有感触地说："学生给了我力量。"刚入职的第一年，她不仅承担一年级两个班的数学教学任务，还兼任其中一个班的副班主任。工作很辛苦，但来自学生的鼓励和支持是她的能量补给。她曾经在一年级学生那里做了一个小调查来了解学生到底喜欢什么样的数学课，喜欢什么样的数学老师。

问：什么样的数学课你会更喜欢？

答：把一些数学知识变成小游戏。

问：你在数学课上最开心的事？

答：有一次做口算时一只小鸟飞了进来。

问：你觉得喻老师有什么需要改变的地方？

答：喻老师你上课要更有感情。

问：你最喜欢和最不喜欢什么时候的喻老师？她在干什么？

答：最喜欢喻老师抱我，最不喜欢喻老师哭的时候。

问：你还想对喻老师说什么？

答：我希望以后有一位温柔的喻老师。

看着这些单纯而真诚的回答，这位新手教师深深地被触动了。虽然偶尔会因为事务的繁杂而喘不过气，也有时因为现实和理想的差距而力不从心，还可能会因为一些顽皮的学生而头疼生气……但事实上，六七岁的学生，已经能敏感地体会到教师对他的爱，并会真诚地回馈教师给予的爱。这让她真正明白了，教育不仅仅需要将每一件小事做实做细的技术，更需要不断渗入的爱和智慧。2020 年，喻书蕙老师获得了"第三届浙江省中小学青年教师教学竞赛"特等奖，这时，她仅两年教龄。她说："学生的喜欢才是对我最大的肯定。"她的每一个进步，都有学生给予的精神力量。斯苗儿说，教学的基本功固然重要，但如果没有把握住"学生立场"这个方向，就会一直停留在基本功训练及技术精化的层面。能够让基本功发挥积极作用的是"方向"，即教育教学之道。好课不仅需要技术好，更是要坚持教育教学之道，正如斯苗儿所说，"课品"即"人品"。

⊙ 有序并且有趣

斯苗儿注意到，有些教师在教学设计的表面"有趣"上花了大量工夫，却对教学节奏和学习材料的"有序"思考较少。她认为，仅靠表面"有趣"支撑的课堂，学生的学习兴趣并不能持久。教师必须站在学生立场思考教学设计，寻求适合学生学习的节奏与"序"，让学生享受数学学习的乐趣。上课最基本的要求是要把学生教明白，而不是把学生教糊涂。

以数学概念课的教学为例，首先教师要明白，其次要把教师的明白变成学生的明白。其实在上课前学生对许多概念已经积累了生活的经验，他们有自己的"明白"，但这种明白不是数学上的概念。从学生经验上的明白到学科知识上的明白，是数学课堂上的重要跨越，也是课堂的有趣所在。教师普遍认为"概念课"比较难上，特别是"图形与几何"领域的概念课更为难上。例如，《认识平行》这一课，需要学生理解"在同一平面内不相交的两条直线叫作平行线"的概念。

省特级教师、杭州市的吴恢銮老师和施娇娥老师共同打磨了突破学生思维难点的《认识平行》[①]一课。为了理解相交状态的"可能性"，学生需要掌握"直线可以无限延伸"的特性。在设计的时候，大家想到了"金箍棒"这个学生喜欢的动画素材作为"可以无限延伸的直线"的思维素材。在教学的

---

① 吴恢銮，施娇娥．概念学习：重在经历概念形成过程——"认识平行"磨课实践与反思[J]．小学数学教育，2013（Z2）：68-70．

时候由孙悟空的金箍棒导入，把两根金箍棒想象成两条直线画在白纸上，可能会出现哪些图形，再对这些可能情况进行分类。

师：同学们，孙悟空身上有一件神奇的宝物，你们知道是什么吗？

生：金箍棒。

师：金箍棒神奇在哪里？（课件演示：向两端无限的延长或缩短）数学中也有一种线和金箍棒同样神奇。

生：直线。

师：请你在脑海里想象一下，直线是什么模样的？会画直线吗？请你在白纸上任意画两条直线。

学生的作品中出现了把"可能相交"的直线与平行线划分为一类的情况，于是教师开始引导学生通过"想象"来分辨"永不相交"的概念。

师：请同学们闭上眼睛继续想象，如果有足够的空间和时间它们会相交吗？

师：那么④号如果向上无限延长会怎样？

生：它的开口会越开越大，越来越大，不会相交。

师质疑：看来④号还真的不会相交，你们同意吗？

许多学生进入沉思，不一会儿一只只小手举起来了。

生：会相交，肯定会，如果④号向下延长，它的开口会越来越小，再继续延长就会相交的。

斯苗儿说，"有趣"不仅是创设学生喜闻乐见的生活情境，更重要的是创设具有"认知冲突"的数学问题情境。"数学中也有一种线和金箍棒同样神奇。"简单的一句话把直线的特性勾勒得淋漓尽致，学生非常容易就能想象出直线的模样，激活直线特征的原型。"那么④号如果向上无限延长会怎样？""闭上眼睛继续想象，如果有足够的空间和时间它们会相交吗？"在想象中对比，在对比中想象，通过有意制造的认知冲突，充分激发了学生的探究兴趣。"有序"不仅指教材的逻辑结构、学生的年龄特点，还包括学生课堂上学习的心理状态、40分钟时间的课堂快慢节奏。在这堂《认识平行》

的课上教师把握住了"有效分类"这个概念理解的关键,将抽象的概念层层剖析,从最简单的经验原型"金箍棒"到"平行线"这个抽象概念的认知路径,既有趣又有序,于是知识就能被学生愉快而高效地理解和掌握。

⊙ **有用并且有挑战**

斯苗儿把"有用且有挑战性"看作课堂上"高层次的有趣"。有用且有挑战性,不仅指数学在生活中的简单应用,而且要让学生经历解决问题的过程。教学要追求学生的发展,就要让学生自己愿意"跳起来摘果子",这要求在课堂上设计能引发学生较长时间思考的好问题、好任务。

斯苗儿说,许多教师的教学设计看起来很不错,但实施起来总让人感觉"束手束脚",没有给学生自由探索的空间。湖州市的余仙凤老师曾在 2010 年"浙江省小学数学和科学新课程疑难问题解决专题研训活动"中展示了《认识三角形》一课。在第一次试教后,斯苗儿的点评就让她感觉"当头一棒"。

"你牢牢控制住了学生,主要还是观念的问题,不肯放手让学生去试误。""我们的主题是探究性学习,你的探究呢?""不放手,怎么知道学生的起点在哪儿?问题在哪儿?""你只是在备教材,根本没有备学生。""数学课不让学生动笔怎么行?"……一句句犀利的话语,让我真有种透不过气的感觉,也觉得很委屈,不理解。这么多的内容在一节课中能上完,已经很好了,还要全部放手给学生,能行吗?带着委屈、不解及更多的不甘心……我当时整个人都蒙了。

后续的教学设计中余老师把整个单元知识进行了重新梳理,把三角形分类提前教学,把画三角形、画高等任务都交给学生自己探索,教学效果的显著提升让她惊叹"原来数学课还可以这么上"!

通过放手让学生画三角形和高,来了解学生的认知起点,这个设想我一直很担心,总觉得对三年级的学生而言要求太高。而事实证明我的担忧是多余的,即使是三年级的学生也能根据自己的理解来画高,虽然有这样那样的问题，但正是这些问题的暴露让我清晰地看到了学生的起点、思维状态以及对知识的理解。在激发学生不断思考、辨析的过程中，我也沉浸在与学生争辩、思索的每一个瞬间，真正感受到一种心灵碰撞的愉悦。[1]

也是从这次改课开始，余仙凤老师的教学生涯发生了很大的转折，如今的余老师已经成长为一位特级教师，并担任一个教育集团的总校长。

斯苗儿主张通过任务驱动式的教学来激发学生的探究欲望，2019年11月上海悦远教育主办的研讨会上袁晓萍老师执教的拓展课《平均数不中用了》可以生动地呈现任务驱动如何深深地吸引学生，让课堂学习变得丰盈而有挑战性。在课上，袁老师呈现了7位试用者给两款环保袋打的分数，让学生自己根据已有的分数（数据）给环保袋打分，引领学生以问题解决的方式卷入学习。课堂上，学生选用平均数、中位数、众数给环保袋打分，且都侃侃而谈、自圆其说。在视频介绍不同统计量后，袁老师让学生调查现场听课教师对一款环保袋的心理价位。8分多钟的时间，学生穿梭在听课教师当中，留下空空荡荡的舞台……汇报中，有学生得意地说"我专门挑手机好的老师'下手'"，有学生说"老师们太会玩了，有的给200元，有的给5毛"，有学生说"老师们给的价格不寻常，还要到外面调查寻常的人"。课后斯苗儿对学生进行了访谈，学生说："回家就是刷题，不如上袁老师的课！"

这样基于单元视角，与真实情境紧密联系又富有挑战性的教学设计，正是学生立场的具体体现。用斯苗儿自己的话，叫作"学生立场"催生单元视角、有机整合、适度拓展。2016年，斯苗儿开始引领教师在教研活动中探索"单元整体教学"。她说："学生的知识学习已经不再局限于书本和教师，只要'百度'一下，千百条答案就能尽收眼底。学生的经验变了，我们的教学应该不断地跟上学生变化的步伐。当绝大多数学生提前翻阅课本，甚至通过各种渠道记住了公式、定义、法则时，教师如果还是利用权威把他

---

[1] 余仙凤. 原来数学课还可以这么上——"三角形的认识"一课的磨砺与思考[J]. 小学数学教育，2011（Z1）：38-42.

们拉回到课本上，就违背了学生立场。基于单元视角的有机整合、适度拓展就是为了让教材更好地适应学生，通过设计好问题、好任务，为学生的深度学习提供可能。"[①] 斯苗儿倡导通过整合、重构、重组，以主题、单元、课或项目等形式设计学习项目，整合单元学习内容，打破课时内容之间以及单元与单元之间的边界，为学生构建一个开放的学习体系。

二、说清楚好课的方案

凡事预则立，不预则废。斯苗儿说，备课就是教师对教学进行"预设"的过程，预设的充分与否，质量高低，会直接影响上课的质量。她反对教师为了一节公开课，把不成熟的教学设计拿到班级中一遍遍试教，她认为这样的做法是把学生当小白鼠。所以她坚持在预设的方案与实施之间，增加"模拟上课"环节，先说清楚好课的方案，以便在真正进入课堂教学之前，进行反复打磨和论证，在说清楚方案的过程中，逐步厘清教学设计的思路，并通过模拟上课的方式预想学生的反应，反复进行方案的论证。

⊙ "集体备课"厘清思路

好课的准备过程不应该是单打独斗，而是抱团取暖。集体备课，顾名思义就是大家一起备课，目的是集思广益，分享智慧，从而提高每一位教师的备课质量。斯苗儿认为，备课的指向不仅是写出教案，而是以此为抓手，更新教师的思维方式，帮助教师确立学生立场。一所学校或一个区域的教师三五成群、抱团研修，更能促进一个团队从观念到行为的全面更新，进而在今后的日常教研中形成团队价值观。因此，斯苗儿首先从集体备课上做足文章。她主持的浙江省小学数学乡村教研共同体"跨区域集体备课"，入选《2019 年中国基础教育典型案例》（详见《好课多磨》区域教研活动案例 6），活动的具体展开过程如表 2-2 所示。

---

① 斯苗儿."学生立场"催生单元视角、有机整合、适度拓展[J]. 小学数学教育，2020（Z1）：1.

表 2-2 跨区域集体备课活动安排

时间		内容
第一天	上午	前期备课诊断：五位教师分别对一至五年级数学下册教材按单元进行梳理与介绍，接受集体评议、答疑。
	下午	二度解读教材，分年级跟进完善：与会教师通过电脑派位分成四组，分一二年级、三年级、四年级、五年级组进行集体备课，教研员和特级教师被分派到各组指导、帮扶，大家对学校提供的前期备课材料再度调研，并选择一个重点单元和其中的重点课进行教学设计。
	晚上	集中反馈，年级范例打磨研讨：每个年级选择相应的单元，每组随机抽出两位教师，组成"1+1"汇报，即一位教师进行单元解读，一位教师就单元重点课现场模拟上课，导师一一进行点评和指导，并选出四位教师第二天现场展示与诊断。
第二天	上午 10：00 以前	分年级完善单元样例及重点课教学设计。
	上午 10：30 至下午	现场展示与诊断：四位教师分别代表四个组现场上课，与会人员现场提问、导师答疑，再通过访谈学生、课后检测等检验课堂教学效果。
	晚上	分年级完善备课方案：形成全册教材整体架构与重点课时设计，形成每个单元的资源包，包括单元教材分析、难点诊断、重点课教学设计等，在组内由每个年级教研员和特级教师帮扶指导。
第三天	上午	再次集中反馈过关：确定具体课题、人员现场上课，团队答疑，特级教师上示范课。

参加活动的教师称这次教研活动为"疯狂教研"。"普通教研虽然也有主题，但这些任务只是给个别人的，'疯狂教研'的任务是给每一个人的。"丽水市的刘巍薇老师对这次活动印象深刻。

斯苗儿老师主持的单元备课形式打破了传统的单元备课模式，让我经历了集体备课的三个过程：角色转换，自我建构；头脑风暴，重新建构；分享互研，引领提升。在体验中我有了备课、备人、备成长的感叹。备课，以学生已有经验为起点，站在学生的角度进行单元备课；备人，通过头脑风暴的形式对自身的知识框架重新建构；备成长，通过专家引领使自身的教学思维从不同的角度为切入口延伸思考提升。通过这种形式的单元备课活动，作为只有一年教龄的新手教师，在今后的教学上，我会更加有方向地分析教材的编排，并会努力尝试从学生立场出发进行单元备课，从而有效地引导学生将知识内化，形成自己的知识结构。

正是因为这样的活动不仅有意义，而且有意思，便在浙江各个层级的教研活动中迅速"燎原"。2018年，丽水市教研员戴慧琴老师组织了三个特级教师工作室联合教研活动（详见《好课多磨》区域教研活动案例3），其活动的整体安排如表2-3所示。

表 2-3　单元备课活动安排

活动目的：以改造"单元备课"为切入口，通过丽水市三个特级教师工作室的联合教研活动，充分发挥特级教师的专业引领作用，以期通过改变备课的理念促进区域教研理念的跟进，促进教研团队建设及骨干教师的专业成长，从而为全面提高教学质量铸魂、赋能。

活动过程：

时间	内容	主讲
3月16日	三个特级教师工作室团队分头集体备课。	柳敏敏（省特级教师） 张绍军（省特级教师） 黄碧峰（省特级教师）
3月17日 8：30—11：30	专家讲座：《悟其道，用其妙》。	袁晓萍（省特级教师）
3月17日 13：30—17：00	1. "卷入式"备课：抽签分组，确定组长，组内交流，人人发表独立备课成果，互相补充，形成小组备课成果。 2. 导师随机抽取交流内容与发言人，集中展示小组备课成果，组际质疑问难，专家适时追问，围绕关键问题，实现深度互动。 3. 专家讲座：《基于儿童立场的教学设计》。	斯苗儿（省教研员）

丽水市的张娟老师参加活动后写下了这样的体会。

我有幸参加这样特殊的教研活动，收获了别样的成长，不敢懈怠每一分钟，不敢不思考，生怕斯老师抽到自己，希望这样的活动多多益善！在活动中一个个问题喷涌而出，跃然纸上，促使我们不断地思索。知识点如何梳理成串？怎样基于教材又高于教材？讲解时到点还是到面？如何在无声中引导，在引导中感悟，在感悟中懂得？斯老师直指问题本质，叩击心扉，引领的话语幽默诙谐，往往大家会心一笑之后却又耐人寻味。我们将思绪行走在指尖上，快速记录下内容，有待于回家之后细细品味，琢磨。以往我们都着重于以课备课，就单独的一个课时，认真备。今天我们站在了更高更远的单元立意下进行思考，从系统分析、整体建构、学生立场等多维的角度进行设计，关注数学学科的核心素养，更加清晰地明确了"教什么""怎么教"等问题，让我们的教学更有底气！一次研讨就是一次思维的碰撞，认知的提升，这一次我们就像解牛的庖丁，将一个个知识点不断地分解重组，一次又一次地否定质疑再认知。在活动中，大家早已忘却时间，忘却疲倦，心中只有一个共同的目标——将我们的备课做到至真至善。

在活动体会中，许多新手教师赞叹老教师的乐于分享，而老教师则感叹于新手教师的乐学好学和冰雪聪明。身怀六甲的年轻教师，即便同伴劝说，仍在现场坚持；临近退休的老教师也一直陪伴年轻教师挑灯夜战。不管是什么年龄、什么水平层次的教师都在这次紧密合作的备课活动中"重新"发现了身边并肩作战的伙伴，教研组成了一个更加紧密团结、互帮互助的团体。集体备课不仅能够把课备好，还能够把松散的个体变成真正意义上的团队。

早在 2017 年，斯苗儿和诸暨市教研员汤骥老师组织了海亮小学数学组的两次集体备课。对于这两次集体备课，诸暨市的俞丹清老师最深的感触却不在于课，而在于"集体"。

这两次备课活动中，感触最深的应该是团队精神。在此之前，我们每个年级组的数学老师只有在年级组活动时才会碰头，有时只是听一堂课，你评价一句，他评价一句，不痛不痒，相互之间也没有什么机会有很多交集。这一次斯苗儿老师的到来的确是起到了一个很好的推动作用，不得不承认，人都是逼出来的。同时让我感触很深的还有我们每个数学组老师的智慧和用心。比如我们组的孟飞老师，最后一次的课件是深夜 12 点发来的，可见大家都在睡梦中时他还在不断地检查和修改。

一位教师感言：我能发现，大家都在慢慢地融为一个真正的集体，改教案、做课件、弄道具，大家都争着抢着帮忙。第一次集体备课到半夜，累吗？心里有那股劲所以并不累。第二天洋洋老师上课之前，大家七手八脚上去帮忙搬道具、发练习纸，大家就像在对待自己的课堂一样热情高涨，听课的时候团队无比认真，洋洋老师上面说得好，我们下边彼此竖起大拇指，真是个可爱又团结的团队。

值得注意的是，把备课从"个人的事儿"变成"集体的任务"的过程中，离不开专家型教师的引领。集体备课的效果到底是"乌合之众"还是"众人拾柴火焰高"？关键也在于此。因此，斯苗儿主张每次集体备课活动都要有教研员和特级教师等名师参与其中。

⊙ **"模拟上课"论证方案**

斯苗儿不喜欢在正式上课前安排试教环节，因为拿不成熟的方案去试教，有违背教育伦理之嫌。犹如医学实验不会一开始就拿人做实验，而是先用小白鼠是一个道理。但教师如何去论证教学方案的可行性和普适性呢？她把现场的教师变成了学生，通过体会和表演学生可能会出现的反馈来把"纸上谈兵"变成"模拟演练"。

模拟上课就是一个方案论证的过程，方案是否可行，如何完善需要我们在模拟的过程中充分展现出课堂教学中学生可能出现的各种可能性。斯苗儿说，任何一个教案在真正进入课堂前，都是"草案"，从教案到教学行为，其中有许许多多的不确定性，这些来自学生学情的不确定性不是我们要通过一言堂去避免的，而是通过充分的调研去预设的。

斯苗儿自己就是一个带头示范的"捣蛋学生"，"老师，这个题用除法就可以了，为什么非要用分数？""老师，这个材料让人看不懂。"。课堂上如果有学生这样"胡乱"反馈，大概率会被"堵回去"——"这节课就是要讲分数啊，你提除法干什么？""这个材料别人都没说看不懂啊，怎么就你看不懂？"。可如果这个"刺头学生"是省教研员，教师就不得不开始接招和反思。正是在这样的过程中上课教师不得不开始思考：或许这个知识点真的应该和除法打通来讲？或许这个材料太脱离学生的生活实际了？遭遇了"捣蛋学生"的东阳市的杜美玲老师说："我在模拟教学的过程中不知不觉中明白了自己教学的不合理之处，也在这个过程中真正理解了什么是站在学生立场进行教学。"教学方案中可能存在的问题可以在模拟教学的过程中充分暴露出来，教师在模拟教学过程中的"见招拆招"也充分锻炼了他们的教学机智。其他的"模拟学生"一开始还有些放不开，在见识了斯苗儿和执教老师的"过招"之后，也开始"放飞自我"。于是，模拟课堂上越来越多的"假学生"和他们的"真老师"开始演练起来。

斯苗儿说，现在的学生已经不是我们"想当然"中的学生了，很多东西学生早就会了，却还要善良地陪着教师一起把戏演完。时代在前进，社会在变革，作为教师的我们必须与时俱进。"学生会的不用教，不会的让会的来教，大家都不会的讨论着来教。"模拟上课中，我们这些"假学生"要真正地成为"学生"，用心体会不同年龄阶段的学生可能会有的知识水平和思维方式。教研之中没有那么多的权威、那么多的规矩，大家可以"玩"起来，把模拟上课作为一个方案论证和完善的过程。

杜美玲老师有二十多年的教龄了，她在"玩"教研的过程中真正从学生的角度发现了好的数学课堂应该有的温度。"二十年的教学生涯中，经常会感觉走着走着，就会少了点什么？是的，少了对生命的敬畏，对课堂的敬畏！冰冷的数字怎么会让学生感受到学数学的乐趣，怎能让学生投入学习？学生无非只是解题的工具而已。但当我把自己变成学生，我真正意识到数学课堂不应是冰冷的、没有生命的数字。"玩教研的心态，把教学过程中可能遭遇的"不确定性"变得可爱了许多。教师在扮演学生的过程中，对教学过程中的学生体验有了更多更深刻的理解。或许某些教学设计从成人的逻辑出发是完善和通畅的，但当你把自己变成了"小朋友"，看见的就是不一样的教学。模拟上课像是一面学生立场的放大镜，帮助教师换个视角检视好课的方案。

省特级教师、台州市黄岩区教研员陈昕老师是教学骨干，称得上"老戏骨"。她回忆起 2005 年参加全国比赛的模拟上课场景，依然历历在目。

因事先设计的方案被推翻，新的方案没有试教的机会，只能依靠"模拟上课"。我们整个团队宛如陷入了"魔怔"的状态。心无旁骛，全情投入，推敲每一个环节的设计，琢磨每一个问题的提出，计较每一个细节的处理，在"破"与"立"之间不断循环。时间紧迫，没有办法试教，于是只能采用模拟上课的方式。人头攒动的机场，我们随意找到一个角落，立马开讲，我讲得绘声绘色，两位陪伴指导的老教研员听得认认真真，全然不顾旁人诧异的目光。宾馆房间里坐满了我区参加本次活动的教师，有老有少，有男有女，还有斯苗儿老师和我们市的老教研员王瑞达老师，大家都做学生状应和着我的问题，时而刁钻时而搞笑……

陈昕老师执教的《秒的认识》在大赛中被广泛认可，获得了华东六省一市课堂教学比赛一等奖、全国课堂教学比赛一等奖。她说："如果没有斯苗

儿老师独特的指导方式，一直以来有点自我小陶醉的自己不会有可能经历这种破茧重生的过程。《秒的认识》凝聚了整个团队的智慧和汗水，那段赛课经历让我刻骨铭心。"

⊙ "人人卷入" 尝试实践

这样的活动方式受益最多的应该是年轻教师。一位教师说："抽签决定活动的进程，在紧张忐忑之余，让我们看到了卷入式教研的魅力。把心态归零，一切从学生的立场出发，从目标落实展开研讨诊断，互助提升。这样的方式对于每一个有梦想的年轻教师来说是开放的，只要你想展示，这个舞台就属于你。"台州市的黄安妮老师回忆起她曾经参加的一次集体备课活动。她所在的小组抽到了一位刚毕业的"准教师"当组长，没什么教学经验。以往的教研活动中，组长都是经验丰富的老骨干，现在一个小年轻来当组长，大家你看看我，我看看你，磨磨蹭蹭地过了十几分钟。看到其他组都已经热火朝天地讨论开了，组内终于有人发声："我们也赶紧动手，你们两个做一下教材分析，你负责记录，我们来讨论怎么整合……"大家都有了自己的任务，小组也终于行动了起来。

在斯苗儿看来，老骨干当组长自然是能够起到示范带头作用，但如果在小组内部某一个人的声音过大，就会变成"能者多劳"的局面：组长会设计思路的，等会儿组长会安排的……有了组长当大树，其他人便可以大树下面好乘凉。但抽签选出来的组长不充当"专业权威"的角色，只是一个组织者，主要负责把小组的任务驱动变成每一个人的任务驱动。组长的个人权威性变弱了，而整个组的协作却变强了。特别是小组内形成的教学设计需要在模拟上课环节"人人过关"，因为大家根本不知道谁会被抽到去代表小组上场，所以个个都全情投入，从逃避心态的"观望"变成了积极期待"被抽中"。

陈昕老师已是区教研员，有了从"戏精"到"老戏骨"的蜕变经历，她开始把这样的教研活动方式进行"移植与再生长"，策划并实施。2020年的"台州市黄岩区小学数学单元整合集体备课活动"（详见《好课多磨》区域教研活动案例1）没有了"特级教师专家团"，陈昕老师让去年参加过乡村教研共同体暑假备课夏令营活动的教师作负责人，再把新手教师和成熟期教师在组内合理搭配（见图2-3）。

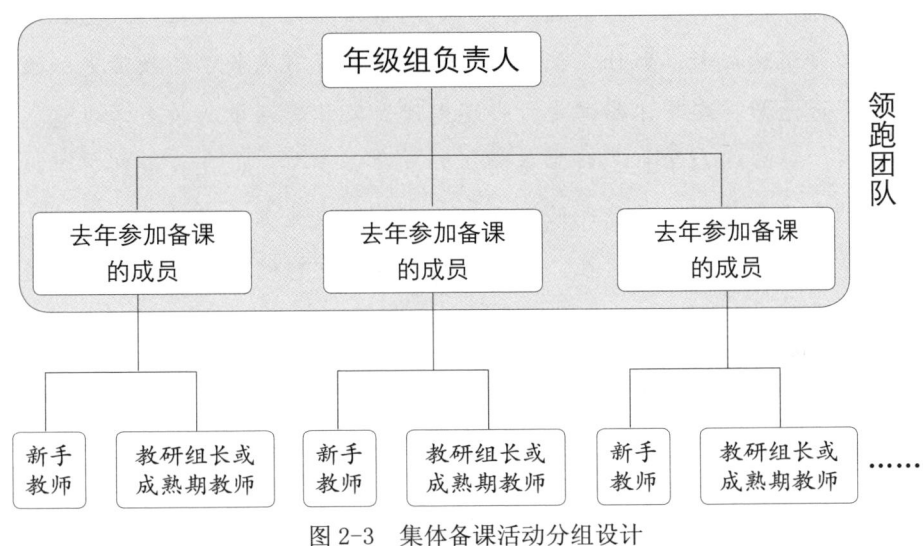

图 2-3　集体备课活动分组设计

备课过程中，老教师将自己的经验倾囊相授，年轻教师谦虚好学，主动发挥自身应用技术的优势负责课件的制作。活动采取了先"个别展示"再"全员诊断"的方式，人人参与，各显神通。一位教师在活动后写下了这样的体会。

为了给活动添点娱乐的元素，我们的出场顺序是由抽签来决定的。当骆玲芳校长抽出代表组别的第一签，现场有欢呼也有掌声，有人庆幸也有人遗憾。于是四年级的教师赶紧坐到学生席上，充当三年级重点课例模拟上课的学生，都想为上课教师搞点儿事情。

因为时间限制，下午只能安排三个组进行展示汇报，另外三个组将线上展示。现场的最后一个机会将在五年级组和六年级组中产生，究竟花落谁家？五、六年级的两位负责人干脆在现场玩起了石头剪刀布。六年级的杨奇老师被抽中进行反馈，五年教龄的杨老师在区内的参与式培训中多次"中奖"，如今的他已是从容淡定，将整合的思路阐述得清清楚楚。更年轻的叶刘线老师在重点课例模拟上课中却遭遇了"史上最难搞的学生",五年级备课组成员演起学生来是如此逼真。

这次集体备课为教师提供了一个互相交流的平台,真正集中了各位教师的教学智慧,取长补短,为促进教师"共同富裕"大开方便之门。它既能帮助年轻教师迅速成长,也让我们这些教龄相对来说有点长了的教师更加谦虚谨慎,严谨治学。在集体备课中,我还发现大家非常注重对学生学习前测结果的分析,让我明白了自己对学生的认知真是太少了,也让我看到了"以学定教"的真正含义。同时我也认识到自己以前粗浅地备一课时上一课时,是造成教学效果不佳的根源所在。希望以后多组织这样的活动,让我能够提升自身的素养。

"轮不到我上课,我还可以当'史上最难搞的学生'。"我们欣喜地看到别样的"卷入式玩教研"的活动形式受到越来越多一线教师欢迎,同时也被越来越多的教研员学习和模仿,新鲜刺激的教研活动形式已经自发地在浙江省开始燎原。斯苗儿组织的教研活动常常被人评价为"玩的就是心跳",你能想到的可能不会发生,你想不到的可能随时发生,可能你的徒弟在上面模拟上课,而你就是下面的学生。斯苗儿就是要打破常规,就是要教师改变心态。

三、把好课的样态"做到位"

斯苗儿说,教师上课从"知"到"会"中间必须要亲自实践,仅仅是观摩好课、设计好课肯定是不够的。怎么把想明白和说清楚的好课做到位呢?斯苗儿的法宝——现场改课,即普通教师、教研员、名师、专家等组成教研共同体,在培训研讨活动现场进行改课,让所有参与者共同经历教学改进过程。在研讨和示范中,让大家知道什么是"好课",怎样上好一节课,有效提升教师群体的教学能力。教师在同课异构的过程中体悟到自己教学的得失,又立马将"热乎"的教学反思经验落到实处，必要时通过对教学视频的切片分析，系统盘点教学改进的关键。

⊙ **拟定改课的一般步骤**

　　斯苗儿梳理了三种磨课类型：一是同课同构，基于同一课题和内容，同一个方案的改进与完善；二是同课异构，基于同一个课题和内容，不同方案的对比与借鉴；三是单元或主题系列接龙课，基于某一个单元或主题，选择同一个单元或与主题相关的几节课，以达成对这一单元或主题教学的共识。承担任务和参与讨论的可以是个人，也可以是团队；可以是观念相近、教学方式类似的同质团队，也可以是观念各异、方式不同的异质团队。这样，不同的人员和不同的磨课类型就组合成了不同的现场改课方式（见图2-4）。

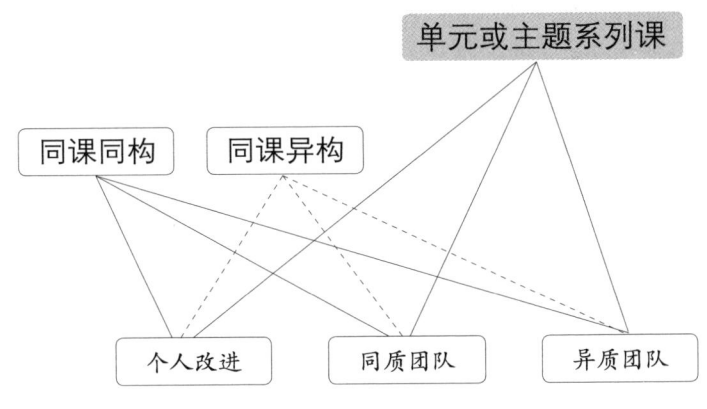

图 2-4　磨课组合方式

　　现场改课，既有同课异构，也有同课同构，推进过程比较复杂，需要事先规划具体步骤，才能有序推进。以A教师和所在的团队要打磨一节公开课为例，拟定的改课步骤如图2-5所示。在这个完整的流程图中，一共要经历十二个步骤。实线箭头表示必做步骤，虚线箭头表示选做步骤。在这个过程中，要达成两个目标：一是在诊断A教师教学的起点后，让他经历同行改课、专家改课，进一步看清自己的问题，寻找适合自己的方案；二是论证一节课的教学方案的普适性，便于一般教师理解和驾驭，达成资源共享、共同成长的目的。

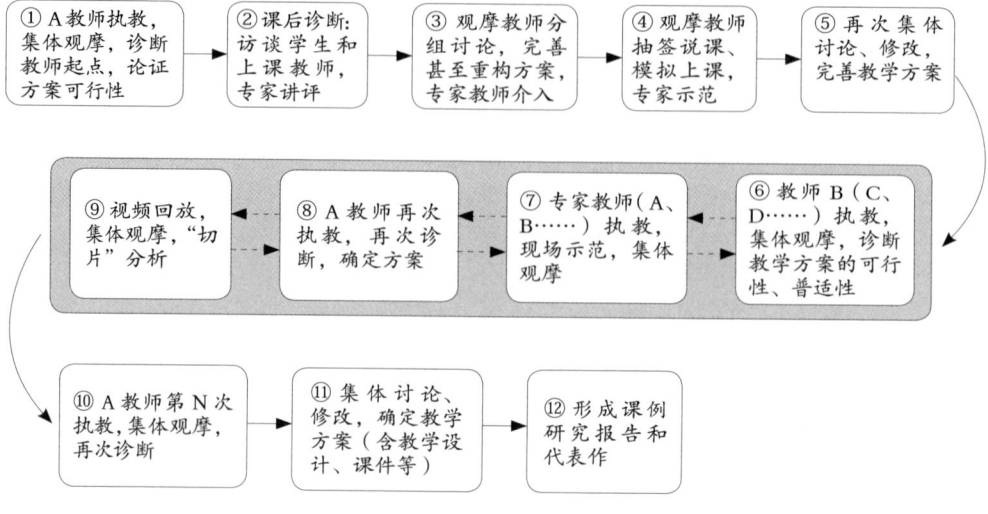

图 2-5　改课的具体流程

按原来的磨课方式，A 教师往往在经历 ①②③⑤4 个步骤之后，会在 ⑧和 ⑩ 两个步骤之间反复打磨，基本属于个人改进的同课同构。一般以执教教师和所在的团队为主，再约请几位专家、教研员提提建议、改改方案，而上课归根结底，还是执教教师的事，只是在学校层面的同事之间、教研组等小范围反复试教而已。如果专家、同行的意见不一致，又缺乏专家"会诊"，A 教师就不知道该如何取舍，从而陷入迷茫阶段。而斯苗儿针对这一痛点提出，既要让异质团队和专家"破"，但又要防止"只破不立"，增加改课步骤 ④⑥⑦⑨，从"同课异构"重构方案，到"同课同构"落实细节，帮助 A 教师和所在的团队打开视角，完成从"破"到"立"的过程。其中，⑤⑨⑪相当于专家会诊，④⑥⑦ 相当于开处方，相互观照中彰显诊断和治疗的意义，从单纯地"说给你听"到"做给你看"。

是否十二个步骤都要经历？斯苗儿的回答是，根据现场情况而定。如果经过了步骤 ① ～ ⑤，A 教师与所在团队已经和大家达成共识，就可以直接进入步骤 ⑧。如果 A 教师未能理解和接受，就需要进入步骤 ⑥ ～ ⑨，这 4 个步骤呈并联状，可以依次经历，也可以从步骤 ⑤ 直接进入其中的任意一步，也可以从任意一步退回，目的是不断地让 A 教师以旁观者的身份读懂课堂。

斯苗儿以丽水市温丽建老师在"全国新世纪小学数学课程与教学系列研讨会"上获得一等奖的《认识方程》一课为例，向我们展现了一节课改进的方案和具体过程（见表2-4）。

表 2-4 改课的具体过程

时间		具体步骤和内容
第一天	上午	1. 温老师现场试教。 2. 课后诊断： （1）教研员访谈学生，主要聚焦的问题：老师没上这个内容以前，已经知道方程的举手？怎么知道的？通过一节课的学习，你有什么新的收获？你认为最难的是什么问题？如果老师再给另外的班上这个内容，有什么好的建议？ （2）团队教师陈述前期磨课中的问题和对策。 （3）省特级教师俞正强老师从目标定位、教材编写、课堂反映的问题等进行讲解。特别强调：如何让学生体会到未知数，从算术思维（一个故事）到代数思想（两个故事）的无缝对接，该用什么样的方式让学生体悟？
	下午至晚上	3. 抽签分组讨论改进方案，省特级教师袁晓萍老师跟进指导，方案从目标到材料、环节构建等做了很大的改动，基本属于"同课异构"。 4. 抽签说课、模拟上课，不同特级教师指导和示范。 模拟上课主要聚焦在导入和新课展开环节，借用现场的教师做学生，他们从方方面面对执教教师的提问进行回应。导师随时打断进程，调试问题的提问方式，调换其他教师模拟上课，甚至自己模拟上课。 5. 在袁晓萍老师带领下继续完善教学方案，并且要求人人做好第二天现场改课的准备。集体讨论一直持续到晚上10点，在0—3年教龄的教师中抽签产生第二天现场改课人员。温老师和所在团队教师继续与新手教师研讨方案及课堂落实细节。
第二天	上午	6. 三年教龄的新手教师现场改课。 7. 课后继续访谈学生，组织现场讨论。大家认为需要重点讨论：究竟是方案本身有问题还是教师理解方案有问题？斯苗儿决定由这一课的导师袁晓萍老师现场再改课，要求"同课同构"，用新手教师的方案，重点在提问和理答方式、作业反馈方式上现场示范。
	下午	8. 袁晓萍老师现场改课。大家看到了同样的方案，效果完全不一样，学生整节课全情投入，不愿下课。课后访谈时，所有学生要求袁老师留下来做他们的数学老师。 9. 回放视频，对比分析。
后续跟进		温老师带回视频，和团队进一步理解和消化。 温老师在新世纪教材全国观摩活动中展示，完成《认识方程》课例研究报告，并发表。

可见，温老师在现场经历了 ①②③④⑤⑥⑦⑨ 八个阶段两次改课，另外的步骤在后续跟进中完成。

⊙ 从破到立的连续干预与跟进

针对导师的指导和建议，只有三年教龄的杭州市的费雅老师对《认识方程》这节课进行了重构，但保留了"天平"和"数学故事"的素材。她从日常生活入手，呈现一张支付宝账单，要求学生计算。接着询问什么是方程，让学生写出自己认为正确的方程。费雅老师保留了给方程编一个小故事的环节，但增加了学生作品展示和作品反馈的设计，通过学生展示自己的作品让其他学生来评价，在纠错和评价中体会未知数和等式的意义。最后借助天平，在平衡与不平衡之间再一次体会等式的含义。费雅老师在教学的任务驱动上吸取了温老师的长处，在教学互动和教学反馈上则进行了充分改进，使学生能够在轻松愉快的氛围中学习。

斯苗儿肯定了她的改进，指出没有做到位的一些环节，并临时邀请袁晓萍老师对费雅老师的教案进行"同课同构"。袁老师准备了一个小时，为大家带来了一堂精彩的"重构课"。教学环节和教学素材没有做大的改动，但许多小的细节令人回味无穷。导入环节，袁老师一部分一部分地出示淘宝账单让学生有充足的思考过程。在让学生利用方程编故事时，提前让大家知道该如何表述。在袁老师的课堂上，学生生成的故事更加清晰和丰富，能够被充分利用起来进行引入和总结。呈现学生作品时，袁老师由简到繁、分层次呈现，充分照顾到了每一个学生的感受。最后，让学生来说本节课都学到了哪些知识，有怎样的感受。

通过对两节重构课的细节对比（见表2-5）可以看出：三年教龄的费雅老师的"同课异构"完成了框架的重构，袁晓萍老师的"同课同构"，实现了从框架到细节的落实。

表 2-5　《认识方程》两节重构课的细节对比表

温丽建老师的课	三年教龄费雅老师的改课	特级教师袁晓萍的改课
1. 你知道什么是方程吗？	1. 老师这里有一张支付宝账单，你能用算式记录下来我的开支情况吗？（支付宝账单，先是全部盖住，再全部拿开）你们知道我一共花了多少钱吗？ 学生反应不够快，且出来两种列式方法，算出了结果。	1. 这里有我的支付宝账单，想用数学语言来表达，你能用算式记录下来吗？（掀开时是一项一项出示）学生快速列出算式：$100 + 10 - 20 - 11$没有算出结果。
2. 你能写一个方程吗？	2. 今天学习用新的方式记录——方程。对于方程你知道了些什么？把你说到的写在黑板上。	2. 今天我们学习用新的方式记录，大声地读出来——方程。 关于方程……
	学生均写了：未知数、等式、二元一次等	
3. （出示学生作品反馈）还有同学用图作为方程，你觉得是方程吗？	3. 请同学们在纸上写上你认为的方程（教师板贴）。	3. 在纸上大大地写上你认为的方程，你觉得是方程的高高举起。（学生自己写）
4. 请同学们再写一个方程，同桌交换，看看写得对不对。	4. 你可以用数学小故事来表达这些方程的意思吗？你可以用编故事、画线段图等方式表达，如果有困难，作业纸背面有天平，你也可以写出相应的方程。 学生情况：大部分学生比较茫然，可能没听清楚要求，也可能是没有参照不知道怎么解释方程。出现的形式有画图的、有文字的，大部分学生选择了帮忙材料"天平"。	4. 这个小朋友用画图的方式来解释方程，能根据自己写的一个方程，创编数学小故事吗？你也能像他一样来解释下这些方程的意思吗？你可以跟他一样画图，如果实在想不出来可以用列表、文字等独立创编。板书：我的方程（教师及时板贴重要的字并随时画图），如果还想不出来，还可以友情支持。 反馈时教师要求：仔细听，要求听到未知数，等式。 学生情况：学生创编出了很多形式的方程，有天平、列表、画图等。
5. 教师写的是方程吗？（出示作业，判断方程）	5. 作业环节：判断方程。	

温老师的课，整节课主要围绕着理解方程的概念和形式来展开。但到底什么是方程？方程的本质是什么？并无特别关注。费老师的改课，重在方案的重构，属于"同课异构"。为什么要这样改？可以追溯到步骤②。俞正强

老师在讲解时，说到每节课都有"课眼"，抓住"课眼"是上好课的关键。他认为《认识方程》一课的关键在于，让学生体会到未知数，从算术思维（一个故事）到代数思想（两个故事）的无缝对接。该用什么样的方式让学生体悟？步骤③④⑤便聚焦讨论了这一问题，在此基础上重构方案。

而袁晓萍老师的改课是"同课同构"，同样的材料、同样的框架，由于提问和理答方式、作业反馈方式的改变，整节课的效果就完全不同。例如，同样是布置任务让学生创编方程小故事，新手教师的交代像背书一样，袁老师则是跟学生互动和商量着。

师：根据自己写的一个方程，创编数学小故事，可以画图的方法。（出示学生作品：天平。）

师：还可以用什么方式呢？老师给你提示，可以像刚才同学那样画图，也可以用大括号、列表、文字，把你的数学小故事表示出来。要求独立创编。

师：如果有小困难，怎么办呢？袁老师在练习纸后面还有个"友情提示"，你可以用刚才作品里出现的天平，在上面找一找方程，并记录在横线上。

师：选择自己能完成的任务，开始。

师：你准备好听故事了吗？在听的时候，要仔细听，要听到（未知数），听到（等式）。

对一般教师而言，想明白了，未必能够说清楚，更别提做到位了，但通过现场改课可以让大多数教师想明白、说清楚、做到位。一位参加活动的教师说："袁晓萍老师的改课示范引领让理念成为实践，让梦想照进现实。用算式记录生活中的数学故事引入——唤起对方程的已知——举例辨析完善认知——多元表征深化理解。用不同的两个代数式表达同一个意思，从而联结了方程的等价思想。"

这样，一节好课的成长历程便清晰地呈现在了大家面前，从俞正强老师的"破"到袁晓萍老师的"立"，所有参会教师共同经历了从观念碰撞到方案重构，再从框架到细节的层层推进和落实过程。

⊙ **必要的视频切片剖析**

斯苗儿倡导教师不仅要在别人的帮助下磨课，还要敢于"对着自己开刀"，通过教学视频分析和反思自己的课堂。不能只拿着手电筒常常照射别人，还要拿一面镜子，不断地照照自己。唯有能够客观公正地认识自己，明确自己的优势和不足，才能主动进行查缺补漏、扬长避短，发展自己。

斯苗儿常跟年轻教师说，在教学视频录像还不那么方便的时候，许多特级教师在教学起步阶段就是听着自己的上课录音成长的。她给大家介绍了浙江省小学语文特级教师虞大明老师的做法。斯苗儿说："虞大明老师还是新手教师的时候，进行教学录像还不太方便。他所在的学校里只有一台摄像机，而且有专人负责保管和拍摄。于是，他便总是提着录音机走进课堂。这样，上课时他与学生说的每一句话，都被录音机录得清清楚楚，一字不差。上完课，他就回去静静地听，找出自己教学中的问题。有自相矛盾的，有前言不搭后语的，有说了一长串还没把意思表达清楚的，有一个劲儿无端重复的，有为学生的错误叫好的……发现问题之后，他便逐个地改，一遍遍地练。虞老师之所以年纪轻轻就成了特级教师，与他强烈的自我反思意识分不开，当然录音机也起到不小的作用。"教师是吃"开口饭"的，凭借重复听录音来进行教学反思可以帮助教师过讲解关。

说白了，教学反思就是让教师不断地思考和回答"我教得怎么样"。斯苗儿在教研活动中常常通过视频回放的方式来帮助教师进行教学经验反思。宁波市的罗晓舞老师回忆了她在斯苗儿指导下借助视频剖析自己教学的成长历程。2005 年 11 月，她参加了"同上一堂课"浙江省小学数学课堂教学交流评比活动，执教《9 的乘法口诀》。好不容易上好课，评完课，颁了奖，原本以为"苦"就此结束，没想到 2006 年 3 月斯苗儿又来到学校根据这节课的课堂录像开展视频案例研讨。

在视频案例研讨活动中，我头一回遇到了那么多尖锐的问题。比如，斯苗儿老师提出了她的看法："9 的乘法口诀教学时，三位老师在教学中都花费了大量时间寻找各种规律，特别是把 1 个 9 与 10、2 个 9 与 20、3 个 9 与 30……比较，得出规律，然后让学生借助规律来记口诀。是不是应该反思一个问题，找规律是帮助口诀的记忆还是干扰口诀的记忆？"

这个问题让我愣了一愣，一下子答不上来。原本我在课堂预设中就想到口诀的记忆是个难题，学生往往死记硬背，遗忘率比较高，所以我希望学生能通过自己的观察，提出各种规律，配合课件的展示，来帮助记忆几句难记、容易混淆的口诀。在教学中，好像规律发现得越多，反而学生越混乱，而且更不会有学生同时运用几种规律来想某个得数。从学生的掌握情况来看，并没有达到我最初的预设，看来我还没有完全考虑到学生真正的需要。

这时宁波市海曙区教研员陈亚明老师接过话题说："9 的乘法口诀的规律有许多，在教学中要强调'几个 9 比几十少几''个位和十位上的数字相加得 9'，这是最实用的两条规律，其他的几条规律可以作为数学欣赏进行处理。"是的，在实际教学中我感觉到有些规律的确体现了数学的美，可只停留在表面上，必须与其他八句连起来看才能发现，对记忆得数并没有什么帮助，反而带来负面作用。如果有机会再次上这节课，我不会把口诀的记忆单独作为一个环节，会在练习中逐步应用巩固。

在课堂录像的播放中，一些课件中考虑不够周到的细节被暴露无遗，而一一被指出，不禁让罗晓舞老师感到尴尬。面对着众多教研员和同行解说屏幕中自己上的那节课时，罗老师才惊觉某些环节的处理实在"触目"，教学必须更加仔细考虑、精心打磨。

斯苗儿说，教学视频回放的好处在于可以随时暂停。看到某一个环节有想法，可以立刻展开讨论，许多细节就能够被放大，许多想法就能够更明确。教学视频分析可以让教学的经验反思更加有据可依，好的教学措施要充分肯定，值得商榷的环节要反复讨论，让教师对课堂有更深刻的感悟。

看自己的教学视频进行回顾无疑是需要勇气的，但正是这种敢于直面问题的勇气，使上课教师的体验领悟更深刻，上课教师伴随着酸甜苦辣的改课经历也获得了拔节生长的养料，从而快速成长。

四、好课的经历要"写出来"

不能让好课的经历"自生自灭"。斯苗儿极力主张教师在执教被认可的好课后，要把好课的成功经验用文字记录下来，成为自己的"代表作"。成功是成功之母，每一位教师都让好课成为自己发展的生长点，让"好课燎原"。虽然教师的手头不乏好课，但这些好课若不能进入平常课堂，便不能为普通教师所理解和运用。因为好课不是一蹴而就的，而是不断磨砺的结果。磨课过程中经历过的种种"煎熬""磕磕碰碰"和"争议分歧"，恰恰是提升教师专业素养的宝贵财富，需要记录下来，成为更多教师的财富。

⊙ 挖掘好课的前世今生

虽然现场改课能让所有教师共同经历和见证好课的"诞生"过程，但不在现场的教师如何共享呢？斯苗儿要求上课教师把好课的磨课历程写出来，让磨课过程成为研修资源，并不遗余力地帮助教师修改和推荐发表。

《小学数学教育》是中国教育学会小学数学教学专业委员会会刊，"好课多磨"栏目自 2011 年开设，专门介绍优秀课例的打磨过程。截止到 2020年第 6 期，"好课多磨"栏目刊载的 88 篇文章中，浙江教师撰写的占 39 篇，文章目录详见本章结尾附表。其他栏目，如 2001 年开设的案例透视、课例评介，近几年开设的备课参考、成长课堂等，浙江教师的文章也因观点新、易操作而录用比例极高。斯苗儿说，她的专业自信很大程度上来自《小学数学教育》的"案例透视"栏目。2001年"案例透视"栏目连续10期刊登了她撰写的课堂教学片段摘录与评析，这些文章构成了2003年人民教育出版社出版的《小学数学课堂教学案例透视》一书的主体。而"好课多磨"栏目与"案例透视"栏目不同的是：用更多的笔墨记录课的改进过程，让读者看到课的成长过程。

⊙ 好课为迁移而教

斯苗儿认为，磨一节课，不只是为了把这一节上成优质课、精品课，而是通过有针对性的、深入的研究，明晰疑惑，提炼策略，如目标如何定位？难点怎样突破？学习材料如何取舍？生成资源怎样应对？……真正的目的是让教师"为迁移而教"。

省教研室组织的小学数学教研活动受到一线教师广泛好评。这些活动不仅仅是好课的展示台，更是一场场展示好课"前世今生"的研究盛宴。衢州市的徐青松老师说："从教小学数学20多年，每当在课改的关键节点，对新的理念理解不深不透不明时，或者对新的教学法存在疑虑时，或者在课改的实践陷入困境时，省教研室便会组织活动。"教研活动为教师着想，坚守学术交流初心，成就了每位教师的发展。

"赛课"究竟赛什么？斯苗儿说，教学观摩比赛真正比拼的是教师对课堂"价值理念"的理解和阐释。因此，从组织上课到评课，力求避免"就课论课"的小格局，从一节好课出发，到一类好课，再到一个领域的好课，最终是要体悟和传递关于好课的价值理念。为了让公开课能够扎根日常教学、滋养日常教学，斯苗儿改变了以往自选课题、长期备战的情况，从抽到课题到现场上课只给两天时间准备，使"舞台课"更接近于日常的课堂教学，使更多的教师产生认同。

这样的赛制更接近于日常课堂，对于参赛教师来说，不仅是一个"团队智慧"的结果呈现，更是一场从好课的"前世"到"今生"的精神历险。参加 2005 年赛课的东阳市的葛敏辉老师说："2005 年参加省里组织的赛课，那些日子，我的生活和我的课紧密地联系在了一起，走路思着课，吃饭想着课，连睡觉都在上课……"

衢州市的杜盈老师，如今在一所偏远的山区小学，是十五个纯朴的山村学生的班主任。虽然外出学习的机会不多，但依然借助书本、杂志、网络，紧跟大师的步伐，丝毫不敢懈怠。这样的学习和钻研精神，与她 2011 年参加浙江省小学数学优质课评比并获得二等奖的经历分不开。回忆起那次参赛的经历，她依然万分激动。

11 月 16 日那天我很早就醒了，但是精神却依然饱满。第三节课，终于上台了，我有条不紊地摆好了自己的教具，环顾了整个会场，安静地等待学生……那时我的眼里已经没有这些专家了，我的眼里我的心里只有我的学生、我的课堂，那是属于我的舞台！一群可爱的学生，我们的交流非常的融洽，教学也相当的顺利。偶尔我也听到学生有精彩表现时，会场上响起的阵阵笑声，我悬着的心慢慢地放了下来。虽然在最后没有抓住学生的思维亮点，并加以放大，有点小小遗憾，但我对自己已经心满意足了。

试想，如果没有这样苛刻的评比方案，我怎会通读整个小学阶段的概念课，我又怎会广泛地阅读概念领域的文章和案例，我又怎会大量地观看优秀教师的视频和讲座、不断地启迪自己的思考呢？如今，我对数学学科的核心价值观有了新的认识，不再停滞于一堂课，而会联想到一类课，我想得更多，也看得更远了。而更为重要的是，通过这次赛课，我看到自己的不足，有了强烈提升自己的愿望，原来数学可以这样美好，原来数学还可以这样教，我真希望能有更多这样的机会，更深入地学习数学，引领我更好地前行。

斯苗儿说，教学评比活动的核心意义不是评奖，而是真正地唤醒教师心中关于好课的思考，点燃教师对于"上好一节课"的热情，把即时的上好课的激情变成"以后也能上好课"的自信。

⊙ 教师与好课共成长

斯苗儿发现，许多教师教了几年甚至几十年的书，送走了一批又一批的学生，上了成千上万节课，如果让他回忆一下，有没有几节课是值得自豪的，他们一脸茫然。她感慨道，脱产进修、提高学历、师徒结对等当然是好方法，但许多教师并没有这样的机会，即使有，这些也仅仅是外部条件而已。也有人做课题、写论文和著书立说，这当然对教师成长也有益处，但最重要的还是从"一节好课"做起，从研究"一节好课"开始，逐步地累积教学经验。

一节课的研究，不仅要上得好，而且要写得好。斯苗儿认为，教师打磨好课的过程不能仅仅停留于最终"做到位"了，还一定要把好课的经验记录传播开来。这样，通过一些优秀教师讲述自己和团队磨课的经历与感悟，把一节好课形成的过程呈现出来，让广大一线教师了解好课究竟是怎么磨出来的，达到"一人磨课，多人受益"。无论是名师还是普通教师，只要上出了好课，他（或她）在打磨好课的过程中一次次试教、一次次反思、一次次更新，即使是失败的教训也难能可贵，值得分享。把这些即时的经历，哪怕是点点滴滴的感受，以文字的形式积淀下来，就能让广大读者不仅知其然，也能知其所以然。

斯苗儿发现，有时辛辛苦苦策划了一个活动，而且活动的质量和效果都不错，但看看现实的课堂，教师的行为依旧，学生的学习还是老一套，连活动的影子都没见着。对于成千上万的一线教师来说，能亲临现场的毕竟是少数，怎样才能进一步扩大和提升活动的影响力呢？斯苗儿要求相关人员对教研活动进行总结，撰写综述。综述要求避免对活动过程的简单复述，而要深入地挖掘和梳理研讨后达成的关于好课的共识。斯苗儿要求每场教研活动结束，无论是作观点报告还是上研究课的教师，都要撰写文章，借助报纸杂志发表。

为了帮助教师写出有深度又能够打动人心的好文章，斯苗儿在"磨课"之后，还会反复地和教师"磨稿"。不能讲空话、大话、套话，要分享真感受、真经验和真观点。杭州市的冯卫芳老师回忆起一次和斯苗儿一起"磨稿"的经历，稿子来来回回修改了十多次，每次都有密密麻麻的批注和评语。在这个以"输出推动反思"的过程中，她对斯苗儿可谓是爱恨交加。

我把交流的内容进行梳理后洋洋洒洒写了五六千字立刻发给斯老师。没过半天，斯苗儿老师的回复来了：重点不突出，太过于条框，很多地方没有实证依据，自己造字，文章中满是斯老师的圈圈点点。在佩服斯苗儿老师阅读速度那么快的同时，更佩服于她恰如其分地指出问题，于是我改。改完后发给斯老师，那时已经是晚上九点了，但是第二天早晨我发现斯苗儿老师的修改意见又来了：提炼的标题不够准确，有很多的空话、套话。

批注满满的稿子，就像一个温暖又严格的老师。这期间好几次我都处于崩溃的边缘，有时候心里也忍不住埋怨。但是斯苗儿老师对我说："卫芳，不是我吹毛求疵，我们做教育的就应该有这种求实的精神，写文章也是如此，不要夸大其词，要一丝不苟。"

斯苗儿认为，教师自己的梳理过程，便是自觉的反思过程，可以使这节课在自己的教学生涯中具有里程碑的意义。教师悉心研究一节课的目的，并不仅只是为上好一节课，而是通过解剖麻雀，让自己为迁移而教。在反复的实践中不断地感悟，通过反思和积累，促使自己专业化成长。省特级教师江萍老师从"万以内数的认识"起步，把"1000 以内数的认识"打磨成代表作，接着研究了"100 以内数的认识"及相关的复习课，成为数的认识领域的专家。

事实上，这节课的背后凝聚了江老师长达四年的付出和努力，正如她自己所说："回顾这节课的思考、实践历程，从最初参加'全国小学数学优秀青年教师教学观摩交流活动'到拍摄'农远工程'录像课，再到后来参加'浙江省小学数学十年改革获奖课例展示会''华东六省一市第十六届小学数学课堂教学观摩研讨会'，每一次公开观摩课无论规模大小，我都努力尝试着用这些简简单单的材料上出有思维含量的数学课。"

省特级教师、杭州市的张翼文校长以课例为抓手，努力在理论和自己的实践之间寻求一条通道。经过"阅读积累—教学设计—课堂实践—课后反思"，完成了《小学数学典型教学内容的解读与实践》书稿中的十四个课例。这些典型课例无一不是他潜心探索和实践的"留痕"，都是"磨"与"悟"的结果。无论是一节课例的研究，还是一个人的成长，都需要经历一个从 0 到 1 的过程。这个过程并不需要每天都做多么惊天动地的事情，而在于一点一滴地积累。张翼文老师如果说："对课例的研究与实践，不知不觉地就由一个领域的少数课例的研究慢慢延伸到不同领域的其他课例的研究，一些教学案例与实录慢慢地积累到自己的教学资料库中，无形中也成为与同伴之间的一种交流资源"。

省特级教师、杭州市的丁杭缨老师与斯苗儿一样，是省特级教师、时任杭州市下城区教研室主任周建松老师的弟子。作为交往多年的朋友，斯苗儿非常清楚丁老师从一位普通教师快速成长为特级教师背后所付出的艰辛与汗水。由于长期疲劳和用眼过度，丁老师的眼压一度高达 48mmHg，几乎是常人的 3 倍。眼球如同一个几乎要被胀裂的气球，会疼得令人无法忍受。医生曾警告她："一定要卧床休息，避免过度劳累，否则将面临罹患青光眼的严重后果。"但她还是放不下学校工作和挚爱的课堂。斯苗儿说，许多人学名师，只学某一节课的教学设计，所以怎么也学不像。一节好课的诞生是教师长期学习与思考的结晶，需要修炼的不仅仅是教书的技能，还有许多教育教学、为人处事的大智慧。课和人是互相成就的，从一节好课的初心开始研究、反思和积累，到能够上好多数课，能够拿出"代表作"，教师的成长是一步一个脚印走过来的。

附表　浙江省教师在《小学数学教育》"好课多磨"栏目发表的文章一览表

序号	文章标题	作者姓名	发表时间
1	原来数学课还可以这么上 ——"三角形的认识"一课的磨砺与思考	余仙凤	2011 年 1—2 月
2	一课四磨　步步为妙 ——一次骨干教师"送教下乡"磨课纪实	黄剑慧	2011 年 1—2 月
3	我与"数学学科智囊团"共成长 ——"6 的乘法口诀"研课记	夏春峰	2011 年 3 月
4	自主探究：体现"生本"的学习方式 ——"异分母分数加减法"磨课历程及反思	吴大明	2011 年 4 月
5	如何让小学数学课多一点"探究味" ——"圆的认识"教学实践与反思	徐卫国	2012 年 1—2 月
6	磨课，一段痛苦与快乐交织的历程 ——以"秒的认识"一课为例	陈　昕	2012 年 3 月
7	高度・角度・尺度 ——记"小数的大小比较"磨课历程	金文钦	2012 年 4 月
8	让数学课呈现"理性"之美 ——"量角与画角"磨课思考	柴玉飞	2012 年 5 月
9	为"探究"与"接受"寻找平衡的支点 ——"两位数加两位数笔算"教学心记	陈寒琼	2012 年 6 月
10	以学定教，体现生本学习方式 ——记"三角形的认识"磨课历程	吴　丽	2012 年 10 月
11	凸显"数学味"，莫背"道"而驰 ——关于"平行与垂直"教学新视野的思考与实践	宋明民	2013 年 1—2 月
12	磨课，经验基础上的调整与创新 ——两次教学"长方形的面积"的体会与思考	费岭峰	2013 年 3 月
13	经典的几何概念课如何上出深度 ——"长方体和正方体的认识"教学实践与思考	毕宏辉	2013 年 4 月
14	概念学习：重在经历概念形成过程 ——"认识平行"磨课与反思	吴恢銮 施娇娥	2013 年 7—8 月
15	力求真正把课上得扎实 ——"三位数乘两位数"的磨课历程	王　杰	2014 年 6 月

序号	文章标题	作者姓名	发表时间
16	教学亦如烹小鲜 ——"折线统计图"磨课有感	陈　昕 潘文红	2014 年 7—8 月
17	真正读懂学生，方能以学定教 ——"负数的认识"磨课心路历程	金　奎	2014 年 10 月
18	智打"活动"好牌，稳操"经验"胜券 ——"长方体的认识"磨课手记	蔡立东	2014 年 11 月
19	简而不单，由表及里 ——"除数是整数的小数除法"磨课历程	王哲燕	2014 年 12 月
20	教学，当直面学生学习的疑惑 ——关于"平行四边形的面积"一课所思所行	斯苗儿 朱国荣 顾志能 袁晓萍	2015 年 1—2 月
21	让学生在知识联系中理解"假分数" ——"真分数和假分数"一课的思考与实践历程	斯苗儿 余文法 马　珏 张国良	2015 年 3 月
22	从"千字文"到三张数字卡片 ——"1000 以内数的认识"的材料选择与教学改进历程	斯苗儿 江　萍 丁杭缨	2015 年 4 月
23	找准起点，基于学生的经验展开教学 ——"认识负数"一课的研究和改进历程	斯苗儿 朱伟森 金　奎	2015 年 5 月
24	在生动与深刻之间寻求平衡 ——"角的初步认识"一课的研究与实践历程	斯苗儿 苏明杰 李新根	2015 年 6 月
25	任务驱动，让课堂学习变得丰盈而有张力 ——"年、月、日"一课的教学改进历程	斯苗儿 袁晓萍 黄升昊 王丽兵	2015 年 7—8 月
26	寻找从生活经验到数学理解的桥梁 ——"小数的初步认识"一课的研究与实践历程	斯苗儿 赵海峰 江　萍	2015 年 9 月
27	改进材料，让意义的理解更加透彻 ——"百分数的认识"一课的研究与实践历程	斯苗儿 蓝雪敏 袁晓萍	2015 年 10 月
28	教学需要激活和修正学生已有的经验 ——"面积和面积单位"一课的研究与实践历程	斯苗儿 王建良 周　航 谢作长	2015 年 11 月

序号	文章标题	作者姓名	发表时间
29	把问题的渊源交给学生 ——"植树问题"一课的思考与改进历程	斯苗儿 郦　丹 俞正强 马　珏	2015 年 12 月
30	换一种学习路径，走出教学困境 ——"三角形三边的关系"一课的两次实践与思考	陈秀道 吕志明	2016 年 5 月
31	变教为学，从立足学生的经验开始 ——"24 时计时法"教学实践与磨课感悟	葛敏辉	2018 年 3 月
32	基于学生立场，立意学生需求 ——"方程的认识"一课的研究与改进历程	温丽建	2018 年 11 月
33	"幼小衔接"教学方式的对接与实践 ——"0—9 的认识"磨课历程与思考	吴慧婷	2018 年 12 月
34	磨课·磨人·磨成长 ——"除法与分数"磨课记	郑景丽	2019 年 1—2 月
35	让空间观念的培养不再"空" ——"正方体展开图"磨课实践与思考	楼赵丹	2019 年 6 月
36	10 稿背后的故事 ——"正数与负数"教学设计与实践感悟	陈　燕	2019 年 7—8 月
37	读懂学生，读透教材，让学习真正发生 ——"分数除法"单元整合课的研究历程	吕立峰 郭　春	2020 年 1—2 月
38	改变素材，成就有生命力的课堂 ——以"计算经过时间"的改课为例	章腊梅	2020 年 5 月
39	起点低而宽厚，落点高而不难 ——拓展课"百数表中的秘密"成长记	陈　昕 陈国权 曹　萍 戴颖华	2020 年 6 月

第三章
做区域的学科“首席”

　　教研员是一个区域内学科教学的风向标，他弘扬什么、彰显什么、提倡什么，不仅影响着每一位教师的日常教学，更引领着一个地区教育教学发展的方向。

——斯苗儿

教研员的工作涉及教育教学的方方面面，教研员既是国家课程方案和课程标准的解读者、细化者、执行者，又是教育教学实践问题的发现者、解决者和教师的指导者；他们既要对学科、对教学有深刻的理解，也要对课程改革的方向有准确的把握；他们既要读懂学生、读懂教材，更要能够理解教师、帮助教师。这么看来，教研员作为一个区域的学科"首席"，当之无愧。

第一节 哲学眼光看小学数学

> 小学数学要从离学生最近的地方，走向离数学最近的地方。

对于数学这门学科，教育学出身的斯苗儿算是半路出家。但是三十年来，大量的教材分析、课例研究和经验总结，再加上长期与身边一群优秀特级教师的交流，让斯苗儿越来越能够看出小学数学教育的"门道"，也成了小学数学教育方面的专家。斯苗儿这个专家跟其他专家不太一样，她不讲晦涩深奥的大道理，却有很多深刻而生动的"名言"；她很少拿着某一个理论、观点对教师的教学评头论足，却能够从"口袋"里掏出各种各样的经典案例与教师一起欣赏和评析。虽然在有些专家看来，斯苗儿对数学的理解不够深刻，但斯苗儿用哲学的眼光看小学数学，追求生动与深刻之间的平衡，恰恰是为了给数学"揭开神秘的面纱"，让每一位教师都能看得清、教得好，让每一个学生都能听得懂、学得会。

一、小学数学是"毛数学"

斯苗儿说，小学数学是"毛数学"。乍一听，这个说法不知所云，但仔细想想便觉十分生动。数学家眼中的数学有棱有角、一板一眼，内容抽象、形式严谨、逻辑严密。把这样的数学，放在小学生面前，会让他们望而却步。为了改变数学的"可怕"面貌，让小学生也能喜欢数学、亲近数学，教材编写人员和教师都在努力地为数学打磨一副"新面孔"。这副"新面孔"仍然保留着数学的内核，但外观看上去却更加亲切，能让学生去"触摸"和"玩耍"。这个打磨的过程，就是缩短数学与生活距离的过程，也是让数学走向大众的过程。

⊙ 小学数学要关注儿童的生活

四年级《线的认识》这节课，教师都很熟悉，但是很少有教师敢把这节课放在公开课上讲。画出线段，把线段的一端无限延长得到射线，把线段的两端无限延长得到直线。这是常规课的上法，看上去条理清晰，没什么不妥。但是一旦放到了公开课上，教师总喜欢带着学生去体验一下，探究一下，去生活中找例子。但是这一体验、一探究，学生似乎就又糊涂了。

在一次公开课上，定理和概念讲完，教师便开始引导着学生从生活中找射线，似乎没什么难度，但面对教师的问题，整个班却没人说话。看到这种情况，教师只好在大屏幕上打出了事先准备好的图片——一张城市夜空相互交错的探照灯柱。教师指着图片再次发问："同学们，你们在这张图上看到射线了吗？"半晌，有学生指出："这张图上射出来的灯柱一头粗、另一头细，而射线应该是两边一样大的。"学生的回答出乎教师的意料，他转头看了一下屏幕，的确如此。他只好说这个例子不算，再举一个。于是，教师又从兜里摸出了一支激光笔，一按按钮，激光射到了天花板上，显出一个十分亮眼的红点。教师感觉不妙，急忙将激光转向窗户，又向学生提问："同学们，这回看到了吧？"不一会儿，又有学生提出了问题："老师，不对，射线有一个端点，但这条激光有两个端点。一个端点在你手上，另一个虽然看不见，但它一定在后面那幢教学楼的墙壁上。"学生的回答让教师再次瞪大了眼，但他只好继续启发：那老师如果把后面的房子统统移走，这样，它就是一条……教师正要讲出"就是一条射线"的时候，后面的一位学生主动举手，教师一看十分激动，立马请学生站起来回答。结果，学生说出了一个"惊天地、泣鬼神"的答案："老师，你可以移走所有的房子，但你移不走后面那座山。那一个点，一定在山上的一片叶子，或者一块石头上。"[1]

一节课看下来，教师有意识地引导学生去探究，从生活中找例子，这个做法没有错；学生实话实说，把看到的讲出来也没有错。那为什么，教师和学生"聊着聊着"结论就错了呢？

原因就在于，学生在生活中"看到的"和我们要讲的数学不一样。学生看到的"线"是有粗细的，"点"是有大小的，因此在他们看来"只要'点'足够大，过两'点'就可以画出很多条细'线'"（见图3-1）。然而数学告诉我们"过两点有且只有一条直线"。

图 3-1　小学生眼中的"点"与"线"

对于小学生而言，他们在很大程度上仍然依赖直观的感知觉来认识世界，当"看到"的现实与数学概念、定理发生矛盾时，认知冲突便产生了。而数学之所以困难，正是因为它在本质上是抽象的，它是对现实世界中各种数量关系和空间形式的抽象与概括。数学的抽象性使它不同于我们在现实生活中所能"看到"的具体事物，就像我们难以在现实生活中找到"没有粗细的线""没有大小的点"和"没有厚薄的面"一样，我们难以在学生能"看到的"生活中找到与数学中的各种概念、关系完美对应的具体事物。

---

[1] 该课例来源于俞正强老师的《种子课，埋下终身发展的种子》一文，在引用时对内容进行了删减，原文参见《当代教育家》2016年第9期。

数学与生活是有距离的，小学数学教学首先要做的，就是理解儿童与数学的差距。或者利用其经验，或者改造其经验，使数学变得可亲、可近、可理解。

数学是抽象的、逻辑的、深刻的，儿童的生活世界却是直观的、具体的、生动的。小学数学教学，就是要在儿童具体而生动的生活世界中寻找数学的萌芽，并以此为基础，引领他们一点点走进这个抽象而充满奥妙的数学世界。用斯苗儿的话说，小学数学就是"要从离学生最近的地方，走向离数学最近的地方"。

⊙ 小学数学要有"大众起点"

小学数学要在儿童与数学之间建立起联系。对于教师来说，最重要的是要弄明白这个联系应该如何建立。按照杜威的观点，应该充分利用"教育和个人经验之间的有机联系"，以学生的经验作为教学的起点。这个理论很多教师可以想得到，也能够说得出，但是一旦要运用到具体的课堂教学中，不少教师又会疑惑：以学生的经验为起点，全班几十个学生，到底应该以哪些学生的经验为起点呢？对于这个问题，斯苗儿的回答是，小学数学要有"大众起点"。而这个"大众起点"，不仅是对学生而言的"大众起点"，也是对教师而言的"大众起点"。

不少教师都看过省特级教师俞正强的教学案例《厘米的认识》，从比身高出发引出比较物（一拳头），由比较物进行经验改造形成对厘米的认识，再由厘米讲到"标准比较物"这一科学概念。条理清晰，环节连贯，看起来一气呵成。但很多教师，尤其是新手教师，自己用起来却总是上不出那个味儿。原因就在于，并不是所有教师都拥有像俞正强老师一样的沟通技巧和教学经验。在小学阶段，很多数学学科的任课教师并非数学专业出身，甚至不少还是非师范专业，因此也很少有教师能像俞正强老师一样对数学有着专业、深刻而透彻的思考。为了让所有学生都能听得懂，也让所有教师都能讲得清，斯苗儿常常想方设法和教师一起改课。

同样是《厘米的认识》，斯苗儿在为乡村教师周冠凤老师改课时就特意调换了活动顺序，将厘米的估算和测量提前，而把体验和应用放在了第二个环节（见表 3-1）。

表 3-1 "改课"前后对比

执教教师	课堂推进过程中的环节与目标	对接课本知识点及要求
俞正强老师	环节一：厘米的体验 活动：比身高 用比较物（半个头、一拳头等）表示身高差	例1：没有尺怎么办 知识点：比较物
	环节二：长度的估计和测量 活动1：用尺子量身高 活动2：用厘米表示身高及身高差 活动3：画1厘米	例2：量物体的长度要用尺 例3：怎样用尺量长度 例4：怎样用尺画定长度的线段 知识点：标准比较物；厘米的认识、运用与长度估算
周冠凤老师	环节一：体验长度的估计和测量 活动：比身高 1. 用米和厘米表示身高 2. 估算：找出与身高差对应长度的小棒 3. 验证：用尺子测量小棒的长度	例2：量物体的长度要用尺 例3：怎样用尺量长度 知识点：尺的运用及长度的测量
	环节二：厘米的体验和应用 活动1：画1厘米 活动2：找1厘米 活动3：估几厘米 活动4：用"身体尺"进行测量	例4：怎样用尺画定长度的线段 例1：没有尺怎么办 拓展与补充："身体尺" 知识点：厘米的认识、运用与长度估算；比较物与标准比较物

讲到调换活动顺序的原因和依据，斯苗儿认为，很多教师把对厘米的体验放在最前面，让学生通过课本、拳头、手指等各种工具来感受长度和度量单位，认为这是从学生的生活出发，符合学生的已有经验。但是实际上，现在很多小学生会量身高，私下里也会互相比高矮，他们都对自己的身高一清二楚，也能够清楚而准确地讲出自己的身高。小明身高1米34厘米，小刚身高1米24厘米，他们之间相差10厘米。这对于学生来说，非常容易。比完身高后，再引导学生找相应长度的小棒去比画，这样一来比较物

也有了，长度单位也出来了，简洁而高效。而节省下来的时间刚好可以用来解决这节课的重难点——长度的测量，这不仅是这节课最基本的目标，也是大多数学生在教师引领下能够顺利达成的目标。至于体验和应用，我们当然也要有，之所以放在后面是要发挥其巩固和拓展的功能。学生已经掌握了科学概念和测量方法，再让他们回到生活中去找例子，非常自然，也更加容易。而对于那些学有余力的学生，这样的引导还可能引发他们更多的思考。这正是斯苗儿倡导的小学数学教育的目标——"合格＋特长"，首先要让所有学生都实现"合格"，之后再考虑让有能力、有兴趣的学生达到"特长"。对教师而言也是如此，教师首先要能够完成基本目标的教学，有时间、有能力的教师再考虑如何在完成基本目标的基础上帮助学生进行延伸和拓展。

斯苗儿之所以强调小学数学的"大众起点"，既是要让所有学生都能掌握最基础的数学知识，也是要让所有教师都能上"对"最基础的课。

对于学生而言，小学数学的"大众起点"意味着数学课应该关照到大多数学生的生活经验和认知水平，要从生活中最常见、最常用、最方便的事物出发选素材、举例子、做示范，要从最简单、最基础、最容易理解的概念和定理出发提问题、做活动、练习题。但是，方便、简单、基础并不代表为了让所有学生都能听得懂，课堂教学就要一味降低内容难度。"大众起点"既要照顾学生的水平，更要提升学生的水平。既不能为了求新、求异而故意拔高难度，在教学一开始便为学生设置其力所不能及的障碍；也不能为了追求教学进程顺利而刻意降低难度，让课堂教学变成无意义的欢乐场。

对教师而言，小学数学的"大众起点"是教学中所有学生都应该达到的基本目标，也是所有教师都能够通过教学实现的基本目标，是教学的底线。如果教师能够通过教学活动把数学课上"对"，让学生正确掌握最基本的概念、原理，顺利完成最基础的活动、习题，能够解决生活中一些常见的问题，便代表着教师成功带领学生跨过了"大众起点"，守住了数学教学的底线。当然，教学绝不仅仅是守住底线，带领学生走得更远，站得更高，应成为每一位教师的追求。

小学数学的"大众起点"只是教学的起点、切入点，而非终点。

⊙ 小学数学要朴实而生动

"小学数学要生动而有趣""小学数学要能够激发学生的学习兴趣""小学数学要能够吸引学生的注意力"……这些说法教师都耳熟能详，但是如何让小学数学生动、有趣、吸引人呢？很多教师都有自己"独到"的方法：有的教师把数学的公式和定理编成儿歌，让学生唱起来；有的教师将童话中的人物引入数学问题情境，让学生演起来；也有的教师将数学活动改编成游戏，带领学生玩起来。唱起来、演起来、玩起来，教师很努力地将学生喜欢的各种因素融入数学活动之中。这些丰富多样的活动形式让数学课显得十分热闹且活泼，但很多时候，一番热闹过后，学生仍旧似懂非懂，一遇到数学的关键问题就"抓瞎"。设计丰富的活动形式，让数学课变得生动而有趣，这种意识值得鼓励。但如果教师以为只要为数学课裹上"糖衣"就能够吸引学生的注意，并因此将过多的时间和精力用于为数学课打造一个华丽的外壳，而忽视了其内在的本质与核心，就偏离了设计的本意。

针对这种现象，斯苗儿提出，小学数学要做到"朴实而生动"，朴实在先，要去把握课的根本。经过斯苗儿修改和打磨的课，几乎没有"花里胡哨"的活动形式，也很少在一节课上见到教学材料和场景来回切换的情况，经常是一个素材用到底，一个场景贯穿始终。斯苗儿所选用的教学材料，是最简便、最常用的，如小棒、计数器、切割而成的正方体小方块。抛去了华丽的外衣，数学课变得朴实，也因此变得纯粹。教师无法依靠外在的"形式"来吸引学生，就只能不断打磨教学素材，把一个问题追问到底，把一个材料用尽用透。

"百数表"是一、二年级教材中非常常见的一个学习材料，教师通常会

按照教材的指引在 100 以内数的认识和加减法的学习中用到这个素材。为了让这个教师和学生都再熟悉不过的素材发挥出最大的价值，斯苗儿带着团队里的教师一起开发出了"百数表"的新玩法。在《百数表中的秘密》（详见《好课多磨》经典课例改课案例 2）一课中，四位教师在斯苗儿的带领下先后进行实践和改进，以"百数表"这一素材贯穿课堂始终，以"划去百数表中乘法口诀的得数"和"用两句口诀表示剩下的数"两个任务层层推进，带领学生在"占领百数表"的游戏中既巩固了乘法口诀，又将乘法口诀和先前学习的加减法综合运用，使学生的运算能力得到了有效的提高。

斯苗儿之所以把小学数学称为"毛数学"，是因为它是离生活最近的数学，也是最基础、最基本的数学。离生活近，所以需要以退为进，从学生的生活中找经验，让数学变得形象、生动而"可见"；保有数学的基本属性，所以需要循序渐进，改造经验、提升经验，让学生掌握最基本的数学概念、原理、方法和思维。因此，"毛数学"并不意味着小学数学教师就可以放松、大意、不专业，相反地，小学数学教师要更加细致、更加耐心，也更加专业。小学数学教师的专业性，就体现在他们能够化繁为简，找到与学生生活最接近的素材，帮助学生逐渐用数学的思维思考生活中的问题，从最简单也是最小的事情出发，从离学生最近的地方出发，到最接近数学的地方结束。其中需要教师引导学生去探究复杂的问题，去发现数学的规律，在生动与深刻之间寻找平衡点，在生活与数学之间架起桥梁，这就是"毛数学"的意义所在，也是每一位小学数学教师应该追求和达成的使命。

二、数学课必须要有"数学味儿"

为了符合学生的身心发展规律，小学阶段的数学课总是会从生活中找资源、向生活借智慧。数学课上总会出现"你在生活中见过哪些……""举几个生活中的例子"等问题，课程标准也有"在生活情境中感受""结合生活实际""结合生活情境"等诸多表述。毫无疑问,生活中的资源、情境与素材帮助我们拉近了数学与学生生活的距离。但是,素材多了、情境丰富了,对于"如何把生活化的素材讲出数学味儿"这一问题,很多教师却缺乏深入而细致的思考。

⊙ **数学课不能止步于"生活味儿"**

关于《角的初步认识》(详见《好课多磨》经典课例改课案例10),课程标准中明确提出要结合生活情境来认识角,而相应的教材也会呈现大量生活中的角来帮助学生认识和感知角。因此,从生活中找角是很多教师最常用到的活动,斯苗儿提到过如下的场景。在学生从生活中举出大量"角"的例子后,教师开始引导学生认识三角板上的"角",并让学生上台指一指、摸一摸,看看"角"有哪些特点。一番体验过后,教师在课件上展示了更多物体的"角"并让学生讲一下"角"的特点。学生纷纷给出答案:这些角摸上去有尖尖的、刺刺的顶点;角的边缘是硬硬的、冷冷的……

在这一过程中,学生动口动手、多感官参与,但学生得出的结论却与数学有不小的差距。"尖尖的""刺刺的""硬硬的""冷冷的"这些显然不是"角"的真实属性,而是学生利用感官得出的生活化结论,是关于"角"的前概念。这种前概念,明显区别于数学的科学概念。要想让学生从生活化情境中进行数学味儿的思考,教师就必须在适当的时候对学生的语言和生活化的经验进行适时的提炼和转化。"尖尖的""刺刺的""冷冷的""硬硬的"这些"童言童语"听上去似乎跟数学搭不上边,但是仔细想想,这些从感知觉得来的第一印象也可以转化为数学概念"生长"的契机。"尖尖的""刺刺的"描述的正是角的顶点,这个顶点是"尖的"而不能是圆的;"冷冷的""硬硬的"描述的也恰好是角的边,这个边是"硬"的,所以角的边应该是笔直的而不应该是弯曲的。学生虽然没有准确表达出角的精确概念,但他们生活化的语言却也从儿童的角度揭示了角的特点。而教师要做的,就是抓住学生语言中"灵光一现"的点并加以正确地引导,让这些点成为数学概念的生长点,让这些生活化的语言优化为数学的准确表达。

从生活中找资源、从生活中借智慧,是带领学生进入数学世界的切入点,但数学绝不能止步于感性的生活经验,也不能让数学本质被生活的素材和情境所遮蔽,更不能让数学课"为了生活而生活"陷入生活情境的泥淖。"生活化"是学生走向数学的桥梁,而"数学味儿"正是教师对学生生活化经验进行改造后得到的结果。数学教学要做的,就是整合、修正和提升学生的生活经验,使这些零散的、不系统、不完整的经验逐渐发展为成熟而系统的科学经验。

⊙ **"数学味儿"需要准确的关联和建模**

数学课要上出"数学味儿",教师首先需要帮助学生将生活中的实际问题与数学知识准确对接,将新的问题与学生已有的数学知识建立关联,并引导学生用数学的思维解决生活的问题。

"植树问题"是小学数学中用数学方法解决生活问题最经典的案例之一。通常情况下,教师会根据教材的指引,带领学生将植树问题用线段图来表征,并一步步总结出"棵数=间隔数""棵数=间隔数+1"和"棵数=间隔数-1"三种不同情况下对应的数学公式。但是,如何理解这些公式,"棵数"和"间隔数"到底又对应着哪些数学意义呢,不仅学生不理解,教师有时候也讲不清。针对这一问题,斯苗儿先后与三位教师合作进行了深度的研究并改进了课堂教学实践(详见《好课多磨》经典课例改课案例15)。他们通过反复实践和研究发现,"植树问题"中学生感到最困难的是"概念多、公式多、模型识别难",而要解决这些问题,就必须帮助学生将这个看上去很难的新知识与学生已有的知识联系起来，将生活中各种"植树问题"的变式抽象为能够统一使用的数学模型。

基于此，他们将复杂的"植树问题"还原到了数学中最基础的"除法"。以"除法"知识来看"植树问题"，"种几棵树"的问题就转化为了"将定长的路段进行平均分"这一道最简单不过的数学题。与普通的用除法解决问题不同，植树问题出现了"商＋1""商－1"和"商不变"三种不同的情况。为了帮助学生理解这些变式，斯苗儿又和执教教师一起将这些变式与数学中线段的"段"（间隔）与"点"（棵数）联系起来：通过除法平均分出的是"段"数，但树要种在"点"上，因此根据线段两端"点"的有无可以将"植树问题"分为三种情况。这样一来，植树问题转化为了数学中最简单的除法模型，新旧知识建立起了内在关联，生活中的各种变式也有了统一的数学模型，生活中的难题在数学的帮助下迎刃而解。

用数学的思维思考问题，带着数学的眼光观察生活，复杂的生活问题在教师的引领下转变为人人都可以掌握和理解的数学知识，而数学中建模的思想也在不知不觉中渗透到了问题解决的过程之中，我们追求的"数学味儿"也在这一过程中展现得淋漓尽致。

⊙ "数学味儿"需要适时的抽象和提升

数学课要上出"数学味儿"，还需要教师合理运用教学材料，适当安排教学活动，引导学生对自己看到的各种现象、事实进行及时的抽象与提升，帮助学生完成从具体思维向抽象思维的过渡，让学生在动手操作之外也能够学会"动脑操作"。

《长方体和正方体的认识》是几何概念课中的经典课例。对于小学五年级的学生而言，通过观察、操作等活动，认识长方体和正方体的面、棱、顶点以及它们的特点，完成课堂教学中的知识目标并不困难。但是，要想把几何概念课上出深度，将长方形、正方形这些二维图形组合成立体的三维图像，让生活中可以感知和触摸的各种长方体和正方体在学生的头脑中也"立体"

起来，通过教学活动真正培养起学生的空间观念并不容易。于是，斯苗儿把这节课作为 2009 年省优质课的比赛课题，希望能够通过这次活动带领教师一起探索几何概念课的新思路。作为此次活动的承办方，杭州市毕宏辉老师团队的年轻教师在比赛结束时也对这一课题进行了现场展示。为了体现数学教学中直观与抽象的联结，这节展示课选择切土豆和用小棒搭长方体的情景引导学生动手操作。在课后的点评环节，斯苗儿提出，这样的活动是为了操作而操作，缺乏思维的含量。当即要求作为师父的毕宏辉老师对这节课继续进行改进（详见《好课多磨》经典课例改课案例 11）。

在斯苗儿看来，在小学阶段平面几何和立体几何的教学中，动手操作都是必不可少的环节，但是要想让数学课上的动手操作变得富有思维含量、突显数学味儿是需要教师进行深入思考和悉心设计的。按照斯苗儿的要求，毕宏辉老师删繁就简，对这节课进行了大刀阔斧的改进。

毕老师考虑的第一个问题是：应该在哪个环节引入活动？第一次试教时，毕老师带领学生从概念入手，在学生理解了长方体"棱"的特征后，在巩固练习环节安排学生用小棒搭长方体。结果教师要求一提出来，学生就拿起小棒迅速搭出了长方体。这次教学中的操作环节看似非常顺利、非常成功，但是对学生而言，在掌握长方体特征后再进行动手操作，操作活动便缺少了思维的挑战性，变成了纯粹的手工作业。第二次试教时，毕老师将动手操作放在了课的开始，要求学生先商量所需小棒，再到讲台领取材料。结果，学生讨论后，纷纷跑到讲台前嚷着要材料，教师数材料、分材料，忙得团团转，整个课堂也变得一团糟。

接下来，毕老师又思考了第二个问题：应该提供几根小棒让学生搭长方体？第一种想法是，给每组学生提供 9 cm、7 cm 和 4 cm 的小棒各 5 根。结果，所有小组都搭出了一模一样的长方体，清晰地呈现了"所有的长方体框架都是用 12 根小棒拼成的，而且三种长度的小棒各用了 4 根"的特征。但是材料的局限性使活动在一开始就有了限定式结局，学生无法发挥自己的创造力。

第二种想法是，给学生提供 9 cm、7 cm 和 4 cm 的小棒各 16 根。结果学生首先搭出的都是正方体，在教师的一再暗示下，总算有个别小组搭出了一般的长方体和两个面是正方形的长方体。这种方式耗时过多，"性价比"太低，以至于整节课教学任务难以完成。

在不断地思考、实践和改进过后，毕老师最终将操作活动安排在学生对长方体的表象感知之后，并为学生提供了不同长度和数量组合的四袋小棒（见表 3-2）。在教学过程中，毕老师也并没有像往常那样直接将小棒分发给学生，而是先带领学生凭借想象在脑海中尝试搭建长方体或正方体。在学生提出不同想法后再将学生选择的小袋分发给他们，用"动手搭一搭"的活动来验证自己想象中的长方体或正方体是不是可以成功搭建。这样一来，学生选择小棒的过程成了一场"思维的体操"，而动手操作的活动也成了验证自己假设的必要步骤。从表象感知抽象为空间想象，从动手操作提升到动脑思考，教师精心的设计让这节课既有趣味性，又有挑战性，数学味儿也在抽象和提升的过程中被彰显出来。

表 3-2 四袋小棒组合情况

小棒长度	1 号袋	2 号袋	3 号袋	4 号袋
9cm	7 根	10 根	3 根	2 根
7cm	5 根	3 根	8 根	12 根
4cm	4 根	3 根	5 根	2 根

近二十年的课程改革让"学生立场"深入人心，关于学生的知识越来越受到人们的关注。但与此同时，每一位数学教师也应该在变换的形式和潮流中守住数学教学的"根"，坚守住自己的学科立场。而"数学味儿"正是要求数学教师要把握好学科知识，也是我们要留住的数学教学的"根"。如果说生活味儿要求我们读懂学生，从学生的生活经验出发，那么数学味儿则要求我们读懂数学，把数学知识、数学思维和数学方法作为教学的目标。因此，斯苗儿常常强调，数学教师必须拥有"叩其两端"的能力——既要读懂学生、了解学生，又要读懂数学、吃透数学。既要能够从学生的生活经验出发，又

不能让学生的经验止步于生活；既要能够帮助学生打开思路、充分联想，从生活中发现问题，又要能够带领学生用数学的思维把握问题的本质，用数学的方法解决生活中的难题；既要能够让学生在观察、体验和探究中获得直观感受，又要能够引导学生在关联与想象中体会抽象的乐趣，修正和提升生活经验，形成数学思维。

正如斯苗儿所说，把握学科本质，把数学课上出"数学味儿"是技术；讲究教学方法，把数学的逻辑、数学的思维讲出"生活味儿"是艺术。把数学课上出"数学味儿"，要求教师首先掌握教学这门技术，并且在不断地演练中把它变成一门艺术。

三、数学课也要有"人情味儿"

无论是哪一门学科，"教书"都是为了"育人"。在斯苗儿看来，课堂上的数学味儿是为了让学生学好数学，而课堂上的人情味儿则是为了让学生在学好数学之外更好地"成人"。如果说，数学味儿让课堂变得更加理性，那么人情味儿则为数学课增添了一抹温情。

⊙ 给学生静悄悄思考的时间长一点儿

斯苗儿说，在小学数学公开课的舞台上，我们经常会被教师幽默风趣、生动活泼的讲解吸引，为教师扎实的功底和个人魅力所折服；经常会被学生在台上热火朝天的讨论与活动场景所震撼，为学生的热情与投入喝彩；有时候也会为课堂上师生之间、生生之间的一次精彩对答鼓掌，为教师与学生的机智反应与敏捷思维惊叹。但是，很少会有人在意课堂上"静悄悄的时间"，更不用说为"静悄悄的时间"鼓掌了。在斯苗儿看来，这个"静悄悄的时间"就是课堂上留给学生静悄悄地思考、练习与巩固的时间，也是耐心地等待个别学生跟上节奏的时间。不少公开课，似乎走进了"靠耍嘴皮子博掌声"的圈套之中。上海市小学数学特级教师曹培英老师曾专门对一次活动上的 15 节小学数学公开课的时间分配与使用情况进行过统计，统计结果显示：15节公开课教师讲话平均所用时间超过总时长的60%，学生讲话平均所用时间超过总时长的30%，而留给学生思考问题、解答习题平均所用的时间不到4%。这就意味着，在一节时长为40分钟的小学数学课上，留给学生"静悄悄思考的时间"平均不足两分钟。

学生的反应速度不同，思维方式也不同，两分钟对于少部分思维敏捷、反应迅速的学生来说，解决课堂上教师布置的一道习题甚至思考题，或许绰绰有余；但是对于另外一部分需要多一些时间审题、多一些时间思考、多一些时间解答的学生，他们的思路或许会被这两分钟硬生生截断，刚刚理出头绪的解题过程也被迫画上句号。遗憾的是，很多教师往往只看到了那些反应快、会抢答的学生，常常因为这些学生的"抢答"而欣喜，并顺水推舟地将教学向下一个环节推进。殊不知，这些学生的"抢答"却造成了其他学生的集体缄默，他们来不及思考、来不及提问，就被"推"进了下一个环节。袁晓萍老师的学生说，这是"数学老师和学霸秀恩爱""数学课是一个人的狂欢，一群人的寂寞"，学生的评论生动、犀利、深刻，一针见血。

为了让学生多一些时间思考，为了让学生思考可以更加深入，也为了让更多的学生能体验思考的乐趣，斯苗儿特别强调"多给学生一些静悄悄思考的时间"，甚至在很多公开课上，她会掐着秒表为教师计时：这道题给学生留了几分钟的思考时间，这道题有多少学生解题完毕、端正坐姿了……这些问题她总是不厌其烦地提问教师，也不断地提醒教师。在浙江省，越来越多的小学数学课堂上，"静悄悄的时间"开始显现，于是课堂便开始呈现出这样的画面：教师只是静静地在教室里踱步，时不时俯身看看学生的作业情况，也不做过多言语；学生没有此起彼伏的讨论，有的皱着眉、偶尔抬头看看黑板，有的低着头、飞速地写着习题，也有的已经昂着头、坐得端端正正……在教师小心翼翼踱步的姿态中，在笔头落入纸张的唰唰声中，在师生目光交会的无声交流中，思维的声音似乎从这一片寂静中流淌出来。

给学生静悄悄思考的时间长一点儿，这长出的"一点儿"，能让走在前面的学生思考更深刻一些、更系统一些；让稍稍落后的学生在追赶的过程中，不至于因为时间不够而匆匆寻找答案；这长出的"一点儿"是在教师温情的瞩目中，让走在前面的学生学会多一点儿等待和宽容，也让暂时落后的学生学会多一点儿坚持和自信。

⊙ 给学生自由发展的空间大一点儿

在课堂教学中，学生的认识活动需要教师发挥主导作用。对于缺乏生活经验、缺少知识积累和自制能力的小学生而言，他们的学习更加依赖教师的引领。但是，主导和引领也是有技巧的。很多教师在教学过程中放不开手脚，习惯于"牵引"着学生按照预定的路线一步步往前走，生怕那根"牵引绳"一松懈，学生就走入岔道。斯苗儿经常鼓励浙江的小学数学教师，"不要低估我们的学生""要敢于在适当的时候放手"。在斯苗儿的鼓励下，浙江省小学数学团队有了一大批胆子大、敢放手的教师，大气、宽松的课堂氛围让更多的学生有了自由发展的空间。袁晓萍老师和她的团队就有很多被斯苗儿大为赞赏并力求推广的经典做法。

在杭州市学军小学的数学课堂上，有这么一张能够"大行其道"又备受学生欢迎的"奖励卡"（见图3-2）。这张卡既是学生努力学习、取得优异成绩或突出表现时的奖励卡，又是能够在关键时刻让学生取得豁免、逃脱批评的特别通行证。谈及这张卡的设计初衷，学军小学数学教研组组长、特级教师袁晓萍解释道："每一个学生的发展水平和兴趣特长都是不同的，这就要求教师在教学过程中能够尊重学生的差异，让不同的学生都获得适合自己的发展。这张奖励卡其实是对学生学习的一个过程性评价，潜台词是，你可能不是最优秀的，但是当你付出了比平时更多的努力，或者你取得了比别人更大的进步，你就会被看见，就会被肯定。同时，这张奖励卡又可以在关键时刻帮你'渡过难关'。例如，有些学生觉得教师布置的某次作业是自己已经掌握的，不想再进行重复劳动，那奖励卡就可以帮他免除一次作业任务；有些学生可能认为有些作业或任务对他来说难度过大，也可以使用奖励卡向教师申请选择对他来说更简单和轻松的作业或任务。这样一来，一张小小的卡片，既让每一个学生的每一分努力和付出都被看到、被肯定，也让学生能够通过自己的努力换取更多的自由和选择的空间。"

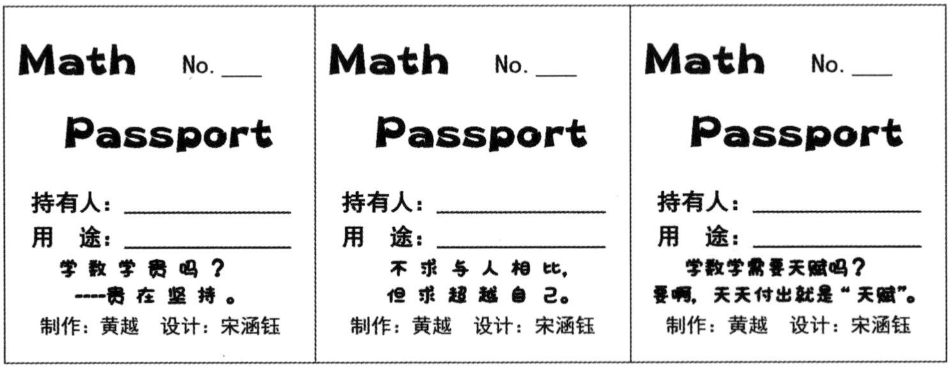

图 3-2　学军小学学生设计的数学奖励卡

另外，学军小学数学课上的"自主复习"也十分有特色。一般情况下，数学复习课上教师为了照顾大多数学生，也为了帮助学习有困难的学生，往往会选择带领学生把最基础的内容再"过"一遍，帮助学生查漏补缺。但是对于那些已经完全掌握基础知识、学有余力的学生而言，这个"过"一遍的过程不能够激起他们学习的兴趣，反而"浪费"了他们学习更多新知识的时间。为了照顾不同学生的学习需要，学军小学的教师特意为有需要的学生设置了"自主复习"时间。他们可以主动向教师提出申请，并上报自己想要自主复习的内容，获得教师同意后，学生可以根据复习主题自行组建复习小组，向自己感兴趣、有难度的任务发起"挑战"。当然，对于学生的自主复习教师并非放任不管，而是要在自主复习结束时对学生的学习成果进行验收。自主复习的小组不仅要对自己的复习内容形成书面的汇报（见图3-3），还要选出代表将自己复习的成果分享给全班的同学，帮助更多的同学突破难点、掌握新知。

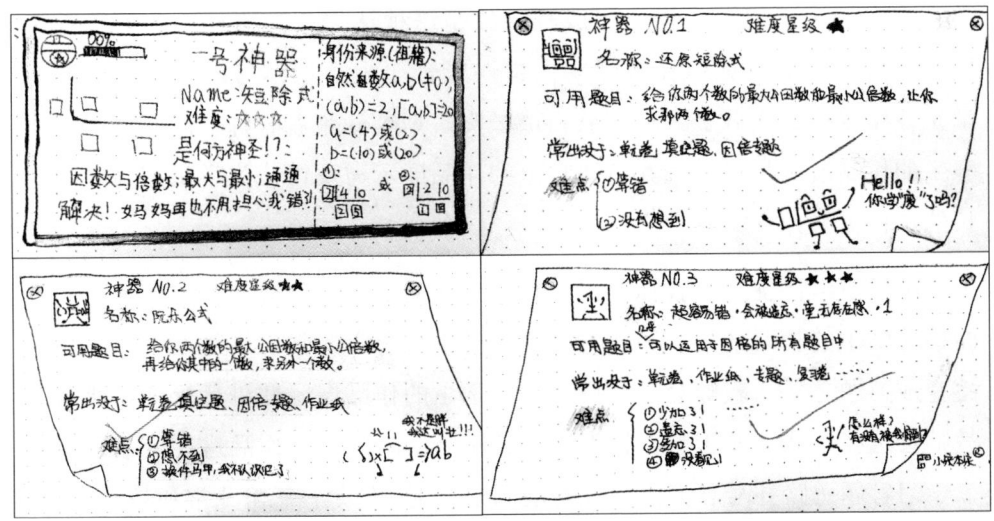

图 3-3　学生的自主复习记录单

教学需要教师的引领和主导，但是教师不能"代替"学生学习，教师发挥主导作用，正是为了创造条件激发学生的主动性、创造性，让学生成为教学的主体。但教师主导并不意味着要把教学的整个过程"填"得严丝合缝，把课堂的每一个角落都"安排"得满满当当。相反，大量的教学现象告诉我们，不是教师教了，学生就一定学了；不是多教多学，少教少学。而斯苗儿所倡导的"适时地放手"就是对"教师主导学生主体"原则的正确实践。无论是数学奖励卡还是自主复习，教师的信任和放手都让学生获得了更多自由发展的空间；教师对学生差异的尊重让我们看到了不同学生的"闪光点"，教师将时间留给学生也让我们看到了学生身上更多的可能性、创造性，学生的自律意识和能力也慢慢增强。

⊙ 给学生在错误中成长的机会多一点儿

俞正强老师有一节课叫《错的研究》。对于这节课，起初很多教师并不理解：为什么公开课选择这样的课？斯苗儿却如获至宝，认为这是在给大家做一个关于"如何研究学生的计算错误"的专题分享，传递的是一种教学价值观。在日常教学中，大多数教师也知道应该利用学生的错误，让学生在错误中学习，在错误中成长，只是这种认识相当模糊，并不自觉，更不系统。那么，如何让教师明白错误应转化为学生学习的机会和资源，学生在错误中也能收获经验、获得成长呢？斯苗儿带着教师一起研究课堂上学生的作品展示与反馈，并将课堂上的作品展示与反馈作为学生在错误中成长的"良机"。

小学数学课堂上，教师经常会布置一些需要当堂完成的习题任务，一方面检验学生的学习效果，另一方面帮助学生将所学的知识进行当堂巩固。学生完成习题之后，教师会及时挑选一些学生的作品展示并进行反馈。通常，教师会选择一些字迹工整、答案正确、步骤清晰的优秀作品进行展示，让大家学习解题思路并号召大家向优秀的同学学习。但是，斯苗儿常和教师强调，作品展示也要照顾不同层次和水平的学生，好的当然应该展示，但是半成品和存在典型错误的作品更值得展示。对于教师而言，好的作品的确可以为学生示范完整的作答过程和正确的结果，但是半成品和存在错误的作品则显现了学生在作答中的难点和易错点，这对于教学来说是十分宝贵的资源，可以以此展开讨论和辨析，为学生提供"自我修正"的机会。对于学生而言，这些"半成品"和错误的珍贵之处，不仅是一个善意的提醒，也是在以一种润物细无声的方式"告诉"那些存在同样困难与错误的学生"你不是一个人""你的错误是可以被理解的"。这样的提醒、懂得和理解，其实恰恰抚慰了学生对"错误"的畏惧，给课堂增加了"温度"。

对于学生来说，"害怕犯错"是一个再常见不过的心理，因为害怕犯错而不敢说、不敢做、不敢提问、不敢发言。实际上，"害怕犯错"不过是因为学生担心犯错后需要承担的后果——教师的指责和同学的嘲笑。斯苗儿正是希望教师用最简单、最常见的作业展示向学生传达一个信息：做错了，不要害怕犯错，你的错误别人也可能会出现；做对了，不要轻视错误，别人的错误也是另一种学习的机会。斯苗儿经常向大家介绍，袁晓萍老师面对学生错误时，常常有这样的口头禅"感谢这位同学又给我们提供了一次学习的机会"。正是包容错误、理解错误，甚至感谢错误的课堂氛围，使袁晓萍老师带领的十几个毕业班优秀率都达到了100%。她的学生敢于把自己的错误说出来、做出来、暴露出来，也正因如此才有了从错误中学习、从错误中成长的机会。

> 把握教材，读懂学生，是每一位优秀教师最普通的手法，也是课堂教学不断变化与发展中始终不变的传统。

教研员是一个区域内学科教学的风向标，他弘扬什么、彰显什么、提倡什么，不仅影响着每一位教师的日常教学，更引领着一个地区教育教学发展的方向。

一、找准方向：不跟风，不折腾

很多小学数学教师首先是从众多生动的教学案例和文章中认识斯苗儿的。在这些文章中，她是一位理性、严谨、深刻，善于在各种"风尚"与"传统"间寻找平衡的省教研员。斯苗儿身边的教师也在访谈中将她称作"引领浙江小学数学这列高速列车不断前进的火车头""浙江省小学数学的风向标"。

在本书写作的过程中，多次的访谈与追踪，让我们渐渐理解了这位省教研员是如何在变幻的潮流中守住初心、找准方向，引领浙江小学数学团队不断向前。

⊙ **教学的"风尚"与"传统"**

2001 年，新课程改革启动，关于课堂教学的理念与口号，教师多多少少都能谈上几条：从小组合作学习到探究式教学，从翻转课堂到微课，从快乐课堂、生命课堂到生本课堂、生态课堂，从联系生活、创设情境到活动体验、问题探究……这些"前沿"理念不断影响着课堂教学实践的"风尚"，也时不时如风一般拨动着教师的心弦。在有些教师心中，似乎只有"跟风"才能避免被时代淘汰，但是长期以来形成的教学传统和固有的习惯一时之间难以改变，他们只能不假思索地将各种理念、口号与自己的教学强行捆绑，导致教学理念难以与教学实践真正融合，不少只是"新瓶装旧酒"，贴标签而已。在斯苗儿看来，这样"跟风"的心态让教师失去了认真研读教材、了解学生的耐心，也在"潮流"中失去了自己的教学个性与教学主张；这种贴标签、喊口号式的课堂教学变革把教师折腾得苦不堪言，让课堂既失去了原有的质朴，也并未体现真正的新潮，改革变得有名无实、不伦不类。

斯苗儿敏锐地意识到"跟风"现象对于教育教学改革可能带来的负面影响，在 2002 年"中国教育学会小学数学教学专业委员会第十届年会暨成立 20 周年纪念会"上，她应邀作大会发言，题目是："新课程与课堂教学改革——课堂教学改革面临的困惑与思考"。（详见《小学数学教育》2003 年第 1—2 期。）在发言中，她指出了一线教师正在面临的十大困惑，明确提出无论是教学方式的变革还是教研方式的转型，都应该处理好八对关系，包括：继承与创新、主体与主导、基础与发展、手段与目的、尊重教材与灵活处理教材、过程和结果、数学味与应用味、教学和研究。当时的斯苗儿只是一个普通的省教研员，能够与北京师范大学周玉仁教授、上海市特级教师曹培英老师等知名的小学数学领域的专家一起登台，让她倍感珍惜又忐忑不安：在新课程改革刚刚起步之时，这样的发言会不会被扣上"不支持课改"的帽子？当时惴惴不安的斯苗儿得到了时任全国小数会理事长张卫国老师和北京师范大学周玉仁教授的鼓励。这一次的发言也让与会专家一下子记住了浙江这位敢于直面问题、能够把握分寸的小学数学教研员。这次活动之后，斯苗儿更加坚定了"不跟风、不折腾"的信念，通过各级各类的教研活动探讨和解答教师的困惑，不断向教师渗透这样一个观念——教育教学变革要扎实基础、秉承传统，要努力在"风尚"与"传统"间寻找平衡。同时，她也激励教师反思驾轻就熟的教学方式，通过改变习以为常的教研方式，更好地促进师生成长。

以课堂教学常规为例，"传统"的课堂强调规则与纪律，学生往往在课堂上正襟危坐，双手背后或交叉胸前，等待教师提问，课堂虽然沉闷但井然有序；新课程改革以来，活跃的课堂氛围成了教师追求的"风尚"，学生不再是"俯首帖耳的小绵羊了，他们头抬起来了，手动起来了，话多起来了，身板挺起来了"，但课堂气氛的活跃却让教师感到难以控制，甚至有时因为过度的自由与放纵导致课堂陷入"天下大乱"、进退两难的局面。通过访谈教师，斯苗儿了解到了课堂"失控"背后的原因：一些教师把课堂的民主和开放简单地等同于活跃和热闹，误认为课堂不再需要常规；有的教师认为需要常规，但生怕被扣上"挫伤学生学习积极性"甚至"扼杀创新意识"的帽子，在课堂上羞于强调常规。

针对课堂教学中的实际问题和教师的困惑，斯苗儿提出"课堂需要常规，但需要教师在自由与限制之间把握分寸"。从儿童成长的角度，她认为规则的建立是必要的也是合理的，儿童的学习本身就包含着对规则的学习。同时，她还以辩证的观点提醒教师：课堂常规不能简单地冠以"传统"和"现代"的帽子，判断课堂常规好与不好的标准应该是看这些常规的建立是否适应学生当下的发展水平，是否能够服务于学生未来发展的需要。

对于课堂教学常规的思考只是斯苗儿研究的众多问题中的一个，关于教师与学生、基础与发展、手段与目的她都有很多精妙的论述。而这些思考与论述，源自她对课堂的悉心观察，源自她敢于直面课堂教学与教师的真实问题，源自她的深入调研、广泛阅读和辩证思考，也正是这样的观察、调研和思考让她能够在"风尚"与"传统"间找到平衡，为浙江省小学数学的发展把好"风向标"。

⊙ "风"动，"心"不动

面对课堂教学改革中的各种潮流与风尚，教师到底应该秉持怎样的态度，又应该如何在变化中坚守自己的本心呢？斯苗儿向我们推荐了省特级教师、宁波市的林良富与刘永宽两位老师合作的一首小诗[①]：

　　　　不是风，是我；不是我，是风。

　　　　是风，也是我；不是我，也不是风。

这首小诗只有四句，写得简简单单，但斯苗儿认为这首诗生动地向我们讲明了"在变幻的教学风尚中，教师既要与时俱进，学习和吸纳新理念，又要保持自己的个性与初心，追寻教学的本真，回归教学的本质"的道理。这首诗的第一句"不是风，是我"提醒教师要在教学改革的潮流与风尚中，保持清醒的头脑，保有自己教学的风格与个性，对教学有自己的思考和主张。第二句"不是我，是风"则是鼓励教师要勇于创新，敢做教育教学改革的弄潮儿；也是鼓励名师要承担起名师的责任，走在教育教学改革的前沿，引领"教学风尚"，创造潮流。而刘永宽老师加上的后两句又进一步说明了教学的个性

[①] 2003年，林良富老师在"中国（杭州）名师名校长论坛"上将自己对于"教学时尚"与"教学个性化"问题的观点浓缩成两句话：不是风，是我；不是我，是风。之后，刘永宽老师又在这两句话的基础上另加了两句：是风，也是我；不是我，也不是风。

与共性的关系。"是风，也是我"指的是"时尚是由每一个教师的具体而生动的教学组成的"，因此，一个时期的"教学风尚"是每一位教师教学实践精华的集中体现，教师具体而生动的课堂教学也会反映出这一时期的"教学风尚"。"不是我，也不是风"则告诉我们"真正好的教学都是一样的，没有特别之处，也不可能有时尚"，因此，好的教学不是个人一时兴起的创作，也不是随风而动、闻风而起的潮流，好的教学在于它把握住了教学最核心的本质与规律。

教学有它的本质和它自身发展的规律，所有的好课都不是偶尔为之和偶然所得，更不会被一时的风尚与潮流所左右。好课的形态虽然千变万化，但是好课的共性就在于在追寻教育本质与教学规律的路上更近了一步。正是因为认识到了这一点，斯苗儿常说，对于教师而言，了解一些教育教学发展的历史是很有必要的，"以史为镜"我们更能够理解当下的教学是从何而来，这样才不至于被风尚与潮流左右，才能更好地把握教学的本质与规律。作为省教研员的斯苗儿正是在千变万化的课堂上不断追寻着教育的本质，了解学生成长的规律，把握知识发展的脉络，才能够在各种"风尚"中始终保持理性，坚守学科教学的初心与使命。

⊙ 教学应该稳中求变

保持理性、坚守初心让浙江省小学数学的发展有了稳定的基底。但是稳定并不意味着一成不变，相反，他们一直在主动求变、稳中求变。新课程改革以来，斯苗儿时刻关注教学研究领域的热点问题，依托省内的名师团队积极开展教学实验并将优秀的成果逐步在省内推广。如袁晓萍团队的项目化学习研究、俞正强团队的种子课、刘善娜团队的作业研究等。同时，斯苗儿还在全省范围内积极推进"单元整体教学"研究，按照结构化的思路进行单元内或单元间的联结，把内容相近、结构相似的课时有机整合，适度改变"小步子"的教材结构，使学生的学习更加具有挑战性、整体性和系统性。

教学理念在不断更新，教学方式和手段也在不断改进。但是斯苗儿认为，对教材的深度钻研和对学生的深入了解才是教学的根基，也是课堂教学扎实而稳定的基础；若不能"吃透教材""了解学生"，便不可能有课堂教学中对教学时机的灵活把握、对教学资源与材料的精妙设计与重组，更谈不上教学的更新与变革。

斯苗儿曾经专门走访了一位以"懒"自居的校长——东阳市的李成良。李校长不带课本、不写教案，甚至很少布置课外作业，但他所教的班级，学生的各项指标在当地都名列前茅。斯苗儿邀请李校长在全省的教研活动中介绍经验，并专门写文章介绍了这位另类教师的普通手法。（详见《人民教育》2009年第1期，"另类教师的普通手法——走访李成良有感"。）在斯苗儿看来，这位另类教师口中的"懒"并非偷工减料，而是把功夫用在了日常，在与教学质量密切相关的教材与学生方面，他比别人了解得更加具体和透彻。别的教师通过课前、课后的测验了解学生，他却做到了熟记每一位学生的优势与不足，在每一节课上对有需要的学生重点关注并利用课内独立作业时间反复讲解。别的教师熟悉教材只是关注教材的文本，他却能够做到熟背每一本教材，熟做每一道习题，认真分析教材的结构和习题之间的关联与层次。正是因为他能够做到"心中有一套自己的教材"，才能够自信地抛开教材文本，将教材"为我所用"。

苏霍姆林斯基在《给教师的建议》中也提到过这样一位教师，在一次公开课上，这位有着三十年教龄的历史教师上了一节非常出色的课，学生、教师和视导员们都听得非常入迷。课后，一位教师向这位历史教师请教："您花了多少时间来备这节课？不止一个小时吧？"这位教师回答道："对这节课，我准备了一辈子。而且，总的来说，对每一节课，我都是用终生的时间来备课的。""用终生的时间来备课"这句话简单、质朴，却直击每一位教师的心灵，令人备受鼓舞和感动。

一节好课，靠的不是一时一日之功；同样，一位优秀教师的成长，也不能寄希望于短期培训就速成。而关涉到每一节课、每一位教师和学生的课堂教学质量提升，更不能简单地依赖一种理念、一种方法，或是一时之风尚。教师观念的转变、知识的更新，以及由此而来的教学变化，都需要一个循序渐进的过程。斯苗儿不厌其烦地要求年轻教师"不要忙于搞课题、写论文，不要醉心于追寻各种教学风尚与潮流"，正是为了让他们在成长的路上先"过好教材关和学生关"。因为把握教材，读懂学生，是每一位优秀教师最普通的手法，也是课堂教学不断变化与发展中始终不变的传统。

二、开放与聚焦

"开放、大气"是很多专家和同行眼中浙江省小学数学团队的特点。这一特点不仅体现在他们的课堂上，体现在教师日常的交流和学习中，也体现在教研员和教师共同构筑起的教研文化中。

⊙ 打开教室的大门

"随堂听课"是学校教研活动中最常见的一种形式，因为这样的听课活动随机性高，所以也叫"推门听课"，意思就是"教师或教研员推开谁的门，就听谁的课"。对于这种形式的教研活动，习惯关起门来上课的教师，尤其是年轻教师，心里多多少少是有些抵触的：担心课堂教学效果不理想给教研员留下不好的印象，更担心教研员或学校领导因为这一次课的表现给自己的教学水平下定论、划等级。因为有了这些顾虑，有的教师甚至会在教研员"推门听课"的时候打破教学进度，临时改换课题，就为了把自己最好的一面展现出来。这样一来，通过"随堂听课"了解真实课堂的目的就难以达到了。

但是，"随堂听课"在浙江一些学校中却有着它的独特之处。骆玲芳校长向我们介绍："在我们的教研活动中，'随堂听课'从来不叫'推门听课'，我们把它反过来，我们叫它'开门听课'。'推门听课'，听课的人是主动的一方，授课教师不管情不情愿，都只能被动接受；但是'开门听课'就不一样了，'开门'的是授课教师，他们是主动打开教室的大门，欢迎大家前来听课。"这一"推"一"开"，虽然只是一字之差，却鲜明地体现出教师心态的变化，从被动接受到主动欢迎，角色一下子翻转过来，教师成了主动的一方，成了活动的主体。而能够让教师主动打开教室大门的关键，是教研活动的导向。

在斯苗儿看来，教师是教研活动的主体，教研活动是为了服务教师成长的。因此，无论是听课、评课还是磨课、改课，都不是为了给教师做判断、下定论、找麻烦，而是为了帮助教师把握好课堂教学的基本问题，聚焦教学中的关键问题，让教师真正上好每一节课。斯苗儿通过教研活动让教师认识到"教研员不是来给我们做评判的，而是来帮助我们找问题，帮助我们上好课的"，这一观念的转变成了浙江省小学数学教师敢于"开门听课"的关键。

帮助教师解开心结，把教室的大门对教研员敞开还只是斯苗儿走的第一步，她还更加大胆地在各级各类的教研活动中邀请不同地区、不同学科、不同学段的教研员来参加小学数学教研活动，和授课教师一起聊课。甚至在不少省级的教研活动中，我们看到斯苗儿把语文教师、科学教师请到了台上，把学生和家长请到了台上……在斯苗儿看来，好课虽然没有一个统一的标准，但无论是数学还是语文，也无论是学生还是家长，大家对好课的追求都是一致的，而且好课背后的价值导向是一致的，都是为了学生的发展。打开教室的大门，就是为了让教师能够听取各方意见，博采众长，不断在追求好课的路上更进一步。

⊙ **拓展学习的视野**

在斯苗儿和俞正强老师主编的《案例解读》一书的"成长"板块有这样两篇小文，一篇是《数学教师，还该懂点儿什么》，另一篇是《青年教师应该读哪些书》，这两篇文章的作者是俞正强老师。他在文章中提到，教师除了自己的学科和教学知识，还应该懂点医学。他讲到眼保健操的由来：曾经有位山村女教师，由于家传而对中医颇为内行，看着学生在阴暗的教室内学习而视力下降，便经常让学生闭上眼睛，揉一揉眼边的穴位，学生的视力居然不再下降。久而久之，这种活动便慢慢地流传开来，成了现在的眼保健操。俞老师认为，教师与医生一样，面对的是活生生的人，医生治愈的是患者的身体，教师塑造的是学生的灵魂。懂点儿医，不仅可以给教师的工作带来方便，还能帮助教师形成"医者心态"：病有大小之分，错误也有轻重之别，就像医生不会责备病人为什么要生病一样，教师也不应责备学生为什么要犯错误。教师应该像医生一样，以冷静的头脑诊断错误，以辩证的策略对症下药，以必胜的信心等待学生的进步。对于阅读，俞老师更是在文章中提醒青年教师"开卷有益，是书，均是可读"，并且极力建议要多读"经年浸润的书"，要读"源头的书"，这其中就包括《礼记·学记》《种树郭橐驼传》和《道德经》。最后，俞老师还强调"我们很多教师会有职业倦怠，包括许多优秀教师，在拿了许多的奖项之后，也会倦怠，究其原因，没有体验到专业成长的乐趣。而这种乐趣是需要读书去支撑的"。

为什么在这样一本"教学建议"中会出现这样两篇鼓励教师懂点儿医、读点儿书的文章呢？斯苗儿向我们解释说，为了鼓励教师多买书、多读书，一些学校专门提供给教师一笔购书经费，每人 300 元，他们可以想买什么书就买什么书。但是，据说购书经费刚开始实行就遇到了麻烦，平时习惯了书桌上只有一本教材、一本教学用书的教师竟然已经丢失了阅读的习惯，不少教师拿着购书经费却列不出购书单，而能写出书单的教师所列的书目也只有大家再熟悉不过的一些"中小学生课外阅读名著"，以及所教学科的教案。教师竟然不会给自己买书了，自然也不会读书了，这让斯苗儿大为惊讶。于是，她不仅利用各种机会和场合邀请名师、名家为教师推荐好书，还以身作则多读书、读好书，并把自己读书的心得和体会与教师一起分享。

2020 年 7 月，斯苗儿就以数学教研员的身份在科学网上来了一次跨界分享，题目是《杂书与眼界——以〈星巴克：一切与咖啡无关〉为例》。这是她在咖啡厅里看到的一本书。就是这本看上去和教育毫无关系的书，斯苗儿却也能从中读出"教育味儿"。从一句"让使用扫帚的人来决定买哪把扫帚"她联系到了教学中的学生主体，提出了教学和经营生意一样，也应该讲究"用户至上"。在自己的读书体会中，她更是讲到"人最大的敌人，是惯性思维。因为局限于既有的信息或认识的现象，人们在一定的环境中工作和生活，久而久之，就会形成一种固定的思维模式"。教师的工作更是如此，如果一个教师几十年如一日只看教材，只关注所教年级的教材，他的教学只会变得越来越僵化。因此，斯苗儿强调教师要读书，就是因为读书可以让人拥有更加开阔的思维和眼界，可以让教师的教学拥有更多教材以外的丰富素材和动人案例。

⊙ **聚焦教育教学的关键问题**

教室的大门应该打开，学习的视野应该拓展，对待教师的教学和教育主张，斯苗儿也一直保持着包容和开放的态度。无论是教学的形式还是内容，她总是鼓励教师积极探索和创新。在她看来，课堂教学是"私人定制"的，不同的学生可能适应不同的教学形式，不同的教师也有着不同的教学风格。因此，斯苗儿鼓励教师去探索不一样的课堂，但是这样的探索却也并非漫无边际的。斯苗儿认为，教研员要做的是"保底不封顶"的工作，而所谓的"保底"就是要能够帮助教师锁定教学的基本问题，引导教师厘清成长中的关键问题，教师的探索和创意只有在完成了这些工作的基础上，才能不走偏路、不走岔道。

斯苗儿认识到，省教研室组织的学科教研活动，规模大，影响面广，是指导全省小学数学教学实践和引领教学研究方向的重要窗口。为了做好这项"保底"工作，她把省里的每一次教研活动都当作一次帮教师把好关、为教师引好路的活动，每次教研活动的主题都是在深入调研基础上，精心筛选的，犹如教师的公开课。

以新课改以来两年一次的教学活动评比为例，从2005年的"数与代数领域的教学"、2007年的"问题解决领域的教学"、2008年的"平面图形周长、面积的教学"……2018年的"几何概念教学"，到2020年的"计算单元整体教学"，每次活动的主题都与基层学校和教师的需求有关，与主题相应的具体课题更是教师平时教学中的"拦路虎"，具有典型性和代表性。（详见章末附表1。）

斯苗儿认为，除了课堂教学以外，影响教育教学质量的因素还有很多，如作业设计、命题导向、教研组建设等。为了能够全方位帮助教师把握好教学的方向，除了以教师最关心的教学评比活动为契机引导教师关注教学中的难点与关键问题外，她还充分利用省里的学科培训，针对一定时期内教师普遍关注的疑难问题和关键问题，开辟专题研讨和论坛，将各类教学评比和教师培训活动在省级层面进行整体规划，为教师在学科知识、教育和教学知识等各个方面把好关、引好路。（具体活动主题详见章末附表2。）

斯苗儿用积极的导向解开教师的心结，让原本封闭的教室大门向更多人打开，让教研的氛围更加开放；她以身作则的示范为教师树立榜样，让原本只有教材和教辅占据的书桌丰富起来，让教师的视野更加开阔；她用广泛而深入的调研发现教育教学中的难点与关键问题，让教研活动有的放矢，让教师的成长有迹可循。开放与聚焦，一放一收，让教师获得了更多的尊重与自由，也让教师的成长有了基础和保障，这就是教研的智慧所在。

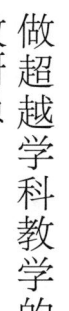

第三节
做超越学科教学的
教研员

> 跳出学科看教研，教研才能更加全面、立体、有温度。

斯苗儿常说，作为一名教研员，缺乏数学背景是自己的短板。但是教育学的学习经历却让斯苗儿在工作中经常可以超脱出来，超越学科的局限，不断去思考学科教学以外教研员还能为教师做什么。

一、做教师的知心人

在访谈中，我们听到了关于斯苗儿的很多形容词：犀利、敏锐、精准、独到、专业、勤奋……但省特级教师朱向阳老师在访谈中提到的一个词却与众不同，他将斯苗儿形容为心理咨询师。他认为斯苗儿就像心理咨询师一样，善于倾听来自教师的各种意见，无论是抱怨、吐槽，还是痛苦与无奈。她不仅愿意听，还愿意设身处地去理解教师的难处，尽力去解决教师的困难，满足他们的需求。对斯苗儿来说，正是教师这些看似无心的倾诉让她了解到了教师真正的需求，也正是一次次与教师"漫无目的"地闲聊，为她的"犀利"教研打下了最好的群众基础。

⊙ 倾听教师的困难

和我们印象中坐办公室、坐主席台的省教研员不同，斯苗儿特别喜欢和教师"混"在一起。隔三岔五地跑到学校里听课，听完课还要拉着大家聊个没完；省里组织教研活动，她常常不设主席台，没有专家席位，坐在教师中间随时随地和大家交换意见；活动间隙的用餐时间，她也喜欢拉着专家、领导和教师一起聊天。我们大多数人的聊天常常是漫无目的的，左耳进右耳出，但斯苗儿不同，她总能细心地从中捕捉教师的"小心思"。当时杭州安吉路良渚实验学校的新手教师陈倩就是在聊天中向她"吐露心声"的众多教师之一。

2015 年 8 月，刚刚大学毕业的陈倩像很多师范生一样怀揣着对教育事业的满腔热情来到了学校，还没有开学，她就已经在心里一遍遍"预演"自己和学生的第一次见面、第一节课、第一次家长会……但是她的满心憧憬却很快被现实击得粉碎。学校安排她接任三年级的数学课，学生家长一听要中途换老师，而且还是一位刚刚大学毕业的新手教师，还没等她进班便开始在家长群里"控诉"起来。明明自己还没有上过课，更没有做错什么，却要面对学生家长无端的指责、非议与"驱逐"，这让陈倩觉得十分委屈与无奈。但是学校的安排没办法改变，她只能硬着头皮去上课。新手教师的课堂难免会出现一些失误与疏漏，业务上的生疏再加上家长连续不断的挑剔与责难，让玻璃心的陈倩开始怀疑和否定自己，不知道怎么面对学生，不知道怎么面对家长，甚至不知道怎么上课。陈倩在经历了一个月的失眠与焦虑后终于向校长递交了辞职信。

"入职一个月的小老师要辞职了"，很快这个消息传到了斯苗儿这里。入职一个月的"无名小卒"、民办学校的人事调动，这些跟省教研员斯苗儿原本是扯不上关系的，但"好事"的她却偏偏愿意插手。借着到学校听课的机会，斯苗儿和校长、书记一起跟陈倩聊起了天。从聊天中，斯苗儿了解到了这位新手教师在家校沟通上遇到的麻烦，也从陈老师的言语中感受到了这位新手教师辞职背后的无奈与不甘。于是，斯苗儿和校长、书记一起谋划着，分头出马为这位新手教师排忧解难。校长亲自出面与学生家长沟通，并承诺办一次"家长开放课"，让学生家长亲自体验一下陈老师的课堂；书记一边继续给陈倩做思想工作，一边发动学科组、年级组的教师为陈倩"送温暖"；斯苗儿更是亲自操刀，帮助陈老师一起磨课，要为她打造一节让人眼前一亮的"家长开放课"。

回忆起那段时间斯苗儿三天两头的"登门"，陈倩到现在还是印象深刻。她将斯老师的听课称为"定期回访，突击检查"，即使学校停电斯老师也会如约而至。按斯苗儿的话说，"只要不停课，我就要来听课"。盯梢似的加急培训让陈倩老师顺顺利利地呈现了一节优秀的"家长开放课"。这节课后，学生家长再也没有"刁难"过这位新手教师，陈老师也终于重拾信心。当然，陈老师也像斯苗儿希望的那样，抛开辞职信，继续留在学校任教。

一位要主动辞职的新手教师，为什么能让"三员大将"一起为她出力呢？斯苗儿后来在访谈中向我们解释了她为陈倩"出头"的原因："是校长和书记有心帮她，加上这个小姑娘有灵气、有想法，她做事情很认真，对自己有要求，不然她也不会那么苛责自己。新手教师遇到各种各样的挫折是难免的，这个时候就需要有人站出来推她一把。"而斯苗儿，正是这个能够用心"听到"教师的困难，并且愿意站出来"推"他们一把的人。

⊙ 读懂教师的需求

斯苗儿常说，教研要坚持"用户至上"的理念。课堂上，教师服务的"用户"是学生；教研活动中，教研员服务的"用户"则是广大一线教师。教学要做到因材施教，尊重学生的差异，教研也是如此。作为省教研员的斯苗儿，面对的是全省的小学数学教师，他们的发展阶段、能力水平、性格秉性都各不相同。为了使教研活动尽可能服务更多教师，斯苗儿总是会在设计教研活动前考虑不同教师多样化的需求，也会根据不同教师的性格适当调整自己的教研风格。

在访谈中，我们接触到了很多斯苗儿犀利教研的"亲历者"，在他们口中，我们发现了斯苗儿的"两副面孔"。

省特级教师、嘉兴市教研员朱国荣老师，经常和斯苗儿一起组织并参与各种教研活动，见过"大场面"，也习惯了斯苗儿的犀利风格。但是提起斯苗儿的评课，他还是有几分"害怕"："在浙江，头上有些光环的名师十分害怕斯苗儿老师来听课，他们更害怕的是还要被斯苗儿老师评课，如果提前几天知道，他们通常是睡不着觉的。因为斯苗儿对名师的教学研究、教学实践、示范引领十分苛刻，要求很高。她希望名师要真正引对方向，她对那些远离学生、自我陶醉的名师课堂，一直是零容忍的。越是公开场合，为了让参加研讨的教师知道什么样的课才是好课，斯苗儿每次都不会给那些喜欢标新、习惯作秀的名师面子。很多时候，我们都可以看到台上硝烟弥漫中那些名师尴尬的笑容。"

在名师口中不留情面、零容忍的斯苗儿在新教师面前，却是一位细心又温柔的"长辈"。被"特别关注"过的陈倩老师在讲到和斯苗儿一起磨课的经历时，笑着将斯苗儿形容为自己的"老母亲"。

我那个时候上课，每一次都可以说是车祸现场，但是斯老师总是不厌其烦地告诉我，这些都是新手教师成长必定要经历的坎坷。她还总是用专有的斯式幽默安慰我——你是个新手教师，课上得好了，别人会夸赞"真了不起，人家还是个新手教师"；课上得不好了，大家也都能理解"没关系，人家还是个新手教师"。"还是个新手教师"是你最大的资本呀，可不能让它成为你的心理负担。所以在我的印象里，斯老师对我们这些新手教师总是手下留情的，她总是能找到办法安慰和鼓励我们。

对名优教师不留情面，对新手教师温柔体贴，为什么不同教师的待遇差别如此之大呢？斯苗儿解释道，对于名优教师而言，他们在能力上和教学水平上都不成问题，课上得好不好主要在于他们的观念和态度。一些教师名气大了，心气大了，态度就"飘"了，离课堂和学生的距离就远了，很多时候把课堂当成了自己表演的舞台，把自己当成了课堂的主角。这不是能力的问题，而是心态的问题。所以，对于名优教师，是希望用严格的要求帮助他们摆正态度，让他们能继续往前走，而不是躺在光荣簿上"吃老本"。但是新手教师很多都像陈倩一样拥有一颗敏感、脆弱的玻璃心，他们初出茅庐，面对学校、学生、家长、课堂已经是四处碰壁，这个时候最需要的就是支持、帮助和鼓励，我作为教研员当然不能再为他们制造困难。而且，新手教师很多时候都是很有干劲的，对教学、对学生是充满热情的，这时候对他们宽容一点儿、耐心一点儿，是希望帮助他们保持信心，让他们能够在教师这个职业上走得更远。

在名优教师停滞不前的时候严肃认真，上前推一把；在新手教师手足无措的时候温柔悉心，上前拉一把。读懂不同教师的需求，把严肃与温柔把握得恰如其分，这是斯苗儿几十年教研的经验积累，更是她对教研、对教师的用心和真心。

⊙ 引领教师的成长

斯苗儿常说，教师的成长需要"实力＋心态"，帮助教师解决好生活中的问题、交往中的问题，给教师督促和鼓励都是在帮助教师摆正心态，以一颗强大的心脏面对学生、家长、课堂和社会。但是对于教研员而言，更重要的是要在专业上引领教师，让教师用实力说话。"玻璃心"教师陈倩也是在这样的模式下成长起来的。

在经历过辞职风波后，陈倩虽然依靠斯苗儿的短期集训，通过了"家长公开课"的考核，但是要想成为一个优秀的教师，只能上好一节课显然是远远不够的。为了能够帮助新手教师获得全方位的提升，斯苗儿和骆玲芳校长把学校的四位新手教师组织起来，让他们代表学校参加省里的课题研究。让四位教龄不足三年的新手教师用整整一年的时间参与省级的课题研究，斯苗儿的做法很大胆，很有成效。

四位新手教师为了能够跟上课题研究的进度，在短时间内不仅下功夫阅读了整套小学数学教材，还跟着课题组的大咖们一起梳理了小学阶段数学知识的发展脉络，按照知识结构对教材中的内容进行单元整合。陈倩回忆说："一开始我们压力挺大的，因为我们几个本身就是新手教师，不像课题组的其他教师一样对教材理解得那么透彻，我们对教材的内容还不熟悉，更别说是知识结构了。我们只能自己多下功夫，先把整套教材梳理一遍，这个梳理的过程对我们的提高是很大的。之前备课都是只见树木不见森林，现在理解了整套教材的逻辑结构，我们在备课的时候思考就更加全面了。"利用单元整合的课题研究，斯苗儿帮着四位新手教师一起挺过了"教材关"。

教材内容熟悉了，接下来就要考虑怎么把内容讲好的问题了。四位新手教师又非常荣幸地成为课题组的"靶子"，成为课题组集体备课时的重点关注对象。在斯苗儿看来，一个优秀的教学设计一定要让所有教师都能看得懂、学得会、用得上，让新手教师来上样板课再合适不过了。那一段时间，陈倩和其他三位教师一起，每天都在备课、试讲、磨课、上课，录音笔和录像机成了他们随身携带的"工具"。斯苗儿要求他们把上课的全部过程录下来，不仅要给别人看，还要给自己看。一开始陈倩他们并不能够理解，为什么要把不成熟的课堂录像拿给别人看，甚至觉得把上得不成形的课拿给同事有些丢面子。但斯苗儿却认为，把"鸡飞狗跳"的课拿给自己的同事看，大家都会理解你、帮助你，在同事面前"丢脸"好过在学生和家长面前"丢人"。而把课堂的录像或录音给自己看，则是为了让新手教师养成教学反思的良好习惯，对自己教学的优劣有一个客观、清醒的认识，才能够在集体备课中主动求教、查漏补缺、扬长避短。四位新手教师正是在不断地自我审视与反思中，在前辈的建议和提醒中快速成长了起来。

像陈倩一样，在斯苗儿的帮助和引领下获得实力的新手教师还有很多。在只有一年教龄却敢和俞正强老师同课异构的湖州市的王诗云老师口中，斯老师是她磨课、备课时的"定心丸"；在新手教师、杭州市的吕雨馨老师口中，斯老师是和她们围坐在一起唠家常，帮助她们解决问题，和她们分享自己成长经历的"大家长"；在第一次上课就被斯老师"修理"过的新手教师——杭州市的张婷婷老师口中，斯老师是刀子嘴豆腐心，表面嫌弃，内心却对新手教师充满怜惜的"亲妈"。

斯苗儿用贴心的关照和严格的训练让这些新手教师拥有了教学的自信和底气。如陈倩所说："我现在再也不是从前那个'玻璃心'的小老师了，我不再害怕来自家长的质疑，因为我相信自己教给学生的是正确的。"而陈倩口中的"自信"和"底气"正是来自一次次教研活动中磨砺出的"心态"与"实力"。

二、做政策的解读者

关于"教研员的任务与职责"这一问题，可以有很多答案，但必不可少且首要的是"帮助教师深入理解国家政策、课程方案、课程标准，进行有效的课堂教学"。[1] 用斯苗儿的话说，教研员要能够把宏观的政策和抽象的理念转化成教师听得懂的语言讲出来、转化成具体的教学实践做出来。为了做好这样的解读和转化工作，斯苗儿带领她的教研团队一起编撰了《案例解读》一书。百余篇文章涉及小学数学教学改革中教学目标制定、课程资源开发、教学方法选择、教学评价改进和教师专业成长等重点和难点话题。参与编写的教师和教研员用生动的话语和丰富而典型的教学实例解答着教师对于课程改革与课堂教学改进的"千思百问"。

---

[1] 罗滨. 教研：在高处立，向阔处行[J]. 北京教育（普教版），2019（9）：20-21.

⊙ 让课程标准"活起来"

"你手头有课程标准吗？""你平时备课有没有关注过课程标准？"斯苗儿时常会在教研活动中向教师提问这两个问题。但得到的回答却不怎么令人满意，事实上，很多教师压根儿没想过自己教学还需要一本课程标准。在不少教师看来，有教科书、教师教学用书、教学辅导资料，以及网络上找到的大量教案，有了这么多在教学中可以"拿来就用"的材料，为什么还要看课程标准中那些"条条框框"呢？

的确，比起那些可以"拿来就用"的材料，具有一定抽象和概括性的课程标准似乎离课堂教学多了那么一点距离。在教师看来，课程标准更像是需要去"对标"的行为规范，而不是可以直接解决教学实践问题的行动指南。因此，教师不爱读，甚至不会读课程标准的现象普遍存在。为此，斯苗儿和她的教研团队一起努力让课程标准"活"起来，用唠家常式的语气向教师分享自己的经验，用具体而生动的案例向教师展示课程标准中的各种理念是如何落实在行动中的。

《义务教育数学课程标准（2011 年版）》中对学生创新意识的培养提出了这样的要求："创新意识的培养是现代数学教育的基本任务，应体现在数学教与学的过程之中。"那到底应该如何在教学过程中培养学生的创新意识呢？课程标准给出的答案是"学生自己发现和提出问题是创新的基础"。让学生提问，看起来简单，但是实际操作起来却让不少教师觉得棘手：学生如果乱提怎么办？学生提的问题如果超出了教师的预想，该怎么应对？让学生提问会不会扰乱自己的思路，让课堂教学无法正常进行？在斯苗儿主编的《案例解读》中有这样一篇文章——《学生提出了教师没有想到的问题怎么办》，文章的作者是陈亚明老师，他在文章中用两个生动的例子解答了教师关于课堂提问的困惑。

第一个例子来自《万以内退位减法》这节课，课堂上有学生突然提出"四位数的减法可不可以从高位减起"的问题。面对这个打破常规又超出教师预设的"另类"问题，教师没有敷衍了事，也没有用数学学科的常理和规则压制学生探索的欲望。这位教师顺着学生的思路，让大家一起探索与尝试"从高位减起遇到了什么麻烦"。这样的探索，看起来似乎是在教师预设的道路上走了"弯路"，但实际上，课堂上随机生成的这番尝试与体验，却让学生更加深刻地体会到了"万以内减法从低位减起"的好处，体会到了数学规则和定理背后的智慧，而这正是数学教学的"正道"。

陈亚明老师的第二个例子更加可爱。在讲授度量单位时，学生测量了桌子、铅笔和手臂的长度，有学生突然提出想要测测老师的腰围。虽然这个问题让授课教师有些"尴尬"，但教师也并没有怯场，而是非常大方地邀请学生上台来尝试用不同方法量自己的腰围。有用尺子量的学生，拿着自己的尺子在老师的肚皮上"翻跟头"；也有用手掌量的，伸着自己的小手在老师腰上"爬"了一圈。最后竟然有学生提出"量老师的裤腰带"的办法，授课教师一边大笑着，一边真的解下了自己的腰带拿给学生。这节课上，教师似乎成了学生实验的"道具"，但心甘情愿当"道具"的这位教师却用自己的宽容和体谅保护了学生不可估量的创造力，体现着教师的教学智慧。

让"条条框框"的说明与建议"活"起来，不仅要把先进的理念"说给你听"，还要把实践的经验"做给你看"。斯苗儿用她的教研智慧为课程标准配上"活"的行动指南。

⊙ 为教材配上"使用说明"

"对于广大普通一线教师而言，首先应该过的是教材关"，这是斯苗儿对教师最普通、最常规的要求。在《案例解读》一书中就有 7 篇文章从不同角度向教师介绍"如何读懂教材"以及"如何用好教材"。在斯苗儿看来，一套完整的数学教材是每位数学教师课堂教学起步必不可少的"家当"。

为什么要配齐一套完整的教材呢？斯苗儿认为，现在教师习惯了备课就是备知识点，在一个"点"上深挖，却忽视了"点"与"点"之间的关系。数学知识有它清晰的发展脉络和逻辑体系，所以数学教学不应该是零散的知识点的教学，而要能通过每一节课的教学，把这些"点"连成"线"、结成"网"。因此，三年级的教师只看这一年级的教材是远远不够的，一定要知道三年级教材里的内容，一、二年级的学生学到了什么程度，三年级的内容体现了哪些新的要求，三年级的内容与四、五年级应该如何衔接……这就要求教师在读教材的时候，要能将教材的内容上下贯通、前后衔接，将教材串联出"清清爽爽一条线"，而不是"模模糊糊一大片"。

配齐一套教材，读懂一套教材还只是斯苗儿的最低要求。和她一起磨课、备课的教师都经历过"教材研读"这一关。这里的教材研读，仅仅看一套教材是远远不够的，不仅要比较同一个教学内容在不同版本中的呈现形式，有时甚至还需要"跨界"到其他学科，看看其他学科的教材。前文中提到的，2010 年在"华东六省一市第十二届小学数学课堂教学观摩研讨会"上，执教"认识负数"一课的朱伟森老师对此深有体会。用他自己的话说，这节课的准备经历了"先博后约"的过程。

我研究了三个版本教材的"生活中的负数"的具体编排（见表 3-3）以及

两个版本初中教材对负数这一知识点的后续编排，自以为已经把教材读透了。但是连续发了几个版本的教案给斯苗儿老师，她却始终不满意，认为我的教学设计并没有考虑到学生的现实起点。之后，斯苗儿老师又与慈溪市教研员金奎老师和我一起对教材进行了横向和纵向两个维度的梳理。从横向的梳理中发现，在教育科学出版社三年级下册的科学教材中就出现了"温度和温度计"的单元，而这一单元的教学重点就是温度计的读数。从纵向的梳理中发现，在后续七年级上册"有理数"单元，数轴对于相反数和绝对值的理解发挥着关键作用。通过这样横纵的交叉对比，"温度和温度计"成为激活学生已有经验、对接数学知识的关键素材，而数轴也成为正、负数意义理解和数学知识前后衔接的重要工具。

表 3-3　不同版本教材内容设计

都出现的知识点	不同版本教材出现的不同的知识点	
	知识点	教材版本
1. 用列举式下定义，什么是正数，什么是负数 2. 0既不是正数也不是负数 3. 正、负数的读法与写法；正号的省略 4. 用正、负数表示生活中相反意义的量	通过在温度计上标注零上、零下温度，体验0的分界作用	北师大版、苏教版
	用冷、暖和温度计比较温度的高低，寻找最高温度或最低温度	北师大版、人教版
	重新定义0	北师大版、人教版
	正数大于0，负数小于0	苏教版
	在数轴上表示正、负数	苏教版、人教版

把教材读透，读的不是一节课的内容和几页的文本，不是一道例题和几个知识点，而是要把握数学知识的基本结构和发展脉络，要寻找数学知识与学生生活经验对接的线索。斯苗儿正是用打磨每一节课的方式，为数学教材配上了"使用说明"。

⊙ **用实践为政策加注脚**

第一次读到《案例解读》这本书，120篇文章，共70位作者，我们就感到好奇：这么多问题、这么多作者、这么多生动又深刻的案例和文章，斯苗儿是从哪里搜罗来的呢？

2006年，新课程改革正如火如荼之时，斯苗儿在市教研员扩大会议上提议，在全省范围内发起关于"教学规范"的大讨论。她希望借此机会为一线教师制定一个既彰显新课程理念，又能够让教师有章可循的教学常规。也是在这一年，斯苗儿和她的教研团队成立了专门的研究小组，开始对新课程改革三年来的问题进行反思。俞正强老师提出"教师需要的不仅仅是常规，而是更详细的执教手册"的观点得到了研究组成员的一致认可。如何让课程标准成为教师的行动指南，让"教学规范"解决"怎么教"的问题成了研究小组共同关注的关键问题。为了解决好这个关键问题，他们连续数年在全省范围内征集教师的疑难问题、典型案例，并通过县（区、市）教研员在各地一线教师和学校中开展广泛的问卷调查和访谈，积极听取教师的意见，最终筛选出百余个教师最关心、最困惑的问题。

问题找到了，这些问题的答案要从哪里找呢？在随后的几年中，斯苗儿结合省学科疑难问题专题研训、省优质课评比和论文评比等教研平台，通过研究组成员无数次研讨，细细地推敲"教学建议"中的每一句话和每一个词，在2008年形成了30条学科教学建议。接着她和她的教研团队一起走进课堂、走到教师和学生中间，用心地收集和积累着最能诠释"教学建议"的一个个案例。2012年，她又专门邀请省内有经验、有想法的教师从百余个问题中自由选择话题撰写文章。文章的内容和形式丰富多样，有的是一个观点、一个问题，也有的是一个故事、一个案例。内容通俗易懂，但都蕴含着教育教学的道理，渗透着课程改革中的新理念、新要求。从2006年到2014年，从梳理和提炼建议到为诠释建议写出一本书，用了八年时间，他们的敬业与投入可见一斑。

这本书的成型只是斯苗儿众多教研工作的一个缩影，她每一次活动都在做着"解读"的工作，解读政策、解读课标、解读教材，团结名优教师为一线教师的教学提供最有效的帮助和指导。

如果说，给出教学建议和进行教材解读是教研员自上而下对教师进行指导和帮助的过程；那这些"解读"和"建议"形成的过程则是自下而上的，是教研智慧在实践中不断生长的过程。斯苗儿和同行的这群"政策解读者"一直和教师站在一起，他们满怀尊重、信任与热情，在课堂教学的现场、在教学实践的一线，找问题、找答案、找智慧，用一个又一个生动的故事、鲜活的案例为政策加注脚。

如果要问教研员为什么能够为教师提供教学的指导、政策的解读，教研员何以能够成为"教师的教师"，那一定是因为他们在每一条"建议"的背后走进了无数的课堂、积累了无数的教学案例，在一套教材的分析之外阅读和比较了更多套的教材。"问渠那得清如许？为有源头活水来。"对于这群充满智慧的"解读者"而言，教师丰富多彩的教学实践就是他们用之不竭的"活水"。更难能可贵的是，他们用独特的教研智慧，让"活水"变得更加充满生机，源源不断。

三、做一个跨界的杂家

在访谈中，斯苗儿常开玩笑说"我不是一个专家，我是一个杂家"。接触得多了，我们也慢慢领会了斯苗儿所说的"杂家"到底从何而来。她喜欢看杂书，与教育有关的、无关的她都愿意拿来翻翻；她喜欢听"杂"课，英语课、科学课、语文课，甚至美术课、体育课，只要有机会她都愿意去听；她喜欢听"杂"闻，时政消息、八卦新闻，还有学生喜欢的节目，她都会去"凑个热闹"。

在工作上，她更是常常跨界，在不同学科和不同学段的教研活动中"友情客串"。她不仅经常作为评课嘉宾参与语文、科学等学科的教研活动，偶

尔还会在其他学科的教研活动中客串主持人，甚至还主持了省里幼小衔接的课题研究项目。她打趣地说自己是"不务正业"，但是实际上，无论从哪里得来的资源和消息，她总能回归并运用到教育教学中。在我们看来，正因为她看得杂、听得杂、想得杂、做得杂，她才能有余力在"数学课应该怎么上"之外，更进一步去思考"数学课还能怎么上"。

当我们向斯苗儿讨要一份打破常规、有创新性的课例时，我们自以为已经做好了充分的思想准备。但是，当我们看到她发来的一份小学五年级数学项目化学习案例时，还是大吃一惊，同时又备受鼓舞和感动——数学课原来还可以这么上！这个案例由省特级教师、杭州市上城区教研员邵虹和杭州市的黄建两位老师共同设计，主题是"疫情中的'数'与'形'"。在这个为期一周的项目化学习案例中，学生在教师的带领下，不仅将语文、数学、美术等知识融会贯通，还将关注的目光从课本投向了当下人们共同关注的疫情。斯苗儿对这个项目设计赞不绝口，认为这个项目打破了学科与学段的边界，打破了学校的围墙，是数学教学的新尝试、新探索。

⊙ 以杂家的眼光寻找教学资源

斯苗儿常说，教育从来不仅是发生在学校的，寻找教学资源，应该学会打破学校的围墙。她时常鼓励教师，要以杂家的眼光寻找教学资源，要敢于打破学科与学段的边界。正是因为这样的鼓励与引导，在浙江小学数学课堂上，出现了很多"打破常规"的新尝试与新探索。

2018年是改革开放40周年，在社会各界都在讨论祖国翻天覆地的变化，赞颂家乡40年间的飞速发展之时，如何用数学让学生感悟改革开放的伟大成就，感受家乡的变化呢？衢州江山市恒泰学校的数学团队就用为期一个月的时间带领五年级的学生开展了一项长作业研究，希望以"数"说家乡的形式，让学生对家乡有更多的了解，对改革开放40年来家乡的变化有直观的感受。

这一次的长作业研究，涉及的内容十分广泛。为了帮助学生了解家乡旅游业、农业和制造业的发展情况，教师带领学生兵分六路，通过走访欧派门业、旅游局、恒亮蜂业、幸福乡村大陈、统计局、江山娃哈哈公司，收集调查所需的各类数据。为了完成长作业的研究报告，数学教师还将语文、科学和信息技术等学科的教师一起拉进了学生的研究团队。一个月的时间里，学生在各学科教师的带领下，经历了实地调研的数据收集、多学科融合的数据分析与整理以及利用信息撰写调查报告的完整流程，并最终呈现出了一份独具"数"韵的家乡发展调查报告。参与项目的教师在项目结束后的总结中写下这样的感悟。

本次长作业实施过程中，最让我惊喜的还是学生在活动中表现出来的能力和自信。研究方案制订时的严谨，实践调查过程中的积极主动，研究报告中的精彩表述，还有成果交流时的落落大方……这些都是在常规教学中鲜少看到的一幕！而在这样的项目学习活动过程中，我们看到看似简单的一个小调查，其过程是曲折的，方法是多样的，收获也是满满的。活动中，学生成了学习真正的主人，他们不仅收获了知识，更收获了数学活动的经验和方法。正如学生在总结时说的那样："经历这样的过程很有意义，每个人都很努力地参与这次活动，而且都很有成就感！"我想这就是本次教学听到的"最佳评价"吧！

日常数学教学中的跨界让斯苗儿看到了不一样的数学课，也看到了"数字"与"数据"特有的育人价值。

2020年的春季学期，对所有的教师、学生和家长都是一个考验，突如其来的新冠肺炎疫情让学生不得不"宅"家学习。居家隔离，让学习的场域从学校转到家庭，学校的"围墙"被迫打开，教师只能通过互联网与学生进行"隔空对话"。没有了面对面的沟通与交流，没有了小组合作，所有的动手操作活动也失去了同学的帮助和教师的指导……各种不适、抱怨和吐槽纷至沓来，看起来，这场疫情对我们的教学"有百害而无一利"。

斯苗儿却看到了这场疫情中数学教育的机遇：每日的疫情上报，全省、全国乃至全球疫情数据的统计与分析，各种统计图表……这些都是疫情期间学生每天都要面对的数学，也是数学教育最宝贵的资源。于是，斯苗儿鼓励教师围绕"疫情中的数学"展开探索，大胆尝试以灵活多样的形式开展线上教学和居家学习。邵虹老师和黄建老师共同设计的"疫情中的'数'与'形'"就是这次疫情期间的学习成果。

两位老师在项目设计中写道："疫情是一本生动而深刻的教科书，是一堂真实而特殊的生命教育课。疫情当下，处处是鲜活的教育素材和丰富的数学信息，看似冰冷的数据背后实则包含着无数的温暖与感动。"在为期一周的数学活动中，两位老师带领学生一起对一组又一组数据进行分析与解读，一起挖掘这些"冰冷的数据"背后的"温暖与感动"。

一位学生收集了大量数据："截至3月30日，已有25位抗疫牺牲殉职医生和护士""截至2月25日全国有380支医疗队，42000多名医护人员支援武汉第一线""截至25日17时，湖北公安机关已有293名民警、111名辅警共计404人确诊感染新冠肺炎"。她综合一周所学，认认真真地将这些数据制成统计表、扇形图和条形图，并在最后的数据分析中写下这样的感叹（见图3-4）。

在这场对抗新冠肺炎疫情的战役中，大量的医护人员和警务人员都投入了这场没有硝烟的战斗中，他们默默地付出，英勇顽强地奋战在一线，随时面临可能被感染的风险，甚至还有可能会牺牲。她/他们做出了巨大的贡献，用自己的生命和健康在捍卫这个国家和人民。我们不仅仅知道他/她们为谁，更加知道他/她们是谁：他/她们都是新中国最可爱最伟大的战士，是我们所有人心中的"最美逆行者"！

斯苗儿说："教育从来不仅是发生在学校里的，教师要能够应对公众话题，要能够正确面对来自家长和社会的'牢骚'，教育更要能够承担社会的责任和义务。"的确，社会正是一所"没有围墙的学校"，我们的教育从来不是为了培养"一心只读圣贤书"的人，而是要让学生能够听到来自社会的"风雨声"，要让学生愿意了解发生在身边的"天下事"。因此，当疫情来袭，

图 3-4 学生学习周报作品

打破学校的围墙，绝不仅仅是将学习桌从校内搬到校外，教师更应该将关注的目光投向书本之外，将知识置于真实的社会场景之中，以人类最深切的同情和悲悯去感受数字背后的爱与力量。

以杂家的眼光寻找教学资源，就能自觉打破学校的围墙，让数学教育有了历史的厚度，也有了情感的温度。

⊙ 以杂家的思路整合资源

以杂家的眼光寻找教学资源，让教学有了更丰富的素材和更真实、生动的场景；而以杂家的思路整合资源，则可以打破学科与学段的边界，让教学拥有更多样的表达方法和更灵活的表达形式。在"疫情中的'数'与'形'"这次活动中，这样的尝试也得到了斯苗儿的肯定。

邵虹和黄建两位老师将五天的活动划分成了五个不同的板块："数"说疫情、"形"说疫情、"色"说疫情、"图"说疫情和"我"说疫情。"数"说疫情将数据信息的读取与学生体育与健康课程融合，帮助学生在疫情期间养成科学的作息与饮食习惯，增强学生的数据分析能力与自我管理能力；"形"说疫情将平面图形的测量与信息技术课程融合，让学生在"火神山医院设计"中感受数学与技术融合带来的美感与创意；"色"说疫情将信息提取、问题提出与问题解决等学科能力培养和多媒体图文制作融合，让学生在疫情风险五色图的变幻中理解疫情数据的变化趋势，体会疫情防控的中国速度与国家力量；"图"说疫情将数据收集、统计图表的制作与美术课程相融合，培养学生收集信息、读取信息、表达信息的能力，让学生在数字、文字、图像和色彩中感受数学的多样表达；"我"说疫情更是打通了过去与未来，融合了科学与人文，将创作的空间完全开放给学生，让学生学会"用数据说话"，在个性的表达中感受疫情这场"生命教育"带给我们的温暖与感动。

活动结束的时候，学生交上来的作品从形式到内容都是精彩纷呈（见图3-5）。有的学生用"数据"说话，制作了疫情期间的作息时间表；有的学生用图形来表达，把火神山医院的设计讲解得头头是道；有的学生用"四色变一色"的色彩变换来体现疫情防控中浙江确诊数清零的过程；有的学生用统计图表来讲解"0"的冷思考和"1人一城"的疫情分布情况；还有很多学生在活动最后，用视频、图画和文字表达自己在疫情期间的感悟，表达对白衣天使和无数逆行者的敬意。

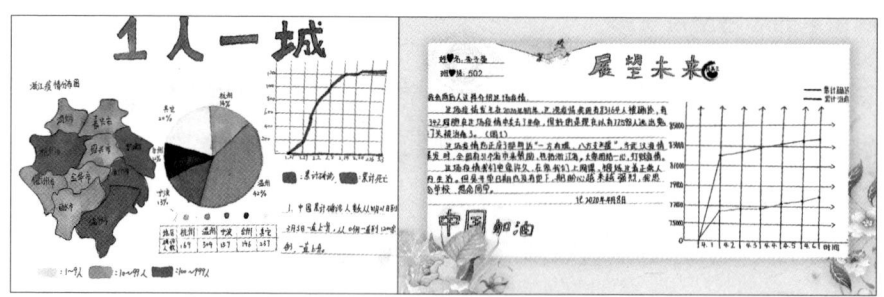

图 3-5 项目化学习学生作品展示

数学可以教会我们什么？精密的计算、严密的分析、缜密的推理。

数学还能教会我们什么？

当数学与艺术相遇，学生用张力十足的色彩让枯燥的数据变得直观、生动、有冲击力；

当数学与技术相遇，学生各显神通，用多种方式让平面上的"火神山"变得立体；

当数学与文学相遇，学生用看似冰冷的数据讲出温暖的故事，让每一个数字都有了温度。

以杂家的思路整合资源，打破学科与学段的边界，让数学教育有了广度和深度。

⊙ 以杂家的心态跨界融合

邵虹与黄建两位老师的项目学习设计只是众多作品中的一个。在斯苗儿的倡议下，全省的特级教师和名校长从疫情爆发之初就开始积极探索，一起搭建线上教学平台，精选课程并提前录制好教学视频供全省教师参考。

1月31日，省特级教师、杭州市的唐彩斌校长就率先启动了"时代云课堂"项目，发布了《好玩的数学》系列微课。每个微课视频都由唐校长亲自上阵，虽然只有短短的几分钟，却通过信息技术将影、视、音完美结合，生动、直观地向学生介绍了"有趣"又"好玩"的数学知识。除此之外，他还专门为低年级的学生推荐了适合在家阅读的数学绘本，让学生可以在故事中学习数学知识。

2月23日，省特级教师、嘉兴市的王建良校长率先通过学校公众号发布了"疫情中的数学——记四年级'数据表示与分析'综合实践"的活动记录。为期一周的数学学科综合实践活动中，学生在教师的带领下一起学习了条形统计图和折线统计图，还综合运用各种统计图表对疫情期间的多种数据进行了收集和整理。

2月25日，斯苗儿又在朋友圈为一位小学生的作品做起了宣传。这位来自嘉兴市的五年级学生，通过收集新闻中的口罩供销和使用数据，自主完成了一份非正式环境下的学习作品——《数据视角下的口罩危机》。几百字的小文，呈现了大量真实、可靠的数据信息，统计图表和分析也做得有理有据。真实场景下，学生真正体会到了"用数据说话"的力量所在。

4月初，为了充分了解学生的居家学习情况，为复学做好准备，斯苗儿又组织了一大批青年教师，在柳敏敏、杨海荣、钱金铎等特级教师、教研员的带领下开展了一次全省范围内的大调查。从电子问卷设计与发放，到数据收集整理、统计分析，全部由团队教师自行完成。短短3天时间，共收到90个县级行政区的41277份问卷。没有专业的数据分析团队，柳敏敏老师带领一群数据"小白"竟然也完成了一份大数据的调研报告。这份报告，为之后浙江省线上、线下学习衔接提供了有力的支撑，同时还被《人民教育》公众号推送，供全国同行借鉴。

一场疫情，意外地让浙江省小学数学教师团队的多方面能力展现了出来。他们关注时事舆情，让学习在真实情境中发生；他们玩转信息技术，把数学讲得有"声"有"色"；他们跨界做研究，让"大数据"为教学做支撑；他们可以做编辑，也可以做主持；他们有专业精神，也有家国情怀。这些"多面手"教师的成长，无疑与斯苗儿——一位敢于跨界、一心做"杂家"的教研员息息相关。

附表1　2005—2020年教学活动评比主题与课题

年份	主题	具体课题
2005 年	计算教学	平均分，9 的乘法口诀，两位数乘两位数，除数是一位数的笔算除法
2007 年	解决问题	加减两步应用题，乘加（减）两步计算应用题，连乘应用题，连除应用题，植树问题，行程问题
2008 年	平面图形的周长、面积	长、正方形面积，平行四边形面积，梯形面积，三角形面积，圆的面积，圆的周长
2009 年	概念教学	小数的初步认识，小数的意义，百分数，负数，三角形的认识，长、正方体的认识
2011 年	概念教学	年月日，倍的含义，锐角和钝角，因数与倍数，分数与除法，真分数与假分数
2013 年	六年级总复习	常见的量，数的运算，式与方程，图形与测量，图形与变换，图形与位置
2015 年	量与计量	认识厘米，1 千米有多长，千克与克，认识吨，面积单位，体积单位
2016 年	解决问题	鸡兔同笼，和倍问题，菜市场里的采购，看图找关系，喝牛奶中的数学问题，百分数的应用
2018 年	几何领域概念教学	认识角，量角和画角，轴对称，轴对称再认识，平移与旋转，平移
2020 年	计算单元整体教学	一位数乘多位数，一位数除多位数，小数乘法，小数除法

附表 2　2003—2020 年省级学科培训活动主题

时间	论坛主题
2003 年 12 月	算法多样化、情境创设
2004 年 12 月	农村完小课程改革推进问题
2005 年 6 月	教研组建设问题
2006 年 6 月	学业评价、教学常规问题
2007 年 1 月	"解决问题"的教学问题
2007 年 6 月	命题技术问题
2008 年 1 月	教学规范问题
2008 年 6 月	学困生研究
2009 年 9 月	新教师培训、学困生防治与矫正问题
2010 年 6 月	探究式教学、年轻教师培养（与科学学科联合活动）
2012 年 7 月	学科学业质量评价研究及作业改革
2013 年 6 月	复习课研究、单元检测问题、错例研究
2014 年 5 月	怎样的课是一节好课
2015 年 5 月	幼小衔接、中小衔接、学科之间融合
2016 年 6 月	学科内部整合、学科之间融合
2017 年 6 月	学科内部单元整合、学科间适度融合、作业改革
2018 年 5 月	教研组建设、学科拓展、分项等级评价
2019 年 6 月	新教师培养、学校教研与区域教研
2020 年 12 月	区域教研活动策划、新教师成长机制、基于监测数据的区域教学改进

第四章
用好"隐形的权力"

教研员要谨言慎行，用好自己手中"隐形的权力"。

——斯苗儿

教研员的工作与基础教育的方方面面都有着千丝万缕的关联。教研员虽然并非领导干部，但他们掌握的资源和他们行使的职能却在很大程度上决定着一线教师的命运，如教学科研成果评审、职称评定、组织教学比赛、命题、考试等。对于广大的一线教师而言，教研员不仅是他们的"业务上司"，还是他们心中的"领导"和"权威"。

正因如此，教研员如何使用和分配资源，如何"领导"和发挥"权威"，对一个区域的教学质量和教研风气至关重要。

第一节 用好资源，做对事情

> 把资源用在刀刃上，我们既要锦上添花，更要雪中送炭。

斯苗儿常用生态系统来比喻自己所在的教研系统：一个地区的教研系统内，资源是有限的，但需求却是五花八门、各式各样。要想真正用好资源，就必须把有限的资源做好合理的分配，把手里的资源用在刀刃上。

对于如何用好资源，做对事情，斯苗儿有着一套自己的法子。

一、做教师成长的导航仪

在教研员的位置上干了三十年，斯苗儿依然是一名普通的教研员，不是特级教师，没有正高级职称，也没有什么荣誉，是一个"没有光环的教研员"。看着自己"手下"的很多教研员和教学骨干一个个评上了正高级职称、拿到了"特级教师"的荣誉称号，斯苗儿总是十分淡定，甚至有些"骄傲"。她说：

"教研员就是为教师服务的，我自己没有荣誉不要紧，我身边的教师很优秀，周边的优秀教师越来越多，这就够了呀！教研员就是教师成长的导航仪，要帮助教师做好定位与导航，把正确的方向与坚持不懈的实践结合在一起，才能成事成人。"

"教研员要做教师成长的导航仪"，斯苗儿是这么想的，也是这么做的。她是好课背后的"军师"，常常和教师一起"备战"，从教学素材的选择到教学语言的组织，再到教学活动的设计她都全程参与，为教师出谋划策；她是教师发展的"助推器"，关注每一位普通教师的成长，为教师的发展指引方向，陪伴教师一起突破成长的瓶颈；她还是名师成长的"强心针"，以近乎"苛刻"的标准对名师严格要求，督促着他们继续历练、不断成长。

⊙ **好课背后的"军师"**

在对斯苗儿进行追踪访谈的那些天，我们有幸跟随她一起经历了几次现场磨课和改课。按照我们常规的思路，要上课，现场一定是在教室，至少也是教师研讨室之类的场所。但是，斯苗儿的磨课和改课却是打破常规、不拘一格的。

2019年12月在义乌市举办的一次教研活动上，上午场的公开课刚刚结束，斯苗儿立刻"招兵买马"，要求下午现场改课，果真有人报名参加。中午她就组织教师磨课，揪住几位刚刚吃过午饭的教师来到休息室，一张会议桌、几张白纸，便开始对上午的课进行讨论和反思。短短四十分钟的时间，大家用现有的教学材料设计出了一套崭新的教学方案，甚至还完成了教学关键环节的试讲。效率之高，令人惊叹。

为了给第一次上大型公开课的新手教师把关，吃过晚饭斯苗儿就和一群名师、骨干教师聚集到了新手教师入住的宾馆房间。没有讲台、没有黑板，甚至没有办公桌，一群人有的席地而坐，有的叉腰站立，有的蹲在床前，一起拿着教案为新教师排练公开课的"开场白"。这样的彩排，一直持续到深夜。

来北京参加教育部基础教育课程教材发展中心学科基地会议，报到当晚，团队聚餐。大家刚放下碗筷就被斯苗儿吆喝着要把明天的公开课先演练一遍。授课教师就这么"没有一丝丝防备"地被推到了"讲台"前，一时间手足无措、面红耳赤。但斯苗儿却没有一丝一毫想要放过他的意思，手舞足蹈地安排组内的教师轮番上阵，一起给授课教师做"陪练"。从入场的自我介绍，到学生姓名签的展示与运用，再到关键问题的提问与解答，一群人硬是被斯苗儿带领着在餐桌上演练完了整节课。

······

短短数日，我们看到的这些"现场"只是斯苗儿日常教研的冰山一角。于她而言，磨课、备课、试讲从来不受时间和地域的限制。教师要随时随地把学生和课堂放在心上，教研员更是如此。

熟悉斯苗儿的人都知道，作为一位省教研员，她只有三年的小学数学教学经历，也没进行过公开课的展示，但她却能精准地把握住每一节课的要点、难点、增长点，能一眼看穿教师教学中的问题所在。她的这种底气从何而来呢？和斯苗儿一起并肩作战的伙伴，省特级教师朱国荣老师向我们解释道："斯苗儿老师在小学数学课堂教学研究和指导岗位上已经潜心几十年了，一节好课的标准已经完全印在了她的心底。这个标准随着时代发展也有变化，但无论当下刮的是什么风，斯苗儿老师对好课的基本标准从未摇摆。更为重要的是，对于授课教师而言，今天所上的这节课可能是第一次研究，第一次展示，但对斯苗儿老师来说，她的脑海中已经有着这节课的 N 多个版本了。你不问她，她也会告诉你，这节课要坚守的是什么，不同的名师又作过哪些个性化的精彩演绎。"

我们常常能够听到"教研员要上'下水课'"的说法。1990 年出台的第一份专门针对教研工作的政策文件《国家教委关于改进和加强教学研究室工作的若干意见》中就提出了"专职教研员要定期轮流到学校上课"的要求。2019 年颁布的《教育部关于加强和改进新时代基础教育教研工作的意见》中再次强调了"专职教研员定期到中小学任教"的制度。教研员要到中小学去，要上好"下水课"，无非就是要求教研员在指导教师之前首先要亲自探一探"水的深浅"。教研员只有走进课堂、贴近学生、贴近教师，才能够在"摸得清实情"的基础上"说得出道道"。上好"下水课"固然是教研员"体察民情"的重要途径，但比起亲自上一节完美的展示课，教研员更重要的职责是要让更多普通的教师能够上好每一节日常课。斯苗儿选择的正是后者，她的愿望就是"让多数人上好多数课"。她把自己用时间和经验积累出的素材整理得井井有条，为的不是谱好曲子华丽登台、亲自演奏，而是坐在幕后运筹帷幄，在教师需要的时候从自己的"百宝箱"中随时取出他们需要的材料，让台上的"演奏"更加顺畅与和谐。

⊙ 教师发展的"助推器"

斯苗儿在省教研员的岗位上坚守了二十多年，被她带领着一点点成长起来的教师不在少数。在我们看来，能够得到省教研员关注的一定都是经过层层选拔，在各级各类教学评比中被推举上来的优胜者。但斯苗儿却善于在各种教研活动中发现默默无闻的普通教师身上的闪光点。我们在第一章提到过专注作业研究的刘善娜老师，她就是被斯苗儿发现并一点点培养起来的。斯苗儿正是刘善娜老师"研究作业，成就专业"发展道路上的重要推动者。

刘善娜老师得到斯苗儿的关注是在 2016 年。那个时候，她只是一名普通教师，获得过的最高荣誉是在 2003 年时拿到的区级教坛新秀二等奖。在她看来，自己在专业发展这条路上早已经走到了尽头，名师、特级教师这些荣誉应该属于那些有天赋、有课感，在各类评比中获得一等奖的佼佼者。但是，她坚持写教学反思，积极探究多样化、开放式的数学作业的做法让斯苗儿大为赞赏。在了解到刘善娜老师的情况后，斯苗儿主动邀请她到杭州安吉路良渚实验学校进行了一次关于数学作业的实践研究专题报告，之后又推荐她到浙江省中小学作业改革会议和浙江省学科疑难问题研讨会上进行专题发言。连续在全省教研员聚集的会议上进行展示，让大家都关注到了这位草根教师和她那带着泥土芬芳的研究。

大家的关注让原本默默无闻的刘善娜在浙江省小学数学领域一下子"火"了起来，但斯苗儿显然不愿意让这把火过早地熄灭，而是希望她的做法可以星火燎原。于是，斯苗儿邀请刘善娜老师一起到各地作业改革实践学校去交流和分享经验，指导年轻教师开展作业研究。这样一来，刘善娜称之为"自娱自乐"的作业研究开始在教师中间流行起来，小学数学作业改革成了浙江省小学数学领域关注的热点问题。与此同时，与其他教师的分享和交流让刘善娜突破了自己的经验限制，开始重新审视自己的教学实践，并对自己长久以来的作业研究进行了更加深入的思考和提炼，她也在这个过程中快速成长了起来。

2018 年，在斯苗儿的"督促"下快速成长的刘善娜已经独当一面，可以带领年轻教师开展课题研究了。得知刘善娜的探究性作业课题研究组要召开推广会，斯苗儿又到会场"客串"了一把主持人。她激动地和参会教师分享刘善娜的成长经历，还鼓励大家要像刘善娜一样关注学生的成长，脚踏实地，不断地去思考、去行动。也是在这一年，一向不是很自信的刘善娜在斯苗儿鼓励下参评浙江省特级教师，成为浙江省最年轻的小学数学特级教师。在斯苗儿看来，像刘老师一样的草根特级教师能给广大的一线教师传递特别的价值——也许你没什么天赋，也许你十几年默默无闻，但只要你心有热爱，持续关注学生发展，思考实践、持之以恒，你就会成长为大家心目中的名师，获得专业发展的幸福感。

也许你认为刘善娜老师的成长只是个特例，但是在浙江省小学数学界，像她一样从"草根"成长起来的名师数不胜数，朱向阳、杨凯明、顾志能也都是这样在教研员的关注与帮扶下成长起来的。斯苗儿在用行动告诉所有的教师：只要你做得好，就会被看见，就会被鼓励，就会有展示的机会。她呵护和关爱着每一个像刘善娜一样默默无闻却踏实工作的普通教师，让他们感受到被信任、被期待，让他们在教研员注视的目光中走得更快、更远。

⊙ 名师成长的"强心针"

生活中的斯苗儿是一个特别温暖的人，让人觉得可亲、可敬。但是一旦涉及业务问题，她就立马变得十分严肃，对待名师和特级更是尤为严厉，被一众教师称为"可以让名师和特级心里抖三抖"的人。

在前文提到的 2019 年 12 月在义乌市举办的教研活动现场，我们就亲眼见识到了斯苗儿严肃的一面。在这次活动上作为嘉宾的斯苗儿，原本只需要完成评课和专家对话的任务就可以了，但操心惯了的她还是闲不住地提前来到会场，和承办会议的省特级教师、义乌市的朱向阳校长一起踩点、看会场。在我们看来，这次活动从日程设计、行程安排，再到会议手册的制作和会议现场的布置都已经是十分用心了，斯苗儿却还是挑出了"刺儿"。她一进主会场就扭过头去，黑着脸跟朱向阳校长说道："这两天气温下降得这么厉害，这么冷的天会场没有空调吗？北方来的老师和专家会不适应，怎么都不知道提前把空调打开呢？这个事情办得可不行。赶快找人去把空调打开。"语气严肃，把我们着实吓了一跳。会议间歇，我们忍不住问斯苗儿："朱校长安排得其实已经非常好了，为什么还要对他这么苛刻呢？"她嘻嘻地笑起来："朱向阳做事情确实非常认真，作为校长他很多事情都是亲力亲为，总是把自己搞得很累。尤其是现在，他到这所学校时间不长，要办这样一次大型会议，学校老师的人手都不一定够，所以对他的能力是个挺大的考验。我办这种会办得多了，有些事情他考虑不到也正常，我必须帮他一起把把关，帮他把这次会办好，给学校的老师和前来参会的老师留个好印象。"表面的严肃与苛责背后，我们看见的仍然是斯苗儿温暖的关心与默默的帮扶。

这还只是课堂之外，课堂上，斯苗儿更是容不得名师一星半点儿的马虎，她对名师的"突击检查"会随时降临。杭州市的冯卫芳副校长在访谈中向我们讲起了她被"突击检查"的经历。

前一天下午接到斯老师电话，说明天有点时间，要来学校听听年轻教师的课。于是我紧锣密鼓地安排好上课的老师，还专门把自己的课调换出来，想着全程陪同斯老师听课。但第二天一大早，斯老师竟然笑着说："我想第一节先听听冯校长的课。"这下把我搞得措手不及，但也只好匆忙调整好心绪走进课堂。课后，我心里就开始犯嘀咕："课上得这么匆忙，肯定有很多不足之处，不知道斯老师会不会顾及我的面子在评课的时候对我手下留情。"万万没想到，下午评课，我的这节课竟然成了斯老师的"靶子"。斯老师当着全校教师的面，一针见血地指出了很多课堂上被我忽略的小细节，我当时"瞬间冷汗涔涔，如坐针毡"。事后，斯老师把我拉到了一边，向我解释了她没有手下留情的原因："请原谅，我事先并没有通知你，这也算是我的一个小阴谋吧。你是学校教学的管理者，如果你没有足够的课堂把控能力，对整合没有足够的认识，你怎么能够把你们学校这样一支年轻的教师队伍带起来。我对你的要求更加严格了一点，希望不要给你造成心理负担。"听到这番话，我心中原有的一丝埋怨也瞬间消融。

多磨砺自己，有足够的底气面对更多的年轻人，帮助更多的年轻教师成长，这正是斯苗儿对名师的期待，也是名师身上的责任。

关注每一节课，为好课的诞生添砖加瓦；关注每一位成长中的教师，为教师的发展提供平台；关注每一位名优教师的成长，让名师的经验薪火相传。省特级教师、海盐县教研员顾志能老师将斯苗儿对教师的帮助称为"对浙江小数人成长的整体助推力"，这样的描述恰如其分。斯苗儿正是着眼于大局，在每一位教师身上寻找值得推广和借鉴的闪光点，再将这些星星点点的火光聚集在一起，点缀成浙江省小学数学的璀璨星河。

二、做好资源中转站

"教研员要做好'二传手'"这个说法我们听得不少，但是教研员这个"二传手"究竟"传"的是什么呢？

在斯苗儿看来，一名优秀的教研员，一定要"传"好资源，做好资源中转站。

⊙ **开好中药铺，学会"对症下药"**

在访谈中，斯苗儿曾向我们谈起她的"老中医理论"。她认为，做好教研员要学会像老中医一样"望""闻""问""切"，对教师的问题、困难要给予长期关注，要通过仔细的观察和询问对教师的各种"病症"刨根问底，才能真正做到"对症下药"。而要做到对症下药，更重要的是一定要对"药"有所了解，要开好自己的"中药铺"。

为了多方面、全方位地了解斯苗儿三十年的教研经历，我们曾几次向斯苗儿"讨要"她做教研员以来的各种资料。每一次，她都不慌不忙地打开自己随身携带的超大容量硬盘，然后如数家珍般向我们介绍在她的"百宝箱"中被陈列得井井有条的各类"宝贝"。从浙江省小学数学教学评比活动，到省内历年来组织的学科培训、疑难问题研训、关键问题研训；从在她指导下已经发表和有待发表的教师撰写的文章，到她带领省里的教研团队一起编撰的图书文稿；从她在各类活动上的发言、评课和访谈资料，到教师参加活动的各种心得、体会，当然，还有更多的是她积攒的各种经典课例……对于这些积攒下来的"宝贝"，斯苗儿不仅把它们整理得井井有条，而且对于我们索要的各种资料，她次次都能精准定位。看到这一幕，我们瞬间理解了朱国荣老师所说的"那些经典的课例是'印'在斯老师脑子里的"这句话。

　　对任何一位教研员来说，研究课堂教学案例可以说是基本功。无论是日常的听、评课，还是各级各类的课堂教学评比活动，教研员的各项工作都是围绕对课堂教学活动的研究展开的。因此，要从日常的工作中收集一些经典案例对他们来说并不是什么困难的事情。真正困难的，是要将这些课例分门别类，还要将它们融会贯通，而斯苗儿对课堂教学案例的研究可谓是下足了功夫。从 2001 年起，斯苗儿的文章开始在《小学数学教育》的"案例透视"栏目连载，2011 年起，浙江省小学数学团队开始"组团"出现在《小学数学教育》杂志的"好课多磨"栏目。"好课多磨"，顾名思义，这个栏目中的文章都是真实的教学实践案例，并且每一篇文章所展示的都不仅仅是一节静态的课，而是一节好课经历百般"磨砺"后诞生的全过程。在已发表的众多稿件中，我们经常可以看到"两次实践""三次修改""改进历程"等字眼，也经常能在一篇文章中看到多位教师联合改课、反复试教的过程，甚至有些文章会将不同时期、不同教师试教的同一课例放在一起剖析、对比。

　　在《负数的认识》一课中，针对教师在问题导入环节忽视学生已有经验的问题，斯苗儿带领教师重新进行学情调查和教材分析，找到学生经验的起点；在《百分数的认识》一课中，针对教学材料过多引起的教学环节零散、教学重点不突出的问题，斯苗儿又和教师一起重新研究经典课例，在对教学材料的悉心打磨和筛选后，使课堂教学变得清爽而精简；在《植树问题》一课中，针对模型多、公式多带来的学生在理解和记忆上的困难，斯苗儿帮助教师找到问题的原型、回归问题的本质，把问题的渊源交给学生……斯苗儿正是以这些"课"为抓手，在对"课"的研究、剖析与改进中帮助教师找到教学中的问题和关键，从而对症下药，找出问题的更优解。

用斯苗儿的话来说："我们做课例研究，不能仅仅拿出一节打磨好的、行云流水的课给教师看，而是要把'课'掰开了、揉碎了展示给大家，让大家看到一节好课的前世、今生和未来。这样大家就能够从一节课的打磨中看到一个合适的教学材料是如何被挖掘出来的，一个能够促进学生思维发展的问题是怎样设计出来的。这样一来，一节课、一个教师的经验才能'移植'到更多节课、更多位教师，才能让课堂教学案例真正成为助力教师成长的资源。"这些被掰开了、揉碎了的"课"正是斯苗儿眼中自己这个"中药铺"里最珍贵的"药材"。在她看来，单纯的理论学习对教师专业发展的作用往往是有限的，教师的成长更大程度上依赖于真实的教学情境，依赖于真实的问题场景，更依赖于来自实践的真实案例与经验反思。正如上海市特级教师顾泠沅老师所说，教师的学习是基于案例的学习，教师的理解常常是基于案例的理解。在斯苗儿看来，课堂教学的经典案例才是教研活动中的"干货"，也是教研员能够提供给教师最好的"处方"与"良药"。

⊙ 知人善任，把差异变成资源

对"课"的积累是斯苗儿教研工作中的一个重要方面，而对"人"的积累是她教研工作中的另一个重要方面。在浙江省小学数学的教研活动上，除了来自各地、市的教研员，还有很多名师、特级，甚至还有不少来自高校的教育理论研究者。他们在教研系统内部并没有"一官半职"，却总是乐此不疲地出现在斯苗儿组织的各类教研活动上。是什么让这些浙江省教研系统的"编外人员"愿意无偿地参与进来，并且为浙江省小学数学教研出谋划策呢？

省特级教师、宁波市的林良富老师在访谈中向我们谈起他眼中斯苗儿独特的"管理智慧"和教育情怀："斯老师作为省教研员对浙江省小学数学学科起着学科'统领'的作用，她善于处理学科领域内方方面面的关系，能够利用省教研员的身份聚集省内乃至全国范围内的各种优质资源，其中很重要的一点就是她能够团结各种力量为教师的成长助力。这些力量包括来自高校的、教科研的力量，来自一线的、德高望重的名师和前辈的力量，还有我们省内的特级教师、名校长。我们这些人之所以愿意跟着她一起做事情，一方面是因为斯苗儿是一个对教育有初心、有情怀的人，她是踏踏实实地在为学生、为教师做事情，而不是在考虑做这些事情能为自己谋什么福利。另一方面是斯苗儿知人善任，她非常了解我们这个团队里的每一个人，她能让不同性格、不同特长的教师在活动中充分发挥自己的优势、展示自己的才能，能让每一个人真正地感受到自己独特的价值。"

2019 年 11 月，在义乌市举办的"'成长课堂'第五届小学数学课堂教学观摩研讨活动"上，我们亲身感受了在斯苗儿指挥下"你方唱罢我登台"的教研活动现场。

上午"数的认识"板块展示课结束后，斯苗儿组织了现场改课的报名和抽签活动，接着就和省特级教师、台州市路桥区教研员潘慧敏老师一起上阵，为被抽中下午改课的新手教师"开小灶"。帮助教师理顺课堂教学的整体思路，打磨课堂教学组织语言，帮助教师对已有的素材、问题进行进一步的提升，这些正是这两位教研员的长项。

下午是现场改课，斯苗儿则把这项任务的"大梁"交给了教学经验丰富，善于在教学内容上下功夫的俞正强老师。俞老师果然不负众望，三言两语就把小学数学中百分数的概念、意义讲得明明白白，还从小学阶段数学知识发展的脉络出发把百分数与小数、分数的关系讲得十分透彻。俞正强老师、袁晓萍老师和年轻教师一起进行的现场模拟上课更是充分地展现出了这两位特级教师极强的个人魅力，教学语言幽默风趣、教学内容深刻连贯，引得现场教师一片欢呼。

新手教师改课展示过后，斯苗儿又邀请来自北京师范大学的郭华教授和袁晓萍老师一同上台对一天的课堂展示进行讨论。郭华教授从深度学习的理论出发，简明扼要地分析了几节课中教师如何通过教学促进学生经验的发展和思维的提升。袁晓萍老师则从几位授课教师的教学片段入手，对教学过程中问题的提出、教学材料的运用和教学环节的设计进行了深刻而细致的分析。两位专家，一位负责理论提升，一位负责经验反思，配合得十分默契。

一场活动下来，我们既看到了新手教师的青涩，也看到了名优教师的娴熟；我们既欣赏了来自丰富实践的优秀经验的展示，也领会了来自理论研究的高深智慧。同时，我们还在这一场活动中看到了教研员的顶层设计、组织协调和亲身示范，更看到了在教研员的组织和引领下来自四面八方的多重"助攻"。

来自一个省的小学数学教师，他们的成长阶段不同，面对的问题不同，他们对于教研活动的要求和需要当然也是不同的。要想通过教研活动满足这么多教师的不同需求，教研员一个人的力量显然是远远不够的。因此，斯苗儿常说，我们都要学会"众筹资源"，要能够把理论和实践之间、名师和新手之间以及不同团队之间的差异转化成资源，并把教研活动的转型创新与教师专业成长形成耦合机制。在教研活动中，很多事情、很多领域可能不是我的专长，但是作为省教研员，我一定要知道这些领域谁是专家，尽可能地把这些专家请到我们教研活动的现场，一起为教师成长出谋划策。

"我可以不专，但我要知道谁专"，在斯苗儿看来，这既是教研员的一项必备技能，也是她能够以开放的心态不断寻找多方资源的心理前提。多年来，斯苗儿为浙江省小学数学教研吸纳了来自各个领域、拥有不同特长的"专家"，并且让这些"专家"都成为浙江省小学数学发展十分宝贵的资源。

⊙ **要锦上添花，更要雪中送炭**

做好资源中转站，拓展资源、积聚资源是前提，资源的均衡分配和合理使用更是要讲求技术与艺术。

从立新老师在《沉默的权威》一书中曾描写过在一些教研员身上存在的"嫌贫爱富"现象：教研员下校指导，总是"大学校、重点校，会去得多些，小学校、薄弱校，就很少来"。当然，这个现象的背后有着诸多的原因，教研系统编制不足，教研人员数量有限，而一个区域内的学校和教师又数量众多，要苛求教研员做到面面俱到，对所有的教师、学校一视同仁，对每一个人都给予"重点关注"显然是难以实现的。因此，在尽可能均衡分配资源的基础上，有侧重地对重点对象给予关注，在教师群体中树立榜样和典型是教研员常用的手法。但是，如果教研员只是一味地关注教师群体中的"领头羊"，把机会和资源总是留给那些已经获得良好发展、在资源占有中本就处于优势地位的少数人，而对那些弱势群体的需求视而不见，就免不了要被扣上"嫌贫爱富"的帽子。因此，对于教研员而言，选好教研工作中的"重点"是个实实在在的技术活。

在这一点上，斯苗儿有着自己的思考和策略。在她看来，教研工作就好比一个生态系统，它有着自己的运行规则，只要能够把握好其中的重点环节，就能够保障这个系统的良好运转。而斯苗儿看准的正是这个系统中的"头"和"尾"，用她的话说，她所做的工作"要锦上添花，更要雪中送炭"。"锦上添花"的工作是要抓好教师群体中的领头羊，让名优教师不断向上、获得持续发展，为区域发展带好头、领好路；"雪中送炭"的工作则是要关注教师中的弱势群体，为新手教师和乡村教师提供机会和平台，让每位教师都有成长的希望。正是因为有了这些考量，斯苗儿才会在教研活动中有许多看似"奇葩"的规定，"成长课堂上台改课的教师教龄不得超过三年"就是其中的一条。对于这样一条规定，斯苗儿解释说："对这些新手教师和乡村教师而言，机会就是最大的资源。我们之所以有这样的要求就是要改变以往论资排辈上公开课的状况，我们要把关注的目光投向最需要机会的人身上，而新手教师和从农村、山区、海岛等薄弱地区来的教师就是最需要这些机会的人。"

在"成长课堂"活动中浙江板块的展示环节，我们看到了斯苗儿这一头一尾两手抓的成效：特级教师和教研员褪去光环，以谦逊的态度重新走进课堂，和"小家伙们"同场竞技；新手教师不甘示弱，以"初生牛犊不怕虎"的气势和前辈大咖们"叫板"。前文中提到的来自农村小学的新手教师应洋洋改的是有着二十多年教龄的衢州市开化县教研员程小凤老师的课。在我们的访谈中，俞正强老师感慨道："我们参与策划成长课堂，就是为了把机会让出来给那些名不见经传的人，给那些所谓的'黄毛丫头'和'黄毛小子'，我们最希望看到的就是这些'菜鸟'能长势喜人。"

人们常常戏言：长江后浪推前浪，前浪死在沙滩上。但是在浙江，情形是这样的：锦上添花之下，前浪不断向前；雪中送炭之后，后浪锐意进取。这一前一后，不仅相互呼应，更是携手推动着浙江省小学数学的团队不断前进。

第二节 金刚手段，菩萨心肠

> 真磨、真练、真教研，才能让教师收获真成长。

　　斯苗儿的大名在浙江省小学数学教师群体中无人不知、无人不晓，而她之所以这么"出名"，是因为她在教研活动中常常使用各种"金刚手段"，跟她一起磨过课的教师都有一种"被扒了一层皮"的感受。由于斯苗儿评课的时候脾气"凶"、下手"狠"、眼神"毒"、嘴巴"辣"，有她在场的教研活动，甚至被很多教师称作"没有硝烟的战场"。

　　但是，这样一个"凶""狠""毒""辣"的斯苗儿不仅让教师恨不起来，反倒特别受教师的欢迎和爱戴。很多教师一面说着"害怕"斯老师评课，一面又期待着可以有机会让斯老师"教训"一番。这是因为，斯苗儿真磨、真练的真教研，每一次都是直面问题、突出重点，从不说空话，更不会用"场面话"来敷衍教师。她给出的建议和指导是根据教师教学的风格和特点"私人定制"的，能让每一位教师在磨课中经历一次蜕变，更让他们之后的教学受益匪浅。因此，大家在吐槽斯苗儿的"金刚手段"之时，也总是会在后面补上一句"其实斯老师还有一副菩萨心肠"。这颗温柔、善良的"菩萨心"，装着的都是学生和教师的成长。

一、刀子嘴与豆腐心

能说会道的斯苗儿被很多教师称作"铁嘴"，因为她总能敏感而又迅速地捕捉到教师课堂教学中的问题和纰漏，并且把这些问题和纰漏用她独特的"斯式幽默"一语双关、一针见血地指出来。斯苗儿"凶、狠、毒、辣"的评课，不光让年轻教师"心惊肉跳"，即使是见过大场面的许多名师和特级教师都会"心里抖三抖"。这么看来，说斯苗儿有一张"刀子嘴"并不为过，但在这张无比犀利的"刀子嘴"背后，大家却总是能体会到斯苗儿的"良苦用心"。

⊙ "棒喝"与"蜜糖"

如果不是真正认识和了解斯苗儿，恐怕任何一个人看到她的"麻辣"教研现场都会觉得惊讶：一个教研员怎么可以对教师如此不留情面？这么犀利甚至有些刺耳的话，教师能理解能接受吗？

带着这样的疑问，我们在教研活动现场访谈了刚刚从讲台上下来，被斯苗儿"怼"得满脸通红的义乌市的李玲静老师。

浙江省的小学数学教师都知道斯老师的风格，在得知斯老师要来给我们做评课和指导的时候，就知道免不了会有今天这样的"当头棒喝"，我们已经做好了万分的心理准备。上课前真的是十分忐忑，但是现在被斯老师痛批一顿之后反倒是心里好受多了。因为斯老师说的那些问题，都是我确确实实存在的，最关键的是，斯老师在批评之后会给我很多非常有建设性的意见。这次活动结束之后，我会根据斯老师的意见再好好地研究这节课。我觉得把这节课研究透，把斯老师给我的建议琢磨透，对我以后的教学都会有很大的帮助。

坐在李老师身旁的一位语文老师也跟我们做了下面的分享。

我虽然不是数学学科的，但是很早就从同事口中知道了斯老师的"厉害"。我今天是慕名而来的，就是希望能够现场感受一下他们口中"没有硝烟的战场"到底是个什么样子。今天这一看，斯老师果然是名不虚传。我们学科组里面经常也会一起讨论，一起磨课、备课，但是大家基本上都是以鼓励为主，即使是提出建议也会比较温和，像斯老师这样严厉的评课我是第一次见。但今天看完了我还挺羡慕他们这些老师的，能够得到专家的指点，这样的机会很难得，对他们很有帮助。

从另外一位教师写的活动体会中，我们也看到了和李老师类似的感受。

一般教研活动的评课，通常是好话开篇、建议居中、鼓励殿后，目的是呵护一线教师的自尊心，我们戏称为"夹心饼干"式评课。这样的教研活动，表面上一片祥和，但实际上参加活动的教师很难学到东西。斯老师组织的活动不一样，斯老师的评课有时候是暴风骤雨式的，听着跟坐过山车一样，是很刺激的。因为斯老师总是能一针见血地指出问题的本质，并且一步步地把课堂解剖给大家看。"破"别人的一节课并不难，难的是在"破"的基础上"立"。有破有立，这是斯老师最让人折服的地方。她能够在指出问题之后重新选择材料，重新构建教学路径，达到更理想的教学效果。在这个"立"的过程中，斯老师能一句一句地帮助教师推敲问题的提法，设计反馈的层次。"麻辣、犀利"的斯老师会用无比的耐心帮扶教师的成长。斯老师常说"对课不对人"，其实她的指导是"对课"又"对人"，她在打造好课的同时用直面问题、精益求精的态度影响着教师，追求的是人和课的同步成长。

有"破"才能有"立"，斯苗儿每一次看似不留情面的"当头棒喝"都体现着她对课、对人的一丝不苟与严格要求。正因为这样的严肃与认真，才能让每一位经历过"棒喝"的教师在之后的成长中体会到"蜜糖"般的快乐。

这样的"棒喝"与"蜜糖"似乎已经成为斯苗儿和教师之间的一种默契，教师的理解与接受让斯苗儿可以在教研活动中直面问题而毫无顾忌，而斯苗儿的认真与诚恳也让教师对她的批评与建议甘之如饴。

⊙ 犀利与善意

"犀利"与"善意"这两个看上去多少有些矛盾的词，是我们在访谈中听到的关于斯苗儿最多的描述。讲台上那个评起课来不留情面，把教师一个个"怼"得面红耳赤的斯苗儿，大家给她的评价竟然都是清一色的温暖和善良。带着好奇，我们访谈了多位被斯苗儿犀利点评过的教师，诸暨市的吴乐燕老师就是其中的一位。

2018 年 9 月，在杭州市举行的乡村教研共同体活动上，当时只有 4 年教龄的吴乐燕被斯苗儿选中进行临时改课。吴老师原本以为，新手教师的身份是她在活动中的"保护伞"，可以让她免于斯老师的犀利点评与灵魂拷问。但没想到的是，自己不但没有躲过斯老师的"拷问"，甚至还第一次在公众场合不顾形象地落下眼泪。回忆起这次活动的经历，吴老师笑着说，她要勇敢地晒一下自己的"黑历史"。

想起那一天一夜的历练，我到现在还会脸红和心跳。我是在活动的前一天晚上，临时被导师现场点名去改课的。作为新手教师，能够在这样大型的活动上亮相，我很珍惜这次展现自己的机会。那一个晚上我几乎没怎么睡觉，一直在"消化"导师对我的指导和建议：一个人在厕所里试讲，在镜子上写板书，闭着眼睛想象学生会问什么……第二天上场前，我心里还想着，这次毕竟是临时上阵，再加上自己又是新手教师，斯老师点评时一定会以鼓励为主的，所以心态还是比较好的。

没想到，课刚上完，斯老师就直击我教学中存在的各种问题，还直接反问我："你觉得课上得不好，是谁的问题？"众目睽睽之下一连串的拷问让我顿时羞愧难当。当时脑子里想了很多，想到斯老师平时的爱护和指导，想到团队和导师的帮助与提携，又想到自己前一晚不眠不休的"备战"。我心里又愧疚、又委屈，觉得自己明明已经很努力了，为什么还是有负众望呢？

带着这些委屈、哀怨和羞愧，我在点评结束后就默默地躲到了会场角落里自我"疗伤"。没想到，在我最孤独的时候，斯老师竟然穿越会场的人群找到了我，还走过来给了我一个大大的、紧紧的拥抱。她一边紧紧地抱着我，一边拍了拍我的肩膀，安慰道："哈哈，没事，其实挺好的！"那一刻，我就仿佛是一个迷路的小孩找到了妈妈，觉得特别温暖与踏实。

向我们讲述这个故事的时候，吴老师已经完全摆脱了当初的迷茫，显得自信而且乐观。她说，正是斯苗儿老师在她懵懂的成长期给了她直面自己不足的勇气，也给了她正确面对得失的态度。正是在这样的"鞭策"与"呵护"中，她才有信心为自己的未来写出更好的"脚本"。在 2020 年的诸暨市优质课比赛中，吴老师终于不负众望地获得了一等奖。

和吴乐燕老师有着相似经历的老师，还有很多很多。斯苗儿那一张犀利的"铁嘴"让人又敬又怕，但铁嘴却也有柔情。质疑过后陪着教师重新起步的是她，斥责过后为教师悉心指导的是她，灰心之时温柔体贴、小心安慰的也是她。犀利如她，对课堂、对学生、对专业，眼里容不下一粒沙子；但善良也如她，给教师陪伴、指导、安慰、鼓励，热切地期盼着每一位教师获得真正的成长。

⊙ **良药苦口助成长**

斯苗儿"真刀真枪"下的真教研，有太多的痛并快乐着、在爱恨交织中的成长。可以说，每一次的教研活动，参与活动的教师都如坐过山车一般，经历着无数次的跌宕起伏。代表浙江省参加了"华东六省一市第十一届小学数学课堂教学观摩研讨会"的杭州市的宋明民老师描述了那次活动中她所经历的酸甜苦辣。

得知自己要作为浙江省的代表参赛，宋老师心里别提多甜了。她觉得这不仅是一次展示自己的大好机会，而且是一份珍贵的荣誉，所以立马投入备战当中，认真选题，想着一定要把课上出新意，上出自己的特色。她信心满满地选定了《垂直与平行》这节经典老课，并且想着把它和二年级学过的平移与旋转这组概念整合在一起，让学生在动态的视角下更加深刻地理解这些概念之间的关系。

但是，第一次试教宋老师就陷入了痛苦之中。

一开始课堂气氛活跃，学生在我的引入中找着教室里的各种物体平面，接下来是我的一段独白："这些都是平的面，如果把'的'字去掉，这就是数学中的平面，它不仅是平平的，还可以向四面八方无限延伸开去。"然后当我抛出学习任务——在平面（白纸）上画两条直线时，意想不到的事发生了！有近三分之一的学生对着白纸发呆，不知如何下笔。我悄悄问学生，他的回答是："老师，怎么在平面上画直线呀？"我的脑海里顿时一片空白，一件简单的事情竟然被我生生地教成不会了。可是不管怎样也得硬着头皮上下去。到了本节课设计的亮点"探讨关于'同一平面'"这一环节时，举起的小手已越来越少，直到彻底沉默，无人举手。尴尬的我好不容易煎熬到下课铃响，原本的设计预案还未完成，我匆忙宣布下课。但是斯老师却在后面平静地说："上完。"那一刻，我痛苦得恨不得能逃离课堂。

课后剖析和磨课的过程对宋老师来说是酸涩的，但是也让她有了醍醐灌顶的顿悟。当天下午，斯苗儿和其他五位省、市、区各级教研员聚集在校会议室，帮着她一起分析问题，出谋划策。斯苗儿用开玩笑似的语气一针见血地指出了她的问题："我眼看着你把学生越教越糊涂，你只想着如何处理教材，上出新意，但你考虑过学生的认知规律吗？"最后，斯苗儿还提醒道："对于经典的老课，我们要传承什么、创新什么，这个问题一定要想清楚。"接着，几位教师一起大刀阔斧地为她重新整理了思路，修改了教案，还陪着她一起反反复复试教多次。

经历过这一次的磨课，在宋老师看来，比赛的结果已经不重要了，和几位教师一起备战的经历才是她这次参赛最大的收获。

教研是为了什么？对于这个问题，相信所有人都会毫不犹豫地脱口而出：为了让教师能上好课，为了教师的成长，为了学生的发展。但是怎样的教研才能让教师有所收获，什么样的公开课才能让学生成为课堂的主角，而不是沦为一场舞台表演的配角？

斯苗儿用她的"刀子嘴"给出了答案：心里没有学生的教师不能被原谅，学生"不在场"、教师"独角戏"似的公开课不能得到赞赏。所谓"严师出高徒"，斯苗儿正是用她的犀利与严格向教师传递着"上好每一节课"的价值与标准。正如俞正强老师所说："斯老师带着刺的话对教师来说是一剂良药。"这剂良药虽然一时苦口，却饱含着斯苗儿对教师的良苦用心。

二、对自己狠一点，对专业严一点

提起斯苗儿，大家第一时间想到的都是她在讲台上"雷霆万钧"和"不留情面"的样子，很多教师甚至把有斯苗儿在场的磨课称作"没有硝烟的战场"。有着这样的金刚手段，斯苗儿偶尔也会被教师吐槽，"斯老师下手可真狠呀"。

但是，和她在一起待久了，对她有些了解的教师就会发现，别看斯苗儿在台上对教师很厉害，到了台下，她对自己更狠。福建省小学数学教研员彭晓玫老师在访谈中就向我们表达了她对斯苗儿的敬佩："斯苗儿是一个能够身体力行的人，她之所以能够带出一大批优秀的名师、特级，是因为她对自己、对团队都有着严格的要求。对专业上的事情，她是容不得半点儿马虎的，她的兢兢业业和埋头苦干给教师树立了一个很好的榜样，是一种无形的引领和示范。"

⊙ "课"比天大

斯苗儿对专业的严格要求，在磨课和评课的现场表现得最为突出。她对于"课"的要求，是眼睛里容不下一粒沙子的。她常说，无论是日常课还是公开课，课堂教学一定要为学生的发展服务，学生永远占据着斯苗儿心目中最重要的位置。

在斯苗儿看来，课堂教学的形式、方法可以多种多样，但是要评价一节课是好是坏，唯一的标准就是看学生是否能够从中有所收获。然而很多时候，遇到有教研员来听课或者大型活动的展示课，授课教师常常不由自主地把自己当作"舞台课"的主角，变着法子抖包袱，想尽办法出新招，却把学生的行为表现抛在了脑后。遇到这种情况，或许很多教研员还是会考虑教师的面子，等下课铃响后再向教师指出问题所在。但斯苗儿却不会手下留情，甚至会打断教师，亲自上场解决问题。来自杭州市的俞波老师就向我们描述了他所经历过的一次教研现场。

我作为一名一线教师，以前只是听说过斯老师的"厉害"，直到有一次和她一起去学校听课，才真正领略了她的"风采"。那是省教研室在教师节服务农村的集体活动，我跟着斯老师一起听一节数学课。授课教师是一位有着近二十年教龄的骨干教师，教学经验自不必说，教态也非常的亲切、自然。虽然说有省教研员来听课，授课教师会有些紧张，但是这位教师心里还是有底气的。更何况这次的教学设计是学校教研组一起打磨、试教后形成的，大家都期望着能够得到省教研员的肯定和鼓励。

没想到，刚上课不久，斯老师就发现这位授课教师叫不出学生名字，她开始嘀咕："开学一个月了还这样？难道是借班上课？我们这样常规听课为什么要借班？"但真正让斯老师坐不住的还不是这个问题。眼看上课时间已经过去了大半，教师所教的内容却始终没有考虑学生的起点，也丝毫没有注意观察学生的现场反应，不管学生会与不会，教师就只是自顾自地表演，按部就班地继续上课。

看到这里，斯老师没有办法将就下去了，开始和我小声商量道："我上去直接帮她上课，不知道她会不会接受不了……"还没等我反应过来，一转眼斯老师就已经站在了讲台前。她笑着说："今天的课很特别，安排了两位老师给大家上课，我就是接下去给大家上课的老师。"之后，她完全丢弃了授课教师先前的教学思路，直接让学生独立完成最后的作业，接着再进行反馈，互相质疑，并不断追问"你是怎么想的？""谁能讲得比他更清楚？有什么问题？""谁能帮助你？"……数学课还是数学课，教学内容也还是那些内容，但是师生一来一去的互动让课堂里充满了笑声，甚至后面听课的几位新手教师都不由自主地开始鼓掌。

课上完了，斯老师和大家交流时，不断强调："学生不能成为教师的试验品，不能让任何一节课丢失好的教育机会。"这也正是她冲上去上课的原因——因为她心中装的是学生。斯老师也直言不讳，她对课不对人，对课要求高是为了学生，但面对教师她又很自责，人家辛辛苦苦准备了一节课，却被她半路拦截。为了向这位教师表示歉意，斯老师还专门在活动过后想办法和她取得了联系，并且约好了时间再去听课。

像这样被斯苗儿半路拦截的故事在教研活动中上演了一次又一次，但是每一次，按下暂停键的斯苗儿也一定会用自己的方式让故事继续进行下去。她不仅会亲自上场让课堂峰回路转、柳暗花明，她还会创造机会让丢了面子、失了信心的教师再一次登台，把打磨成熟的课做新的展示。

这样不讲情面的"拦路虎"斯苗儿，为什么会被教师理解和接受？因为她把"课"的质量放在了第一位，把学生的发展放在了最重要的位置。在斯苗儿这里，"课"比天大，给学生上一节好课，比教师自己的面子重要得多。

因为课是为学生成长服务的，不能为了教师的"面子"而牺牲学生的发展。她用自己的金刚手段让教师把心思放在"课"上，而不是"面子"上。

⊙ **不是在听课，就是在去听课的路上**

对教研员来说，课堂教学研究是他们必须掌握的基本功。正如丛立新教授在《沉默的权威》一书中所指出的那样："教研室的基本阵地在课堂""教研室的种种职能，教研员的所思所为，无非是以'课'为中心，逐步向外扩展"。为了扎扎实实地掌握好这门基本功，下学校、进课堂已成为教研员日常工作中最重要的部分。教育学专业出身的斯苗儿并无学科背景，在一线教学岗位上的时间又不算长，某种意义上教学实践能力确实是她的短板，下校听课成为她补齐短板的重要路径。只要一有机会，她就会到学校听课。她的勤奋和她教育学的背景，让她对课堂教学实践中的问题有了更多的思考和更深的理解，也有了不同于其他学科教研员的新视界。

很早就开始和斯苗儿一起组织并参与教研活动的广西小学数学教研员刘忠阳老师在访谈中向我们谈起斯苗儿的快速成长："从斯老师开始做省教研员的时候起我就和她有过接触，我们也经常一起搞活动。在我们这些省教研员中，她不是进教研系统最早的，但是她确实是成长最快的。我觉得她的成长和她频繁地下学校、进课堂是分不开的。在我的印象里，斯老师不是在听课，就是在去听课的路上。正因为她能够一直坚守在课堂教学的第一线，能够坚持和教师在一起，她才能这么迅速地成长，才能对学生、对教师、对课堂和教学有这么深刻的理解和认识。"刘忠阳老师还非常形象地把斯苗儿的这种教研称作"接地气"的教研："她不仅喜欢到课堂上去，最令人敬佩的是，她能够非常愉快地和教师融在一起，完全没有我们想象中教研员的架子。她对教师虽然严厉，但是她的态度向来都是非常诚恳的，她从来不会摆出一副高高在上的样子，对教师指指点点。她是会真正地坐下来，和教师一起认真地讨论到底怎样才能从学生出发把一节课上好。"

喜欢和教师待在一起的斯苗儿的确如刘忠阳老师所说，不是在听课，就是在去听课的路上。她不仅出现在省里各级各类、大大小小的教学评比和公开课展示活动上，她还特别愿意"不请自来"地四处到学校里去听课。因为她频繁地下校指导，有些教师在学校看到省教研员斯苗儿都已经习以为常，甚至会戏谑地说："看，斯老师又来我们学校蹭饭了。"

新手教师、杭州市的赵栗老师非常幸运地在入职第一年就被斯苗儿敲门听课。上完课，她认为自己预想的流程都进行得很顺利，学生回答问题也非常顺畅，因而自我感觉良好，希望得到斯老师的夸奖。没想到斯苗儿却一针见血地指出了课堂上最大的问题"没有思维增长点"。为了帮她把这节课改好，斯苗儿重新帮她选择素材和修改教案，还在临走之前抛下一句："你回去再好好想想，明天准备一下，我后天再来听一次你的课。"赵栗老师原以为斯苗儿只是说说而已，不一定真的会来，毕竟省教研员的工作那么多，专门抽出时间来听她这个新手教师的一节日常课，似乎有点儿奢侈了。令赵老师没想到的是，斯苗儿竟然在第三天如约而至。经过一天的修改和打磨，第二次的课虽然上得还不完美，但学生的思维明显比上一次活跃了不少。

在改课、磨课这件事上，斯苗儿从来不计时间和人力成本。第一次不行，再磨第二次；一个人改不好，就多请几个人。每一次的下校调研和指导，无论大课、小课，不管上课的是名师还是新手，只要看到有问题的课，斯苗儿总是会留下来陪着大家一起加班。选素材、改教案，再到模拟上课，她都全程陪同，而这样高强度的"头脑风暴"，经常持续五六个小时之久。

斯苗儿常说，只要方向是对的，课总会慢慢上好，磨课中最怕的是在错误的道路上越走越远，还自认为上得很好。她之所以愿意花费大量的时间和教师在一起，正是为了用看上去"最笨"的方法摸索出一条"正确的路"。

⊙ **"不睡觉"的女人**

在前往浙江为书稿的写作收集素材的那几天里，我们几乎是没日没夜地"追着"斯苗儿做访谈。原本以为，为了这次访谈，斯苗儿应该会专门空出几天给我们。没想到，即使是周末，她仍然马不停蹄地奔走在各种教研活动的现场。而这些活动的日程，又都被安排得满满当当，就连中午的休息时间，斯苗儿也要拉着上午刚上完课的教师聊个没完。几天下来，斯苗儿每次能留给我们的时间只有晚上。不得已，我们只能抱着电脑、搬着板凳跑到她的宾馆房间里做访谈。这样的访谈，我们连着做了三天，每一天都是不过零点不罢休。每次做完访谈回到房间，我们顾不上刚刚录好的录音，也根本没有精力再去整理本子上做好的笔记，一个个倒头就睡。但是第二天一大早却发现，斯苗儿凌晨两三点钟在微信群里发来的消息："终于把明天的课件改好了，我要休息了。"我们二十来岁的小姑娘竟然被"年过半百"的斯苗儿"拖得"疲惫不堪，不得不钦佩她惊人的体力。

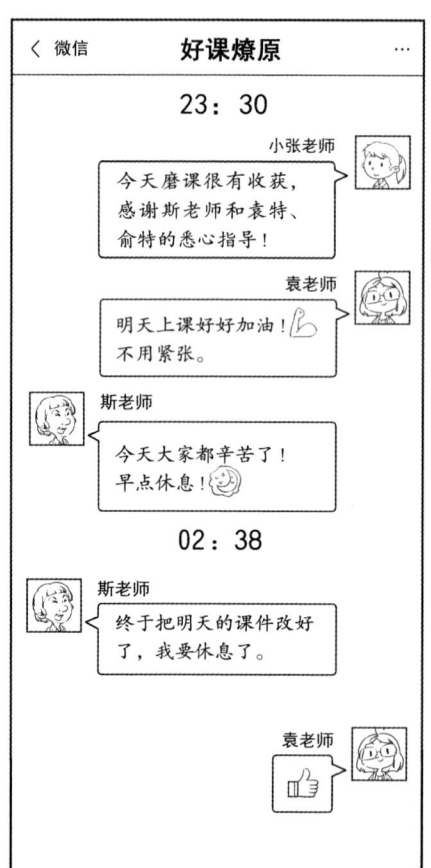

原本以为，这次访谈情况特殊，加班熬夜应该也属于特例。没想到，对斯苗儿"追踪"的时间长了，我们才了解到，这样的加班和熬夜对她来说其实是家常便饭。入职不到五年的杭州市的张婷婷老师和我们讲了她的感受。

对于斯苗儿老师旺盛的精力，我们这些小老师都是由衷地敬佩。经常能看到她凌晨两三点钟还在群里回复我们白天发上去的消息，有时候凌晨四五点了，还能看到她在朋友圈分享教研活动的学习资料。我们时常感叹，斯老师难道不要睡觉的吗？！有一次我和斯老师一起去台州上课，知道我可能会因为第二天的课有些紧张，斯老师回房间前还特意嘱咐我，让我好好休息。谁知道第二天见到斯老师，她告诉我，她为了修改下午讲座的课件竟然一晚上没有睡觉。后来我才知道，原来斯老师每一次去外面讲座，都会在前一天晚上熟悉课件，即使是讲过很多遍的内容，她还是要一遍又一遍地修改。都知道她评起课来对教师狠，没想到她对自己更狠！

对自己下狠手的斯苗儿似乎总是这样精力旺盛，有着用不完的力气和使不完的劲儿。

为了第二天的讲座和汇报，她要利用夜晚的时间制作、修改课件，为的是更符合这些教师的需要，让他们有新收获。

为了帮助教师磨好一节课，她要带着团队的成员们加班加点，改素材、磨语言，不断地和教师一起试讲、试练，直到每一个问题都精准、到位，每一个环节都清晰、连贯。因为，她不允许为了任何一次公开课和展示活动，让学生沦为教师的"陪练"，让课堂成为教师的"试验田"。

为了一篇稿子，她要和教师来来回回"磨"上十来遍，深夜改稿、字斟句酌，用"吹毛求疵"的态度力求稿件求真务实，让每一篇发出来的文章都可读、可用。

当然，斯苗儿并非不困、不累，说她是个"不睡觉"的女人，显然也是有些夸张，但我们却从中看到了她对专业的认真与负责，对人、对课的尽心与尽责。正如她在"磨稿"过程中对冯卫芳老师说的那句话："不是我吹毛求疵，我们做教育的就应该有这种求实的精神，要一丝不苟。只有这样，我们才能够把我们这种精神推己及人，希望你在以后指导年轻教师的过程中也能够这样做，那么我相信不用多久，你们学校的年轻教师就能快速成长起来。"现在想想，正是斯苗儿的"吹毛求疵"和一丝不苟才促成了教师的成长。

看着这个对自己"下狠手"的斯苗儿，回过头来想想浙江省教研活动现场一个个意气风发、拼搏上进的教师，我们也一下子明白了这位"领头人"以身作则、身先士卒的良苦用心。彭晓玫老师口中"浙江省小学数学的领军人物"，斯苗儿当之无愧。

第三节

敬畏与作为

[教研员要有所敬畏，才能有所作为。]

　　"教研员要有所敬畏，才能有所作为。"教研员敬畏的是什么？教研员的作为又是什么呢？

　　斯苗儿认为教研员应该敬畏课堂。课堂是教研员工作的主阵地，只有深入课堂，才能研究课堂；只有研究课堂，才能够改变课堂。她对课堂的深刻理解是在课堂研究中产生的，她的各种妙招也是在对课堂的观察和思考中诞生的。

　　斯苗儿认为教研员的作为就是，让教师在"课"的历练中成长，为学生呈现一节又一节"好课"。

一、教研员的初心与使命

党的十九大报告中提出"不忘初心，牢记使命"的要求，如今，各行各业都在"守初心""担使命""找差距""抓落实"，那教研员的初心在哪里？使命又是什么呢？

2019 年 11 月 20 日，《教育部关于加强和改进新时代基础教育教研工作的意见》正式颁布，文件提出了教研工作的四项任务：服务学校教育教学，服务教师专业成长，服务学生全面发展，服务教育管理决策。然而，对这四项任务进行仔细的分析就不难发现，无论是学校教学质量的提升，还是为教育管理建言献策，都离不开教研员对课堂教学的研究；无论是为了教师的专业成长，还是为了学生的全面发展，教研员都免不了要和课堂打交道。

斯苗儿特别赞同全国著名特级教师、中国教育学会小学数学教学专业委员会理事长吴正宪老师的观点：好课，不是说出来的，也不是模仿出来的，而是练出来的，是需要研磨的！好教师也不是天生的，而是在教学实践中摸爬滚打历练出来的！

而好课的研磨、教师的历练都离不开教研员的陪伴、引领与指导。教研员的初心和使命，就是和教师在一起，一起在课堂中摸爬滚打，历经磨炼，为学生呈现出一节又一节的"好课"。

⊙ 扎根课堂

斯苗儿常说，我们总是要求教师要严肃认真地对待课堂教学，其实教研员更应该严肃地对待课堂。只有深入课堂，才能研究课堂；只有研究课堂，才能改变课堂。因此，教研员要对课堂有所敬畏，只有敬畏，才能有为。

斯苗儿被很多教师称作"农民式教研员""草根式教研员"。这些称号的由来首先是因为她经常奔走在去听课的路上，常年在一线教师的课堂上"摸爬滚打"。其次，也是因为她对课堂有着老农对待庄稼般的深情、期待和敬畏。

她之所以对课堂有独到而深入的研究，对教研有这么多"千奇百怪"的想法，都是得益于她与课堂的血脉般的关系。

阿莫纳什维利在《孩子们，祝你们一路平安》中曾饱含深情地对"课"讴歌。

课，你在哪儿诞生，在哪儿生活？

在教室里吗？

你不可能孤零零一个人生活在教室里，因为你不能脱离我而生存。

我始终伴随着你，思考着你，设计着你的生活！

……

如果没有儿童，如果一个人生下来就是成人，就是个会说话、会读书、会写文章、会计算的人，也就永远不会有人想到你！

脱离儿童、脱离学生，你同样也不能生存，因而你也生活在学生身上！

……

你就生活在我们的教室里，但不是在教室里空无一人的时候，而是只有在我和我的学生们集齐一堂的时候。

他们坐到各自的座位上去，我站到黑板前面——这时，你就诞生并开始生活。

把这首小诗一层层剥离，我们似乎能从作者洋溢的情感中参透"课"的本质与内涵：教师是"课"的思考者、设计者，学生是一群有待发展，期待成长的人，黑板上则是教师和学生需要共同学习的"知识"，而课堂，就是学生在教师的引导下，学习知识，收获成长的地方。

斯苗儿常说的读懂教材、读懂学生，正是抓住了课堂教学的核心。她时常提醒教师要把功夫花在最有价值的地方，要注重对教材的研读，注重对学生起点的把握。曾经在2005年"'同上一堂课'浙江省小学数学课堂教学交流评比活动"中获一等奖的丽水市的梅景怡老师，讲述了他和斯苗儿之间的故事。当时梅老师教龄只有六年，却能够在省教学评比中拿到一等奖，这让他异常兴奋也有些沾沾自喜。活动结束后，斯苗儿走过来拍着他的肩膀说道："听说你的信息技术水平很不错，今天的课件也做得非常好呀。"梅

万一停电了，你这节课怎么上？

老师正在暗暗高兴的时候，斯苗儿却接着说道："那你有没有想过，万一今天停电了，你这节课怎么上？" 斯苗儿的这番话让梅老师陷入了沉思："是啊，如果课件不能用我该怎么上？不单是停电，课堂上可能产生的意外还有许多。细细想来，斯老师想问我的其实是另一个问题，数学课的核心到底是什么？"这次活动之后，梅老师开始在教材研读上下功夫，在读懂学生上下功夫。他在赛后的感言中写下了这样一段话。

记得有一句话叫"要用教材教而不是教教材"，当时我片面地把这句话理解为教师无须过多理会教材，大可随心所欲，按照自己的理解组织教学内容。因而对教材缺乏应有的敬畏感，也曾为此走过许多弯路。后来跟斯老师一起反复磨课，才逐渐体会到教材在教学中的重要作用，明白用教材教其实是建立在充分吃透教材并领会教材意图的基础之上。斯老师说："读教材要经历三重境界——看山是山，看山不是山，看山仍然是山。"其实就是告诉我们研读教材要先走进教材、吃透教材，才能走出教材、活用教材，最后让教材走进我们的内心，真正做到让教材"为我所用"。而读懂学生呢，一方面需

要靠教育学、心理学等专业知识的支撑，但更重要的是课堂教学经验的积累。斯老师常说我们要做一个有心人，就是希望我们多站在学生的角度思考问题，多想一想学生已经知道了什么，学生希望得到什么样的帮助。我想这就是我们所讲的"以生为本"吧。

⊙ 帮助教师在"课"的历练中成长

一节好课的诞生离不开教师的精彩"演绎"，同样，一位教师的成长也离不开对"课"的打磨。斯苗儿常说，"磨一节课，带一批人"。她希望通过课堂教学研究，让教师在"课"的历练中加速成长。

斯苗儿组织的教研活动，常常会带领教师从头到尾、由点及面地对"课"进行打磨。

斯苗儿磨课有独到的眼光、精准的把握。她不仅能够对课堂的整体架构进行精妙的组合，还能精准地把握课堂中的每一个细节。前文提到过的那次餐桌上的教研，就让我们全程参与并亲身体验了一次斯苗儿独具特色的磨课。那是 2019 年 12 月，斯苗儿带队到北京参加教育部基础教育课程教材发展中心小学数学学科基地的活动，展示近几年浙江小学数学单元整体教学的阶段性成果，包括观点报告和课例展示。虽然要展示的这一节课从教学思路到环节推进，从问题设计到素材选择都已经打磨过多次，但斯苗儿还是在正式上课的前一天在餐桌上带着十几位教师一起进行磨课和试讲。由于任务来得突然，授课教师没有任何准备，第一句话就打了磕巴。这第一句话，其实还不算是正式上课的环节，只是由"姓名签"引入的和学生之间的暖场聊天。在我们看来，暖场聊天嘛，简简单单过去就好了，对课堂没什么大的影响。没想到，斯苗儿却立即喊了暂停，要求授课教师重新组织语言介绍"姓名签"。

姓名签用得好可以为公开课增光添彩，用不好则会让教师手忙脚乱，让学生不知所措。因此，别看这短短的几句暖场和介绍，对课堂的整体效果也有着重要影响。为了让课堂呈现得更完美，斯苗儿带着团队里的十几位教师轮番上阵，一个词、一句话地帮授课教师理顺这段开场白。"别忘了告诉学生姓名签是你们昨天晚上加班加点做出来送给他们的礼物，这样能和学生拉近距离。""可以用某一个学生的名字来切入呀，你们互相介绍一下。学生姓名中有没有不好读的生僻字？可不能把学生的名字叫错了。把教师的姿态放低一点，让学生来教教你怎么读。""一定要把姓名签的用处向学生说明白，红色的一面什么时候用，蓝色的一面什么时候换过来，不能把学生搞迷糊了。"……就这样，为了打磨这一句话，十来个人愣是"折腾"了近一个小时。

十几个人，用近一个小时的时间打磨一句看似和教学内容毫无关系的开场白，值得吗？

斯苗儿认为，值得！在她看来，课堂上和学生的每一句对话、每一个问题都是有意义、有价值的，好的教学不应该放过任何一个与学生建立有效沟通、帮助学生成长的机会。因此，一节好课就是在这一个词、一句话、一个问题、一个素材的打磨中诞生的。而一名优秀的教师，甚至是一个优秀的团队也正是在一节又一节好课的打磨过程中成长起来的。

在 2019 年"'成长课堂'第五届小学数学课堂教学观摩研讨活动"的舞台上，我们认识了一个"敢于冲上舞台"和名师"斗法"的新手教师——台州市的应洋洋老师。我们惊讶于这位年轻教师大胆的同时，也感到十分好奇：刚刚入职一年多的新手教师，即使经过了俞正强和袁晓萍两位特级教师的现场指导，要在这么短的时间内"临场发挥"，做出这么精彩的一节展示课，也有些让人难以置信。他背后一定有"高人"指点。带着疑惑，我们认识了应洋洋的导师——潘慧敏。这位台州市路桥区教研员、2018 年的新晋省特级教师向我们讲起了她在斯苗儿的"指挥"下，两次改课的经历。

2019 年 5 月，潘老师邀请斯苗儿参加了浙江省台州市的三区联谊教研，上午安安稳稳地听了三节课后，斯苗儿突然给她扔来了一枚"定时炸弹"，让她下午上场，现场改课。这时候距离下午上课只有不到 1 小时的时间。潘老师不淡定了，自己不仅是教研员，还是新晋的特级教师，以前虽然也经常给教师改课，但是现场改课这种事情自己可还从来没干过，万一上砸了，这脸可就丢大了。收拾一下心情，潘老师立马进入了"实战"状态，在脑海中回忆上午授课教师教学过程中的缺失与漏洞，整理思路，重新设计教学环节，对问题进行反复的修改与斟酌。团队里的其他教师也一起上阵，帮着潘老师修改课件，整理教具。就这样，潘老师带着充足的准备和十足的信心走上了讲台。潘老师虽然是被"推"上改课讲台的，但这一次的经历却让她真实感受到了一节好课从"破"到"立"的全过程。

经历过"亲自上场改别人的课"之后，潘老师更深刻地理解了改课对于教师成长的重要意义。2019 年，潘慧敏带着自己的团队参加了成长课堂的活动。这一次，作为导师的她把自己的徒弟"推"上了改课的舞台。当时被斯苗儿抽中的应洋洋站在台上接受俞正强和袁晓萍两位特级教师的现场指导，坐在台下的潘老师还是一下子看出了自己徒弟的不安与焦虑。她果断走到台上，站到了应洋洋的身边，认真地为他梳理俞特和袁特的改课思路，帮他慢慢地静下心来，在短时间内再次整理思路并坚定方向。同时，她指挥团队的小伙伴们浩浩荡荡地来到台上，帮助修改课件，整理教具。在大家的互帮互助下，十分钟就顺利地完成了课前准备。新手教师应洋洋代表潘老师的团队顺利接受了考验，并且得到全场学生和教师的一致好评。

现在，"改课"已经成为潘慧敏在区内教研活动中最常用的形式。从被"推"上台，到"推"别人上台；从一个人，到一个团队；从"做自己"的名师，到带徒弟的导师，现在的潘慧敏与应洋洋，正如当初的斯苗儿与潘慧敏。斯苗儿用她的整体布局思想，让名师回炉重造、经受考验，也让新秀获得历练、收获成长。她用自己的方式带出了一大批像潘慧敏一样可以教徒弟、带团队的名师和教研员，也用她的法子发现了一个又一个像应洋洋一样敢于往前冲、向前跑的新秀。也正是这些人，让好课不断地燎原。

⊙ 帮助教师上"好课"

　　"学生立场""用户至上"一直是斯苗儿在教研活动中坚守的原则。无论是平时到学校里的"开门听课",还是各大教学评比和展示活动的现场,斯苗儿总会向教师提出这样几个问题:你们了解学生吗?你们知道学生的"知道"吗?你们有没有听过学生对教师的评价?

　　斯苗儿之所以不厌其烦地向教师提出这些问题,是因为在很多教师的心里,课堂和学生是两回事。在这些教师眼中,课堂展示和各种公开课是展现个人魅力的舞台,教师教学手段新颖、技术娴熟、语言幽默,课堂就会精彩万分,而学生不过是这场舞台大戏中"配合演出"的配角。甚至还有教师把一节课的失败归结于"学生配合得不好",把学生当作自己教学进展不顺的"挡箭牌"。为了转变教师的这些想法,斯苗儿经常会在教研活动中用两个平行班让不同教师就同一主题进行"同课异构"和"现场改课"。

　　在一次支教活动中,斯苗儿遇到了一位有着十年教龄的张老师。张老师平时工作敬业,踏实肯干,所教学生成绩也不错,但是教学总是习惯"一言堂",课堂上常常是她一个人闷着头讲,学生抬着头听。斯苗儿建议张老师可以尝试改变一下教学风格,在课堂上更多地向学生提问,多多关注学生的实时反馈。但张老师对斯苗儿的意见却不那么上心,她挥着手说:"不碍事的,不碍事的。你们城里来的不了解,我们是农村学校,我们的学生就是不爱讲话,你怎么改都没用的。"

　　"农村学生不爱讲话""农村学校就是这样"……这些话一下子刺激了斯苗儿,她当机立断,拉着同行的陈昕老师说:"就是这节课,你准备一下,一会儿我们现场改课!"听说城里来的教研员要给农村学生上课,这所学校所有的数学教师都聚集过来,抱着看笑话的心态想看看城里教师到底能不能让农村学生"开口说话"。这节课,陈老师考虑到学生的学习起点,明显地放慢了节奏,从简单的问题出发,一点点引导学生表达。遇到有些困难的问题,陈老师也没有为了课堂进度而夺回"话语权",反倒是不断地启发,耐心地等待。

在大家期待的目光下，原本因为陌生教师上课而更加拘谨的学生，慢慢地放松了戒备，一点点地融入课堂之中，开始主动表达甚至主动提问。同样的内容、同样水平的学生，课堂却呈现出了截然不同的面貌。

俗话说，"没有教不会的学生，只有不会教的老师"。在斯苗儿眼里，学生从来不分农村和城市，教学也从来没有地域和阶层的划分，只要心里时刻装着学生，用专业和认真的态度对待学生、对待课堂，呈现出的"课"一定不会差。给学生好课，就需要通过教研让每一位教师都有所成长，让每个学生都能享受最优质的教育资源，在一节节好课中成长。

二、我的一小步，能使团队向前一大步

如果在网络上"百度一下"斯苗儿，会发现她是个积极的社交活动家。她不仅自己经常出现在各大平台和活动现场做汇报和点评，还喜欢"拖家带口"地把自己教研团队中的教师拉到各类活动当中做展示；她不仅不放过任何一个官方组织的教学评比和教学观摩会，还鼓励教师参与民间组织的各种交流和展示活动。

问及原因，斯苗儿笑着告诉我们："一个平台就是一面镜子，让教师走出去，以'课'会友，才可以更好地享受做教研带来的乐趣，才能收获更多的快乐和成长。"

⊙ 敢于走出去的勇气

在教研活动中，斯苗儿喜欢为教师制造各种"意外"和"麻烦"，把他们拽离自己的舒适区，帮助他们打破惯例，收获新的成长。而她自己，更明白教研员走出舒适区的意义与价值。教研员作为区域的学科首席，具有专业"权威"，这样的"首席"和"权威"想要真正地走出去，聆听来自四面八方的声音，其实是需要很大勇气的。

斯苗儿于 1991 年走上区教研员岗位，1994 年成为省教研员，从官方的视角来看，她几乎没有参加过任何专门为教研员量身定制的培训班。如果剥离角色中行政的成分，从专业的视角来看，她似乎又比那些一步一个脚印、从一线教学岗位上一步步升上来的资深专家和名师欠缺了一些"资历"。用斯苗儿自己的话说，如果从"出身"来看，在一线做了三年的小学数学教师就"懵懵懂懂"成了教研员，自己纯属教研员中的"另类"。但她一直坚持去一线、进课堂，不断向身边的教师和前辈们学习，自己也摸索出了一套独具特色的教研之路。

自己现在所走的这条路到底好不好，对不对，斯苗儿心里始终没有十足的把握。因为省教研员的特殊身份，她总是被身边的教师当作"专家"，很少能听到批评和质疑的声音，这反而让斯苗儿一直诚惶诚恐。因此，她一直在寻找机会突破自己，打破僵局，反思自己在省教研员岗位上的所见所闻。斯苗儿说："人最大的敌人，就是惯性思维。人们总是会不由自主地局限于既有的信息或认识。如果长时间处在一成不变的工作和生活环境中，久而久之，就会形成一种固定的思维模式，使人们习惯于从固定的角度来观察、思考事物，以固定的方式来接受事物。对我们这些教研员来说，因为工作性质，每个人都不缺少讲座、汇报、听课、评课的机会，省教研员更是如此。但是，讲座的水平高低、评课是否到位，所管辖区域内的教师顾及身份大都不会也不敢提供改进建议和意见。逐渐地，就会让教研员自我感觉良好，满足于现状从而失去了很多成长的机会。因此，当我意识到这一点的时候，我就知道自己急需要找到一面镜子，照一照真实的自己，然后才能修正自己。"

抱着这样一种"向大家学习"的心态，斯苗儿率先走出了第一步。2004年，她开始在千课万人组委会组织的活动（以下简称"'千课万人'活动"）上亮相，并且作了主题报告。这是她第一次在非官方组织的、全国性的教学观摩活动上发言，而台下的观众除了其他省、市的教研员，还有全国各地的名师以及高校的理论研究者。这一次，她得到的反馈再也不是"优点要具体、缺点要务虚"的"点到为止"似的点评，来自不同地区、不同领域的专家和教师不仅与她进行了深入的交流，还给她提出了许多非常中肯的意见。这让斯苗儿备受鼓舞，也更坚定了她要带着团队一起"走出去"的想法。

2004 年至 2020 年，斯苗儿带领团队在"千课万人"活动中先后进行了三十多场展示。展示的方式除了最传统的课堂展示和主题报告外，还有辩课、评课、沙龙、访谈以及互动点评等多种形式。斯苗儿说，"千课万人"的二十多场评课活动，让她把自己在浙江摸索出来的"聊课"方式展现在了全国的舞台上。这不仅仅是浙江教研在全国舞台上的发声，而且也让她们在与全国各地名师一次次地"切磋"和"演练"中不断反思与成长。特别是近几年，新手教师与特级教师同课异构，让新手教师迅速成长起来。她觉得，非官方的舞台没有评比中的你强我弱之争，会更纯粹。因此，只要与单位的工作不冲突，利用双休日她都愿意到"家门口"的"千课万人"去蹭课。

⊙ **去看外面的世界**

所谓"山外青山楼外楼"，有的人走出去是为了游览山川美景，但斯苗儿和她的团队却喜欢在不断走出去的过程中寻找各种"刺激"和"挑战"。

斯苗儿参加浙江省外的各类活动时，经常会把这样的话挂在嘴边："我们浙江的教研氛围是非常开放的，特别希望在这里能听到来自全国各地的老师给我们提出的宝贵意见。表扬的话我们不大愿意听，因为这样我们没办法进步，所以大家尽管给我们提意见，哪怕是看上去有些偏激的意见，我们也能够听得进去，也愿意接受。"在她看来，来自外界的"挑战"和"质疑"才能够不断激励浙江的教师更进一步去钻研、去思考，才能在走出去的过程中收获成长，而不是在一片祥和之中，带着满满的喜悦回去之后沾沾自喜而不思进取。

当初之所以选择"千课万人"这个平台做展示，斯苗儿正是看中了这个舞台上"观众说了算"的淘汰与选拔机制。"千课万人"的活动虽然每年都有，但是由于报名的教师人数众多，而且个个都是各省、市的佼佼者，因此并不是每位名师和教研员都能有机会在这个舞台上获得连续的展示机会，更没有人会因为自己的"头衔"而获得展示的特权。谁能上课、谁来发言，全都要看台下几千位参会教师的意见。大会主办方每年都要专门收集台下参会教师们对于展示活动各个环节和人员的反馈信息，只有观众反应良好的团队才能够在下一次活动中获得邀约。这样的"淘汰"机制让很多团队焦虑不安，斯苗儿却因为这样的机制异常兴奋。她开心地说："金杯银杯不如大家的口碑，如果我们的课、我们的研究每一次都能经得住台下来自全国各地的几千名教师的考验，这才是真的过关。这样的机制，我喜欢！"正是这种和高手过招的压力，以及淘汰机制的倒逼，让浙江省的很多教师突破自己的局限，冲破发展"瓶颈期"，不断"归零"再成长。

曾经在全国赛课活动中获得一等奖的宁波市的张莉老师在讲到自己"走出去"的经历时有感而发。

获得全国赛课活动的一等奖，在大家看来是何等至高的荣誉，顶着这样一个光环，我应该要多自信有多自信！可我的真实体会是，比赛后的我甚至变得更不自信了。因为在磨课的这两个多月时间里，我对自己教学理念、教学风格、教学行为、教学机智有了一个全面的审视，进而很沮丧地发现，需要学习和改进的太多太多。同时，这次全国性的比赛，让我有机会接触到全国各地有想法、有经验又有实力的优秀教师和一流专家，原本的自我感觉良好在他们的对比之下消失殆尽，差距感非常强烈。但是，到现在为止我也非常庆幸斯老师给了我这次走出去看世界的机会。正因为经历了这一次的痛苦、尴尬，体验了和"高手过招"的惊险与刺激，才促使我比赛回来之后以前所未有的执着，严肃认真地对待我自己的教学和研究。这一次的赛课让我从其他老师那里学到了很多东西，我对自己的教学行为有了更理性的评价，对数学课堂的本质也有了更多的体会和关注。这之后的很长时间，我都会时常回忆和反思自己当时上课过程中的得失，并且以这节课为抓手一点点研究和改进，让自己的常态课也能体现出自己的思考，演绎出一点新意。

⊙ 从别人的眼中认识新的自己

"认识你自己"，这是铭刻在希腊圣城德尔斐神殿上的著名箴言，周国平在解读这句话时曾说："人人都在写自己的历史，但这历史缺乏细心的读者。"我们没有工夫读自己的历史，即使读，也读得草率。的确，很多时候我们对自己的经历、过往都缺乏认真而细致的梳理和总结，也因而难以真正认识自己，更不用说从过往的经历中获得经验与教训了。但是，常言道"当局者迷，旁观者清"。很多时候旁人的意见、评价能够从另一个视角触发并帮助我们认清自己。

个人如此，团队也是如此。斯苗儿回忆自己团队的成长经历时常说："很多时候，我们都是自己关起门来做事情，但是这些事情到底有什么意义和价值，我们其实是缺乏理解和研究的。经常都是经由旁人的指点，我才开始有意识地对自己工作的经验进行梳理和总结。我们浙江团队现在所形成的风格和特点，也是在综合各方意见的基础上不断改进、完善成型的。"

为了听到更多来自外界的声音，斯苗儿教研的大门一直向各个团队敞开，她还特别愿意邀请各个地方的团队来自己家里做客。全国著名特级教师、上海市的曹培英老师就经常被斯苗儿邀请来给自己和团队把脉。2008年，在"'浙江省特级教师大讲台'暨'西湖之春'小学数学名师名课展示活动"上，曹培英老师在点评过程中肯定了浙江省小数课堂"开放""灵活""低结构"的特点，鼓励教师打破传统展示课"求新、求异、求活"的套路，在课堂教学中从学生已有经验出发，追求思维的深入，做到扎实与灵动的统一。2012年"浙江省小学数学十年改革获奖课例展示会"上，斯苗儿再次邀请曹培英老师对课例进行点评。这一次，曹老师特地在课例点评结束之后对浙江团队提出了自己的期望：期望浙江的团队能够在回溯历史的基础上不断探索，在成果展示的同时继续深入研究，更希望浙江省能够以团队之力提炼和总结小学数学教学的"浙派风格"和"浙江特色"。曹老师这位"老朋友"的一番话触动了斯苗儿。她想："要想真正把浙江的课推出去，把浙江的经验送出去，单靠埋头苦干是不够的，必须把自己的经验总结起来，把自己的特色和风格展现出来。"

在此后的活动中，斯苗儿不仅仅满足于把自己团队的事情做好，也开始关注别人对自己团队的评价，并且在和其他团队的比较中不断提炼着自己的风格和特色。

2013年，斯苗儿在家门口承办了"华东六省一市第十五届小学数学课堂教学观摩研讨会"。这一次，她将浙江小数团队特有的教研活动流程搬到了大家面前。日程由抽签变为按板块排列，评课由教师自由说课变为抽签式问答和辩课，还专门增加了浙江特有的名师现场"改课""同课异构"环节。这是一次大胆的尝试，也是一次冒险的试验。这样打破常规的另类教学观摩到底能不能得到外省教师的认可呢？斯苗儿心里一开始也没有底。但是，她在福建省教研员彭晓玫老师的鼓励下还是这么做了，就是希望让自己摸索出来的教研思路走出浙江，接受检验。

没想到，会场上大家的反响特别热烈，在参会教师提交上来的参会印记中，有的教师写道："活动设计了三次浙江省特级教师与当天一名执教名师同课异构的环节，原本已让人感觉十分优秀的三节数学课，在三位特级教师的演绎下让我们更为惊叹，引发了我们更深刻的思考。这样的数学课堂才是真正的以学定教！""他们的课在嘻哈的背后是一个强大的理念磁场，一回味，朴素中含深意；他们的课更关注学生的生成，更还原了数学的本质。"还有的教师对辩课环节印象深刻："活动的互动辩课环节真是一绝，主持人针对课及课背后的思考提出五个问题，由授课教师随机抽一题进行解读与辨析。针对执课教师的辨析，主持人和专家机智幽默地进行现场点评及理性分析。还将其中另外两个问题的回答权交给听课教师，不仅让听课教师也有机会发表自己的观点，聆听专家的意见，更拉近了听课教师与专家的距离。他们的精彩点评言简意赅，为教师解疑释惑，在机智中透着幽默，在针锋相对中理性分析。主持人引领大家把课嚼出了味道，这真是一个促人成长的舞台！"这次的试验大获成功，让斯苗儿看到了自己的改课、辩课在教师中间有着广阔的"市场"，让她更有信心对浙江风格的教研现场进行不断的改进。

如今，"三段十步"改课范式已经成型，这正是她一次次改进和提炼的成果。

⊙ 把"好课"带上更大的舞台

经历了近三十年的摸索，斯苗儿和她的小学数学教研团队一起打造出了小学数学教学的"浙派风格"和"浙江特色"。作为这个团队的带头人，她也带着浙江小数团队从省内走向了省外。但是，斯苗儿却并没有止步于此，她凭着对"好课"的初心与坚守，希望能够把"好课"与"好教研"带上更大的舞台。

2020年的一场疫情，让线上教学着实火了一把。线上教学的流行给斯苗儿带来了不小的启发：既然教学可以线上进行，我们的教研活动也可以在线上做嘛！这样一来，教研活动就可以突破时间和空间的局限，让来自全国各地的教师在家里就能参与到我们的教研活动中来。

斯苗儿的这个想法得到了北京明远教育书院专家团队的支持。2020年8月，经历了近半年的策划，北京明远教育书院推出的"好课燎原"小学数学线上研修活动正式开播。这个依托浙江省小数团队和北京师范大学专家团队而成型的活动，在一开始便受到了教师的广泛关注。2020年8月30日的活动首播，在线参与研修的教师人数便达到了上万人。两个多小时的直播，将浙江省小学数学教研的"改课""聊课"范式生动地呈现在了大家面前。特级教师俞正强老师的课例观摩，教龄只有一年的新手教师黄菊与名师王丽兵的同课异构，让在线研修的教师大饱眼福；斯苗儿、俞正强、袁晓萍和郭华四位"大咖"对课例的深入剖析和犀利点评更是让教师收获满满。活动过程中，评论区热议不断；活动结束后，教师的研讨和交流仍然在延续，不少教师在朋友圈、公众号发布了自己的活动心得与体会。

同课异构，是最具挑战性的，作为听课者会习惯性去比较。然而教学有法，但无定法。正如俞正强老师所说，每个人的课都是独一无二的。每一位教师要找到自己的定位，寻找到适合自己和学生的教学方法。作为年轻教师我们可以去学习、去模仿大师的课，在学习摸索中渐渐形成属于自己的风格。但无论是哪种样态的课，都是基于对学生学习基础的了解和把握的前提下展开的。

　　这样的课堂给我最大的感受是坚守学生本位，这也是俞特的风格。所有知识来源于学生真实的经验，所有问题来源于学生的不确定，所有研究来源于学生的探究与辨析。教师提供好的学习材料，学生尽情发挥创造，这就是好课的共同特征。我们的课堂容易出现上着上着学生就不见了，而好课的课堂会留白，好的课堂内容不会太多，但能引发出很多的思考与想象。

　　截至 2021 年 8 月，"好课燎原"线上研修活动已经举办了十期，累积观看人数超二十万。越来越多的教师通过线上的研修活动认识到了"聊课"与"改课"的魅力，更是通过活动收获了对于学生、教材更深刻的理解和对于"好课"更丰富的体悟。在活动中收获了不少粉丝的"网红"斯苗儿在谈及活动的初心时说："希望中国的小学数学教学，能够因为我们这个团队而有所改变。"

从省内走向省外，从线下走到线上，斯苗儿带领的浙江小学数学教研的脚步到这里仍未停歇。2021 年 7 月，第 14 届国际数学教育大会在上海举行，这是世界数学教育界的盛会，也是这一大会自开办五十年来首次在中国举办，受到了全国乃至全球数学教育界的广泛关注。

在这次大会上，浙江小学数学"现场改课"的教研范式作为中国特色主题活动受邀进行了汇报和现场展示。斯苗儿带领浙江省的部分小学数学教研员、特级教师和新手教师近 50 人的团队，向全球展示了一场别样的教师研修活动。活动现场，浙江团队不仅用视频的形式向世界展示了现场改课的"前世今生"，还将最真实的抽签模拟上课和专家改课活动搬上了舞台。两位年轻教师模拟上课，现场的教师临时组成一个"教学班"，每位教师认定自己所扮演的学生角色，如学习有困难的学生等。在两位教师模拟上课的过程中，斯苗儿频频向教师"发难"，俞正强、袁晓萍、朱希萍等导师被点名轮流上场，从"说给你听"到"做给你看"，甚至 41 年教龄的老特级教师林文伟也被点中上台说课和模拟上课。真实生动的改课过程，让前来观摩的教师和专家改变了对教研活动的刻板印象，深深地感受到了"全员参与、全程卷入"的浙江小学数学教研魅力，见证了教研的新时尚。

活动结束后，在现场观摩改课的教师纷纷表示，这样的教研活动不仅刺激、好玩，而且真正实现了通过教研活动助力教师专业成长。看到特级教师和年轻教师一起席地而坐，每一个都敢"玩"，愿"玩"，不怕出丑，有的教师感叹道："这是一群可爱的人，他们是在用求真务实的心态做教研！"

带着教师"玩"好教研，这一次斯苗儿"玩"了把大的。通过这一次的全球直播，浙江小学数学教研的声音已经被全世界听到，斯苗儿和她的团队也将继续努力，用躬身的实践去讲好中国的教研故事！

第五章

一个人与一群人

一个人可以走得很快，一群人才能走得更远。

——斯苗儿

对于浙江省小学数学教研团队而言，斯苗儿无疑就是这"一群人"中领头的那"一个人"。这"一个人"用她的专业、敬业与乐业，指导着、引领着、也感染着她周围的"一群人"；在她身边围绕着的众多"合作伙伴"和"追随者"，则和她一起精心打磨出了一节又一节的好课，培养出了一位又一位的名师。

这一个人与这一群人，多年来一直怀揣教育理想，穿梭于大街小巷，奔走在海岛山村，低着头，弯着腰，在教师身上、在课堂中寻找着理想落脚的地方。对教师的点滴进步如数家珍，些许创意如获至宝。即使满腿泥泞，也乐此不疲。因为有了这一个人和一群人，浙江小学数学做到了"好课燎原"！

我可以不专，但要知道有谁专；

我可以不讲，但是讲了要浅白；

我可以不做，做了要少讲功利；

我可以不会，但不能不懂装懂。

　　当了三十年教研员，斯苗儿总说自己能力有限，与教师的需求相比，自己能够给他们的只是杯水车薪。她知道教研是"为了谁，依靠谁"，坚持"用户至上"，打心眼儿里要为教师做好服务。她的教研活动接地气，走群众路线，教研活动中斯苗儿总是能和教师"打成一片"，生活中也喜欢和教师"混"在一起，她知道教师在想什么、需要什么。广西教研员刘忠阳老师说："浙江省的小学数学教研不是高高在上，是和学生、教师融在一起的，是接地气的。"斯苗儿是教研员中的"另类"，她不是因为"教而优则研"，也不是因为有了众多光环去当教研员的。她在一线只做了三年小学数学教师，但她凭着朴素的内心和天生的灵气，把教研做得风生水起，受到教师的尊敬。斯苗儿这位"没有光环的教研员"却让浙江省的小学数学教研熠熠生辉。

一、基层里"长"出来的教研员

斯苗儿是省教研员，本来可以坐在办公室里指挥或者站在讲台上培训即可，她却像个"脱鞋下稻田的农民"，下基层、进课堂，和教师、学生打交道。即使是在全国性的展示活动上，斯苗儿也不愿意远远地坐在评委席，只要允许，她一定要搬上一张小课桌坐在舞台的大幕后面，因为那样可以跟教师和学生靠得更近一点，也可以随时走进课堂看看学生的学习情况。教师和学生也都乐于和她亲近，即便是第一次参加活动的新手教师，也能在短短的几分钟内被她幽默风趣的性格所吸引。她迅速融入教师群体的这种能力，得益于在基层"摸爬滚打"的经历。

⊙ 小学校里来了个大学生

1984 年，斯苗儿考入杭州大学教育系（现浙江大学教育学院），1986 年加入了中国共产党，大学四年，年年被评为三好学生，连续三年拿了一等奖学金。作为班里的第一名和优秀毕业生，照理可以直接保送读研。二十世纪八十年代的大学生是天之骄子，何况是研究生，多少人求之不得的机会，却被这个"糊涂"的斯苗儿放弃了，她成了杭州大学教育系第一个放弃保研名额的优秀毕业生。她服从分配，进入小学教书。面对周围人的不解，斯苗儿笑着回应："小学教师有什么关系呀，反正都是教书嘛！我可以的！"就这样，她成为浙江省第一个到小学教书的大学本科毕业生。

大学生到小学里教书，是件新鲜事儿，在学校里也

成了大新闻。从领导到教师，都把目光放在了这个大学生身上：领导热切地期盼着这位高材生能够在学校里大有所为，干出一番大事业；教师则看热闹似的"盯"着这位同行中间的"异类"，想看看大学生到底能干出什么名堂。为了体现这位大学生的"与众不同"，当时校长到大学要人时，特意向教育系的老师提议，要给斯苗儿安排个校长助理的职位。在校长看来，只有这样才能配得上她这位大学毕业生的身份。但是斯苗儿听说之后，却怎么也不愿意当校长助理。当时的安吉路小学（现杭州市安吉路实验学校）是省实验小学，当时的校长也是杭州市下城区教育局局长，她心里清楚地知道这个校长助理的职位意味着什么。如果自己真的接了这份任务，可能大把的时间都要花在她不擅长的行政事务上，这样一来，自己到小学工作就没什么意义和价值了。她既然要求到基层工作，还是想要跟教师待在一起，想真真切切地体验做一名普通小学教师的感受。于是，对小学教书生涯充满期待的斯苗儿坦诚地告诉校长和大学读书期间的班主任田正平教授："这个校长助理，等我把书教好了再来当，得让老师们服气！"

"辞去"校长助理的职位之后，斯苗儿以一名普通小学数学教师的身份进入了安吉路小学，开始了"跟老师们混在一起的生活"。

⊙ 一名普通教师的日常

斯苗儿真的是"跟老师们混在一起"了。工作上，斯苗儿在教学上缺乏实践经验，于是她迫不及待地从其他教师身上学习教学的技术与手法。当时的安吉路小学是所名校，几乎每周都要接待来自全国各地的教师团队，经常会安排各个学科和学段的教师上公开课。为了"取经"，斯苗儿每天奔走在各个公开课上，不管是什么学科，只要有公开课，她都去听。特别是同年级组教师的课，她都会求着他们让自己坐在教室后面蹭课。回到办公室里，她经常虚心地缠着老教师求教。生活上，和年轻教师一起住学校宿舍，吃喝拉撒都在一起，一起聊工作、聊生活，一起分享在教室里的各种趣闻，还一起"吐槽"学校的管理和设施。斯苗儿还经常被大家选为"代表"，被他们"怂恿"

着跑到校长办公室去提意见，反映学校传达室关门时间过早、工会电视机不给教师使用等问题。这个"代表"虽然不好当，但是斯苗儿却当得饶有趣味。渐渐地，原本对这个大学生"另眼相看"的教师开始觉得："这个传说中要来学校当领导的大学生，竟然能为了我们跟校长'对着干'。看来，她是和我们在一条战线上的。"斯苗儿依靠着自己的朴素、热心和积极很快地融入了教师之中。

不拍马屁，不端架子。在安吉路小学的三年，斯苗儿和每名普通教师一样上课、培训和进修。当时的她，并不怎么清楚教研员这一特殊的行业。据说第一次被教研员随堂听课，也没想到过要精心准备，还是在同年级师父的提醒下，让师父看了看教案。每当斯苗儿回忆起这三年的经历，总会说："这三年小学教师的生活让我真真切切地了解了一线教师的生存状态，教师太辛苦了，要教好课，要能够处理学生之间的各种问题，还要学会如何与家长沟通，真的不容易。那三年里，我也经常跟着其他教师一起参加各种教研活动。有时候教师培训或者研修请来的一些专家，觉得自己水平高，说话的口气很大，喜欢批评、教育我们。实际上，他们讲的那些东西看起来很高大上，对教师日常的教育教学却不一定有用，教师是不买账的，这种培训不受欢迎。"正是因为小学里这三年的经历，让斯苗儿在之后组织教研活动时不断地思考、不断地调研、不断地追问：教师到底需要怎样的教研？什么样的教研活动才是对教师真正有用，真正受大家欢迎的？斯苗儿希望教研是走群众路线的教研。

⊙ 区教研室里的"另类"

在小学工作了三年之后，1991 年斯苗儿被调到了杭州市下城区教育局教研室。那时候，能调到教研室的都是些德高望重、教学经验丰富的老教师，24 岁的斯苗儿仅仅是一个只有三年工作经历还未评级的教师，没称号、没荣誉，她成了教研室里的"另类"。

从教师一下子变成了教研员，斯苗儿显然需要一段时间适应自己的新身份。暂时摸不着教研门路的斯苗儿只能跟着教研室里的师父们做一些基础性的工作，接听电话、接待来访教师就是其中最日常的工作。那时候还没有手机，更没有互联网，查资料不像现在这么方便、快捷，很多时候，教师都需要通过电话或者亲自上门讨要资料。回忆起在下城区做教研员的那些日子，斯苗儿说："我们办公室的几位师父跟教师的交往对我触动很大。他们和教师的感情都特别好，教师任何时候打电话来要资料或是问问题，他们态度都特别好，不仅会尽心尽力地帮助他们解决各种问题，还经常和教师在一起谈心，看起来特别亲。即使是当时已经是教研室主任、省特级教师的周建松老师，都让我感觉到，他们是真的站在教师的角度，发自内心地帮助他们。当时我是教研室里最年轻的教研员，师父们总是会不断地提醒我要注意工作中的各种细节，工作上要尽心尽力，要和教师处好关系。我从他们身上学到的最重要的一点就是：教研员是为教师服务的，不能摆架子，要尽全力给教师提供他们需要的帮助和服务。"

在教研员的系统里，区县一级的教研员是跟一线教师接触最多的，除了组织培训、命题和考试等日常工作，下校调查、听评课也是区县教研员的常规工作。斯苗儿也经常跟着师父们一起下校，在学校里到处跑，并根据调查和听评课的情况为学校和教师做出分析和反馈。对斯苗儿来说，如何写好反馈意见是一件技术活儿。对于被评价的教师和学校来说，教研员的评价是很有分量的。校长可能会因为教研员在听评课中的一句评语就给教师下了定论，教师则有可能因为教研员的一句话就被学校贴上了标签。好的评语对教师可能是一种激励，也可能会变成他之后教学的固定模板而形成思维定式；坏的评语则有可能葬送一位教师的前程。跟着师父们一次次打磨评语的过程中，斯苗儿感受到了教研员身上更多的责任。这份职业的特殊性，让她体会到了一种"隐形的权力"，而如何用好这种权力，让它对教师的影响变成正向的支持力量成为她一直思考的问题。

三年的区教研室生活，让斯苗儿渐渐适应了从教师到教研员的身份转变。每天接听电话、接待上门讨教的教师，每天跑学校、写评语，让斯苗儿也跟着师父们学会了对教师真诚相待、热心相助，让她逐渐理解了教研员身上的使命以及手里的"权力"。

这个从基层里"长"出来的教研员，此后的二十几年里也一直扎根基层，走着教研的"群众路线"。

二、不怕没荣誉，只怕不认真

"不怕没荣誉，只怕不认真"，这句话是斯苗儿参加省小学数学教研员面试时，浙江省教研室主任说的一句话。这句话，斯苗儿一直记在心里。她正是凭着这一股子"认真"的劲头，一步一个脚印儿地在省教研员的道路上走得越来越远。

⊙ **骑车一个半小时，我 8：00 也能赶到**

1994 年，省教研室空出了一个小学数学教研员的岗位。当时，省教研室除了组织省里的各种教研活动，还在编写小学数学教材，因此急需人手。在省特级教师周建松老师的举荐下，科班出身的斯苗儿成了省小学数学教研员的候选人之一。

面试考核时，省教研室主任等几位领导知道斯苗儿住得远，孩子小，担心影响工作。斯苗儿却回答说："如果有机会进入省教研室，这些都不是问题，我自己克服。单位如果 8：00 上班，我6：30 出门，骑车一个半小时，8：00也能赶到！"

由于斯苗儿的坚定和坦诚，她顺利地跨入了省教研室的大门。那个时候的斯苗儿虽然已经毕业六年，但是仍旧没有任何荣誉和称号，她原本以为这六年平淡无奇的履历会使她在审核中落选。但是选中她的教研室主任却用一句话给了她一个定心丸："我们省教研室，有的是见世面的机会，也可以学到很多东西，所以不怕没荣誉，只怕不认真。"省教研室主任看中的，正是她的"认真"。"世上无难事，只要肯登攀""世界上怕就怕认真二字"，今天被很多人看中的天赋、灵气、才华，都比不过踏实认真的持久和真心付出的努力。

刚到省教研室的第一年是斯苗儿的适应期，用她自己的话说："1994 年 8 月到 1995 年 7 月，这一学年，我都是在幕后工作的，不怎么需要登台亮相。当时省教研室还有另一位小学数学教研员，他进教研室时间长，经验丰富，又是大学同学，对我十分照顾。因此这一年我基本没出过差，每天就在办公室里翻翻教材，改改教辅资料。虽然不需要四处奔波，没那么辛苦，但是我还是非常重视的。因为教材和教辅资料是每一位教师和学生都要用的，教材和教辅的质量直接影响到每一位教师的教学和学生的学习，所以需要来回反复地看、反复地改。这一年，我每天都在跟各种版本的教材打交道，这对我之后研究和解读教材有很大的帮助。"虽然每天都待在办公室里，但斯苗儿却不是"两耳不闻窗外事"的人。和她在同一个办公室办公的，都是退休后返聘来做教材、教辅的老前辈，年龄都在六十五岁以上。这一年，斯苗儿这个小年轻有机会听到前辈聊起当年他们在省教研员岗位上的各种见闻，也跟着前辈学做事——体会做一个省教研员的态度和要求。

⊙ 三十而立

一年的适应期过后，斯苗儿在省教研室的工作也步入正轨，她开始忙碌起来。她每天跟着同事一起下校、调研、组织教研活动。参与的工作不少，组织的活动也多了起来，但是每一次活动斯苗儿总是主动要求负责后勤工作，即使有评课的机会也总是心怀忐忑往后退让。她总觉得自己水平还不行，还要再多多学习，同时，她也庆幸自己不需要在各种活动中"露脸"。那个时候，跟在前辈身后的斯苗儿给人的印象是"内向，工作缺乏点儿魄力"，在她身上似乎已经看不到当年大学里那个优秀毕业生的影子了。那几年，浙江省教育学会小学数学教学分会偶尔也搞活动，担任会长的是斯苗儿大学时的老师、杭州大学教育系王权教授。1997年的一次活动上，王教授碰到了又一次"躲"在幕后的斯苗儿，这一次王教授终于憋不住，拍着斯苗儿的肩膀语重心长地对她说："苗儿啊，你可是咱们的大学生啊，是我们教育系的优秀毕业生。你不能把自己等同于普通的小学教师，你现在是省教研员，你身上是有使命的！你现在工作也快十年了，我怎么几乎看不到你的作为呢？"老师的话，让斯苗儿羞愧难当。那一年，她终于迈出了自己的第一步，作为省里的代表，她参加了中国教育学会小学数学教学专业委员会的课题研究，课题负责人是北京师范大学周玉仁教授。斯苗儿主动申请，承担了课题研究中"优化课时内容的原则与策略研究"的子课题。

1998年，斯苗儿三十岁。孔子说"三十而立"，斯苗儿也终于迎来了事业上的机遇和转折点。这个机会来得很突然，让斯苗儿自己都觉得意外。这一次，省教研室要去学校里举办一场大型的评优课活动，原本斯苗儿像往常一样负责后勤工作，但和她搭档的同事因为工作安排不得不临时出差。斯苗儿被迫第一次独自"扛起了大旗"，一个人去看会场、协商会务等事宜。承办活动的学校安排她听学校十四位数学教师的课，并物色一位在大会上公开课的教师。出乎意料的是，听完第一天的课后，学校校长突然拉着斯苗儿说："明天晚上听完课，你来给我们全校教师做个讲座吧。"

这个突然降临的任务让从来没有在大会评过课、做过讲座的斯苗儿着实紧张了一番。紧张过后，斯苗儿开始认认真真地为自己的第一场讲座做准备。十四节课，每节课有什么优点，还有哪些需要改进的地方，她都一一做了详细的梳理。到了晚上，两个小时的讲座，她从对所有"课"的总体评价讲到了数学学科的改革方向，还讲到了学校的文化建设、团队建设，学校教师的精神风貌等。整整两个小时，她讲的内容既接地气又提精气神儿，教师不但能听得懂而且真能有所收获。这种评课和讲座的风格，至今依然。

第二天，校长再见到斯苗儿的时候，打趣地说："你可不知道，昨天晚上下着大雨，让全校教师加班留下来听讲座，他们本来都是怨声载道的。但是没想到，你这个讲座做得与众不同啊，教师听得开心，收获也很大，他们可都来我这儿夸你呢，说要让你再给我们讲一场！你这个省教研员，可真不一般！"斯苗儿的讲座首秀受到了教师的欢迎，这对她来说是一件再幸福不过的事了。这次讲座的成功也极大地鼓舞了斯苗儿，作为省教研员的她开始在正式场合评课了。

⊙ 生动、幽默、学术味

机会来的时候，是接二连三的。讲座首秀后不久，斯苗儿又接到了参加杭州市江干区教研活动的邀请，活动主办方邀请她这个省教研员去做评课嘉宾。有很多斯苗儿之前学校和区教研室的老同事、老前辈也来参加这次活动，得知斯苗儿要做评课嘉宾，他们一边是好奇，一边也为斯苗儿捏了把汗。尤其是之前带过斯苗儿的一位师父，还特地在活动前一天晚上打电话给她，小心翼翼地问道："这些课你能评吗？我们可都没听过你评课呀，你千万不要觉得为难啊。实在不行，我们帮你推掉也可以的。"

这一次斯苗儿不但没有往后退，还十分自信又大胆地在师父们面前以省教研员的身份做了第一次评课。有了上次讲座的经验，斯苗儿这次评课更加从容了，原本大会只安排了十分钟的评课时间，她愣是没收住，"一不小心"讲了半个多小时。从学生的主体性讲到了教师的教学技巧，从数学的本质讲到了课程和教学发展中的改革意识，她充分调动自己大学期间教育学的扎实功底，把教学实践和理念"糅"在一起，讲得深入浅出，引人入胜。活动结束，曾经的师父们把斯苗儿团团围住，"原来你这么会讲呀""你现在可真不简单，让我们刮目相看呀""我们的苗儿也能独当一面了"。当天晚上，白天在现场听了斯苗儿发言的杭州市教研员丁元新老师就打电话邀请她为杭州市名师课堂展示活动做大会评课。斯苗儿不负所托，在近五百人参加的杭州市名师课堂展示活动上，也是侃侃而谈，讲得头头是道。这一份意外的邀请和师父们的肯定让斯苗儿欢欣鼓舞，也坚定了信心——作为一名省教研员，把理论和实践相结合的评课应该成为自己的一大特色。

学校里的讲座式评课、区教研活动的评课、市名师活动的评课让斯苗儿获得了自信。1998年10月，浙江省小学数学课堂教学评比活动，王权教授再次鼓励和鞭策，要求省教研员自己登台进行大会评课。就这样，在省教研室方张松老师的鼎力支持下，斯苗儿第一次在省级教研活动中从幕后走到了台前。这一次登台，让浙江省的教研员和骨干教师看到了斯苗儿的成长，也看到了这个小个子的女人身上蕴藏着的巨大能量。会后，王权教授用七个字评价斯苗儿的评课——生动、幽默、学术味。这七个字，斯苗儿到今天还记忆犹新，讲座要生动，要说教师能听得懂的话；语言要幽默，要让教师开开心心地听讲座；讲话要保持学术味儿，要有理论高度和内涵。这些，都成了斯苗儿之后坚持和努力的方向。

⊙ **教研员不仅要能说，还要会写**

斯苗儿在浙江省小学数学课堂教学评比活动上的表现不仅让省内的教研员和教师看到了这位新晋省教研员的快速成长，也让她获得了中国教育学会小学数学教学专业委员会会刊《小学数学教育》编辑部贾振东老师的关注。贾老师欣赏这个会评课、会讲座的斯苗儿，他开始鼓励斯苗儿："你应该把自己讲的这些东西整理出来，把优秀的案例写下来去发表，这样可以有更多的教师看到。"那一年，斯苗儿将自己的课题成果"优化课时教学内容的原则与策略"撰写成文，并在《小学数学教育》发表。从此，斯苗儿和贾振东老师建立了深厚的友谊，也和《小学数学教育》杂志结下了不解之缘。

1999年10月，斯苗儿跟随教研室领导代表浙江省去北京参加数学课程标准实验稿的研讨会。去之前，斯苗儿按照要求提交了一篇关于教材编写的文章，文中提到了教材编写要处理好长期性和阶段性、数学味和生活化等几对关系。这篇文章后来被人民教育出版社小学数学编辑室卢江老师看中，第二年，她邀请斯苗儿参加了中师教材的编写。斯苗儿也因此认识了张卫国、曹培英、孔企平等前辈和专家，并与人教社结缘，有了更多把自己的所思、所想、所行写出来的机会。

"原来我思考的东西是可以写出来的，而且我写的文章也是被认可的。"斯苗儿第一次认识到"笔杆子"的力量，开始磨炼自己写文章的功夫。2000年，在"中国教育学会小学数学教学专业委员会第九届年会"上，斯苗儿递交了《以学生为本，探索课堂教学设计的新思路》的论文，这篇文章和另外一篇关于优化教学内容的文章为浙江省第一次夺下了两个全国一等奖。2003年《小学数学课堂教学案例透视》一书在人民教育出版社出版，时任全国小数会理事长的张卫国老师为她的这本书写了序。

"教研员不仅要能说，而且要会写"，斯苗儿对教研员的工作有了新的认识。"把思考出来的东西写下来，把研究出来的东西分享出去"，秉承着这个信念，斯苗儿的文章写得越来越多、越来越好。她已经先后在《小学数学教育》《人民教育》《中国教师》《课程·教材·教法》等多个期刊、杂志上发表了70余篇文章，除了2003年人民教育出版社出版的《小学数学课堂教学案例透视》，又整理、编著了6本著作。斯苗儿的这些文章、著作与一般的学术研究不同，散发着浓浓的"泥土的芬芳"。它们深深根植于教师的教学实践之中，既是对课堂教学和教研经验的总结，也是融合理论思考的反思与提炼。教师的教学实践，是这些文章的出发点和落脚点，也是滋养它们最好的土壤。

第二节
一群可以走得很
远的名师

> 最优秀的人在一起互相交流、互通有无，是为了让所有的特级教师更好地突破成长的"高原期"，更是为了让他们带动更多的人走向优秀。

俞正强老师曾经用这样一首小诗描写浙江省小学数学教研团队。

一个人，可以走得很快，一群人，才能走得很远。

一个人，独享思考的寂寞，一群人，分享关怀的温暖。

一个人，曾经面对一圈人尴尬一时，一群人，曾经围着一个人会心一笑。

一个人，敞开胸怀是一群人，一群人，封闭心灵是一个人。

一个人，她叫斯苗儿，一群人，她叫浙江小数。

俞正强老师之所以有这样的感悟，是因为浙江省小学数学教研从来不是一个人的事。在斯苗儿身边，总是有一批能够随时聚在一起办大事的特级教师。

他们与斯苗儿一起磨课、改课，一起走访、调研，一起从"草根"中发现下一位"明星"，他们是斯苗儿教研的伙伴和搭档。

这些年来，这群名师聚集在一起，走进乡村，到条件最艰苦的地方"蹲点"调研、送"课"下乡，用自己的专业做教育的"精准扶贫"；他们给新手教师做陪练，为了一节课、一句话，甚至一个眼神、一个手势，细心打磨、精心指导，希望为新教师植入最好的"基因"……

他们一起，用实力说话，把好课上给你看；

他们一起，用坚守和传承，让浙江小学数学星火燎原！

一、聚在一起的名师

2013 年 5 月，在斯苗儿的组织与策划下，"浙江省小学数学特级教师校长联盟"正式成立了。用斯苗儿的话说，这个联盟是个民间组织，是在省教研室规定的各项必要任务之外的、她自己进行教研探索的"自留地"。联盟成员自愿报名，每年的活动也由联盟成员自发组织。虽然这是一个民间组织，但却从一开始便注定它将是一个"高大上"的联盟。

斯苗儿用浙江省小学数学特级教师校长联盟这个组织把名师聚集在一起，是为了让他们摘下"名师"的帽子，突破瓶颈、继续成长；也是为了让他们主动扛起"名师"的担子，言传身教，传承经验。

⊙ 一份倡议书

2018 年 12 月 25 日，在"浙江省小学数学特级教师论坛暨课堂教学风采展示活动"上，全体与会教师一起高声地朗读着一份倡议书《教育，因我们而温暖》。这篇饱含深情、温暖而又坚定的文字出自俞正强老师之手。会议现场，近八十位小学数学特级教师全体起立，他们中有的已经头发花白，到了退休的年纪，但个个精神矍铄、神情坚毅；在这群特级教师身后站着的，

教育，因我们而温暖

——2018 年浙江省小学数学特级教师倡议书（节选）

我们是浙江省小学数学特级教师，我们成长于浙江大地的各级各类学校，我们心中都有一颗温暖的种子，我们都愿意将温暖的种子，深埋于我们深爱的教育。

我们心甘情愿地为学生的成长付出时间和精力。

我们心甘情愿地为老师的成长分享经验与智慧。

回望来路，是坚守与感恩让我们成长。

放眼未来，坚守与感恩依然是我们的不二选择。

我们一起做有能量的坚守者，坚守在课堂，与学生一起，享受数学学习之乐；坚守在校园，做个纯粹的老师，傻傻教书，善待每一个孩子，上好每一堂课，改好每一本作业；任凭雨打风吹，让校园只为学生的成长而立。

我们一起做有能量的行走者，到乡村教师中去，帮助每一位教师保持心中的理想，不忘初心；到城镇教师中去，洗涤每一位教师的职业倦怠，保持成长。

我们愿意：
在坚守中温暖我们挚爱的孩子。
在行走中温暖我们深爱的世界。
无问东西，携手前行。
我们坚信：
教育，
因我们而温暖！

是更多的青年骨干和新手教师，他们和自己的师父一同起立，年轻的声音让这份宣告更加充满朝气。这一份倡议，是呼唤、号召、传承，更是浙江省每一位小学数学特级教师最坚定、最真诚的承诺。

这场论坛活动以"教育，因我们而温暖"为主题，围绕"传承、接力、感恩、坚守"四个关键词展开，分享了陈庆宪、夏美丝、朱乐平、钱希有、钱金铎五位特级教师四十年教育人生经验。作为这次论坛的主角之一，省特级教师、功勋教师、省小学数学教学分会理事长、舟山市教研员钱金铎老师说："这是一次前所未有的、超高规格的大会，可以说盛况空前。斯苗儿能够让浙江全省的小学数学特级教师几乎全员到场，这是难以想象的。而众多年轻教师的参与更是让我们感动，当我看到自己一手带出来的徒弟在舞台上上课、作报告，进行风采展示的时候，真的很激动，你能够从中感受一种精神、情感与力量的传承。"

作为这次论坛的策划者、组织者和参与者，斯苗儿从照片筛选、视频剪辑到会场布置、日程安排，全都亲力亲为。斯苗儿为我们介绍了举办这场活动的初衷。

2018 年是改革开放 40 周年，也是我国开启特级教师评审的第 40 个年头。这 40 年间，浙江省小学数学教学研究的前辈们不忘初心、砥砺前行，把自己的青春和智慧都倾注在了教育这块深厚的土地上。我们要感谢他们，更要学习他们。所以这次活动与以往不同，这次论坛的意义不在于理性、直白的教学指导，而在于传承师德师风，展现上一代人对下一代人的言传身教。我们想要通过展现老一辈特级教师自身的成长历程，传递给年轻教师一个信念——要想成为一名优秀的教师，既要树立正确的理念，又要一丝不苟地对待教育教学。

⊙ 摘下"名师"的帽子

浙江省的小学数学教研活动从来都不是教研员的"一言堂"，名师和特级在这里更没有任何"优待"和"特权"，他们不仅要会评课、能说课，还要能改课、能上课。省教研员斯苗儿总是"逮"着机会就要把这群名师和特级拉上台，让他们为台下的教师做演示和示范。而且为了改变特级教师只会上自己的拿手课的现象，斯苗儿总会变着法子"折磨"这些名师，让他们和年轻教师、新手教师同课异构，而且课题名称要由新手教师选，教学材料也由新手教师定，这些名师俨然被斯苗儿当成了舞台上的"超级陪练"。在这样的舞台上，新手教师成长迅速，名师承担的压力非同一般：上得精彩，大家觉得理所当然；上得不好，则会饱受质疑。因此，浙江的"小学数学名师"这顶帽子，没有一个人能戴得安安稳稳，他们一个个被"逼"着不断回炉重造、归零成长。

俞正强就是经常被斯苗儿"拉"上讲台的"演员"之一。在一次"成长课堂"的活动上，执教教师刚刚结束《百分数的认识》一节的授课，十分钟中场休息过后，斯苗儿、俞正强和其他两位老师作为点评嘉宾被请上舞台。前两位嘉宾点评结束，斯苗儿对课堂情况作了简单的点评后，大手一挥道："我光是这么说，没什么意思。刚好俞正强老师在，我把我这十分钟让给'俞特'，让'俞特'把这节课给你们重新上一遍。"

听到大名鼎鼎的"俞特"要现场授课，台下近千名教师掌声雷动。十几秒钟时间，十几名年轻教师作为"群众演员"已经被斯苗儿拉到了台上。没有多余的时间准备，俞正强就弓着腰，带着他标志性的笑容走到了台前，十分轻松地和"小朋友们"聊起了天。没有课件、没有教具，俞正强就直接用粉笔将刚刚执教老师在课堂上设计的几个问题呈现在黑板上。短短十分钟时间，同样的几个问题，俞正强带着"小朋友们"从百分数的表达、百分号的意义，讲到了分数与百分数的关系，讲到了百分数的运用，最后还讲到了百分数的本质。一节课后，不仅仅是台上的"小朋友"，就连台下坐着的老师、嘉宾们都惊叹道："原来百分数是这么一回事呀！"

这一群被"逼"着摘下帽子的名师，总是特别忙。他们不仅要忙着教学、管理，忙着带徒弟、领团队；忙着为自己"充电"，参加培训、参与进修，向其他教师取经、向理论导师问道；还要忙着跟斯苗儿一起在各种教研活动的现场奔走，做嘉宾、做评委，做"靶子"、做"模特"，忙着和骨干教师一起切磋技艺，忙着和新手教师同台比拼……他们根本不可能只是坐在台上动动嘴皮子做个点评，也不能躺在光荣簿上吃老本，而必须真正起到特级教师应有的示范作用，必须不断成长，一起向前走。

在浙江小学数学界，"名师"从来不仅仅是一份简简单单的荣耀，更是一副沉甸甸的担子。想要配得上这份荣耀就必须能扛得起这副"担子"，而扛起这副担子的过程中他们只有不断地充实自己，才能在后辈面前有名师的底气和自信，才能在讲台上有事可做、有话可说。斯苗儿用各种教研活动的"损招"为名师带来的这份"不安"，实际上是推动名师不断向前的最大动力。

⊙ 扛起"名师"的担子

浙江省的名师和名校长几乎各个都有自己的工作室，他们的工作室可不是挂个牌、挂个名而已，而是要真真切切地带着教师一起学习、一起磨课、一起改课、一起赛课。

浙江省小学数学课堂教学评比活动一等奖获得者临海市的杨灵君老师在赛后的感言中讲到了和自己的导师一起"备战"的那些日子。

我们是在比赛前一个星期才接到省教研室的通知，比赛要从"两位数乘两位数""除数是一位数除法""9的乘法口诀""平均分"四节课里边随机抽选一节进行课堂教学评比。这就意味着，我们的团队要在一周的时间内全力打造好四节课。那一个星期，我们每天都在进行头脑风暴式的备战，一日三餐不定时，每晚12点回家成为家常便饭。我的导师——省特级教师、临海市教研员陈庆宪老师也跟着我们一起日夜兼程，每天披星戴月、精心指导。

当时我们每设计好一节课，都要随机进行试教。但是由于时间紧迫，我的心理负担又比较重，我的课堂教学一再失常，总是进不了教学情境，甚至好几次在试教过程中忘记问题和流程。每次我出错，陈老师都会从教室后面急匆匆地赶上来，把我从讲台上赶下来，亲自示范，上给我看。有时候，看到我木讷的眼神，陈老师也会按捺不住，毫无顾忌地批评我："你怎么连这个都不知道了！""叫你不要背教案，不要背教案，怎么就是记不住呢？""这个环节怎么又上成这个样子？"……陈老师虽然言语犀利，但是静下心来之后，他还是会组织团队里面的小伙伴，再一次陪着我对课堂教学过程里的每一个环节精雕细琢。从问题设计到教学材料的组织与编排，从教学语言的打磨到课件的制作。我终于明白，我不是一个人在战斗，在我的身后有着一个强有力的团队。

这一周的磨炼，让杨灵君老师的课脱胎换骨，在赛课场上一举拿下一等奖。站在讲台上领奖的是杨灵君，但这份荣耀却不只属于她一个人，而是她背后的陈庆宪老师带领的整个团队。

带领一个团队，很难；而要改变一个区域的教学生态，更难。斯苗儿认为，城乡教育教学质量差异大，很重要的一个原因是农村学校缺少优秀的师资。为此，她尤其关注农村教师和农村学校的教研，浙江省的很多省级教研活动在农村学校举办，也是因为这个原因。浙江省的小学数学教研团队中，有很多从农村学校走出来的"新秀"和名师。从农村走出来不容易，但是要让他们下定决心回到农村则更加困难。斯苗儿总是鼓励自己身边已经功成名就的"明星"："你们是有使命的，农村学校的发展需要好教师、需要好校长，你们都可以在乡村教育发展中大有所为。"朱向阳就是在事业最辉煌的时候回到农村的名师中的一员。

2013 年，朱向阳就任义亭小学校长。当时的义亭小学是义乌市最大的农村小学，学生大多是外来务工人员子女，学校无论是经费还是师资，各方面都相对薄弱，是大家口中的"乡村薄弱学校"。特级教师朱向阳到了这样一所学校，他带领学校领导班子一方面精打细算、节约开支；另一方面想方设法争取各类资金补助。朱校长用三个暑期改造校园环境，让这所农村薄弱校有了明亮的教室、塑胶运动场地、全套的科学实验室、全新的电脑房和多媒体投影室，为学生创设了一流的学习环境和条件。为了提高教师的教学水平，朱向阳还在学校里成立了教师工作室。他带头进行教师帮扶，骨干教师手把手帮扶年轻教师，学科首席教师随时问诊课堂，还开展了进教室办公、撤销讲台、开放课堂等多种方式的改革探索。短短几年时间，学校成长出一大批年轻教师，他们在义乌市优质课评比上屡屡获奖，并有多名教师被评为义乌市教坛新秀。2019年，朱向阳校长出版《0—9：一所乡村学校的10个成长密码》一书，总结回顾了他在这所农村小学的工作经历。

把名师聚集在一起，体现着斯苗儿整体布局、抓大放小的教研策略，也体现着浙江小学数学教研团队中每一位名师的责任与担当。他们一起摘下名师的帽子，回归课堂、回归讲台，继续对学科教学的钻研与热爱；他们一起扛起名师的担子，把自己的经验留下来、传出去，用行动为后来者点亮了一盏前行的灯。

二、把最好的资源带到农村

"转变教研方式，倾斜扶持农村教师，为农村教师成长搭建舞台；牵线搭桥，加强农村学校之间的校际交流，开展多种形式的教研活动；以点带面，率先培训一批农村骨干教师，以期'土专家'们在校本教研中发挥引领作用；改进'送教下乡'方式，力求'调研 — 诊断 — 示范'一体化，加强'送教'的处方功能；加大城乡学校交流的力度，建立和完善'支教'制度。"这五条建议，是2005年斯苗儿在《农村完小新课程实施面临的困难与思考——关于浙江省农村完小小学数学新课程实施情况的调查报告》中写到的。

这份报告从问卷编写、实地调研、问卷回收再到统计和分析历时两年。两年间，斯苗儿带着她的小学数学教研组走访了余杭、义乌、海宁、桐乡等十余个试验区与推广区的农村小学，听了一百多节课，发放了两千余份问卷。这一次调研，让她深深地体会到农村小学在课程改革与发展上的种种困难。她在报告中写道："多年来，各级教研室举办活动存在着'重城区、重县城'的做法，很少关注农村教师的成长，也很少为他们搭建舞台。农村，特别是海岛和山区的小学布点分散，教师同伴交流和研讨困难，但绝大多数教师都表现出希望得到培训的迫切要求和愿望。如何针对农村的实际，开展校本教研，促进教师的专业化成长，是值得我们研究的重要课题。"

从这份报告完成至今，已经过去了十六个年头，但当初萦绕在斯苗儿心中的那些问题一直被她牢牢地挂在了心上，她在报告中提到的五条建议也被她一条条地落实了。

⊙ 把"蜻蜓点水"变成"细水长流"

斯苗儿说，支教应该是切切实实地为乡村的学校、教师和学生送去他们需要的"课"，他们听得懂、学得会的"课"。

2000 年"浙江省小学数学第六届年会暨课堂教学观摩活动"上，乡村教师郑水忠的话犹在耳边："我是一名偏远山区的教师。这样的课很好，可是我们学不来呀！"正是这句话触动了斯苗儿，也让她下定决心去乡村看看，去乡村调研，一定要搞明白乡村学生和教师真正需要的是什么样的课，到底什么样的课才能让乡村的教师学得会，让乡村的学生听得懂。

四年的摸底调研让斯苗儿慢慢地摸索出了一条"蹲点调研"之路。

2004 年 11 月，斯苗儿开启了她的第一次乡村蹲点服务。回想起第一次蹲点的经历，斯苗儿仍然抑制不住内心的激动："省里的教研员、特级教师早就已经习惯了打在电子屏幕上的欢迎词，但是这所学校真的条件太简陋了，他们没有大屏幕，为了表示对我们的欢迎，他们用红色粉笔在小黑板上端端正正地写了一段欢迎词，我们很受感动。当时为了更好地给教师指导，我们就在学校里跟他们一起办公，办公室里什么都

没有，每人就一张桌子、一把椅子，但大家讨论得都很认真。你能感受得到，这些教师真的太需要，也太渴望学习的机会了。"从这时起，斯苗儿更坚定了"把好的资源带到农村"的信念，也正式开启了她的乡村教研之路。

2004年至2007年，斯苗儿带领钱金铎、骆玲芳、潘旭东、丁杭缨、马冬娟、钟麒生、朱国荣等多名特级教师，持续服务江山市贺村镇中心小学及下属村完小。省教研员带领特级教师团队用三年时间持续蹲点同一乡镇的乡村小学，这是前所未有的，他们的关注让很少有机会走出去的乡村教师第一次感受到来自外界注视的目光。三年里，斯苗儿带着她的特级教师团队和乡村教师一起在讲台上上课，和他们一起面对面地聊天、讨论，也跟他们一起熬夜、改教案。斯苗儿和特级教师的陪伴、帮助、支持与鼓励不仅让这些乡村教师学会了"如何上好一节课"，更学会了"如何做一名优秀的教师"。

2007年，持续三年的蹲点服务结束的时候，斯苗儿收到了一封来自贺村镇中心小学的感谢信，信中写道："感谢您这几年对我的指导！因为您的引领，我由一个默默无闻、毫无自信的'教书匠'慢慢变成一个充满阳光、充满自信的优秀教师。我深切体会到，原来农村教师也能茁壮地成长，农村教师也能出类拔萃。"这封信的写作者周群梅老师，现在也已经成为江山市的小学数学教研员。如今的她，像当初的斯苗儿一样，带领着团队将优秀的成果、经验分享给更多像她一样的乡村教师。

把"蜻蜓点水"变成"细水长流"，斯苗儿和她身边的这群特级教师一起，不仅把"好课"带到了农村，更是用农村教师最得心应手的方式，手把手地将一节好课的思路、方法和过程毫无保留地展示给了农村的教师，让农村教师也看到了成长的希望。

⊙ 既要"走进去"还要"带出来"

2018年4月，浙江省小学数学乡村教研共同体正式成立，斯苗儿是这个共同体中的"团长"，到目前为止已经有近五十所学校和两百多位教师参与其中。用斯苗儿的话说，这个组织就是要秉承"借力名校、牵手名师、聚焦课堂、助力成长"的宗旨开展活动。在她的感召之下，杭州市学军小学、杭州求是教育集团、金华师范学校附属小学、东阳市外国语小学等名校纷纷加盟其中，导师团队更是熠熠生辉，俞正强、袁晓萍、骆玲芳、柳敏敏、江萍、陈昕、杨凯明、朱国平、杨海荣、吕立峰、汤骥、宋健泳、戴慧琴、朱国荣、郭慧等一大批具有全国影响力的特级教师和教研员倾力加盟。

能在一次教研活动中见到这么多的特级教师，对农村教师来说是想都没想过的。在浙江省小学数学乡村教研共同体的第五次研讨活动上，第一次参加活动的新手教师、东阳市的郭春老师就感慨道："当时会场前面的一排是嘉宾席，我一直不知道这一排坐着的都是些什么人。一直到开幕式主持人介绍的时候我才知道，这一排原来坐了八位省特级教师以及十多位来自省里各区县的教研员。特级教师是什么概念，对我们这样的县级市东阳来说，我们全市都没有一个小学数学的特级教师，一下子出现八个，让我这个'下里巴人'惊呆了。"

对于这些参加活动的教研员和特级教师来说，他们不仅要以导师的身份加入乡村教师的队伍当中，还要真刀真枪地陪着队伍中的教师磨课、试讲和示范。有些时候，自己的徒弟如果上得不好，导师还要负上"连带责任"，跟着自己的徒弟一起挨骂。而对于乡村教师来说，他们要以学员的身份放下自己固有的经验、风格和手段，以学生的姿态重新学习怎么认识学生、怎么理解教学、怎么上好一节课。

新手教师郭春和他的导师吕立峰，就曾经被斯苗儿"折磨"了一番。当时，吕立峰老师担任六年级组的导师，经过前期的集体备课和磨课，他们推举来自东阳外国语小学的郭春作为全组代表在大会上作展示。然而，郭春的展示课上得并不顺利。吕老师本想着回去带着自己的徒弟继续磨课，没想到斯苗儿却突然告诉他："学员没上好课，你作为导师是有责任的。明天上午你来上导师示范课，内容就跟郭春的一样。"

带着万分的愧疚和压力，吕老师把郭春的教案改了一遍又一遍，一直折腾到第二天凌晨三点才终于改出一版自己满意的教案。第二天上台，他利用前测试卷准确了解了学生的认知起点，并且从学生已有的经验出发，带着学生一点点深入，不断聚焦这节课的中心问题。课堂教学过程简洁、深刻而又生动，获得了在场学生和教师的一致好评。看到自己导师的展示课，郭春在活动结束后做了深刻的反思。

一直以来我对上课都非常有自信，备课一个小时，我就可以上公开课，从来不试教，从来不做前测，从来不了解学生。经历这一次我算是明白了，我总是在利用自己的主持经验调节氛围，却没有真正地了解学生、走近学生、尊重学生，我一直在施展自己所谓的才华，并没有用心备课，用心教学。现在看到师父的课，特级教师备课都如此用心，而我，什么都不是，却没有对学生的敬畏之心，又如何能上好一堂课呢？以前我一直都在听专家说"要走近学生，要尊重学生，课堂要以学生为主体"，原来我觉得我都懂，直到这次活动我才真正明白了它们的含义。

⊙ 为乡村留下一批"土专家"

资源带进来了，舞台也搭起来了，但斯苗儿却没有在"走进去"和"带出来"之后就停下脚步。"走进去"和"带出来"的目的是让农村教育能够自己"长起来"。她不仅仅用培训、讲座、公开课在乡村里培养出了一群名师，更是尽全力将培养出的名师留在了农村，为农村带出了一批土生土长的"土专家"。现任丽水市景宁畲族自治县教育研训中心书记、省特级教师柳敏敏就是被她留下来的名师之一。

有着三十三年教龄的柳敏敏被斯苗儿称为"乡村教育的定海神针"。她所在的县资源少、条件差，两年前才刚刚摘掉贫困县的帽子，而她却在这样的山区里坚守了三十三年。2002年就被评为浙江省小学数学特级教师的柳敏敏，近二十年里无数次接到其他地方、学校抛来的橄榄枝，很多地方还许诺她高薪和优厚的待遇，她却一直没有动摇，成为大山里唯一的特级教师。

2001 年，柳敏敏作为浙江省"5522 名师"的首期学员到城里参加省里统一组织的培训，斯苗儿作为培训的导师之一，经常给他们作讲座和报告。讲台上快人快语、话风犀利的斯苗儿让柳敏敏一下记住了她；而柳敏敏作为名师团队里少有的乡村教师也很快引起了斯苗儿的注意。那时的柳敏敏在活动中总是"怯怯的"，认为自己是农村的，跟城里的教师有差距，对省里的教研员、专家敬三分，也怕三分，从来没想过"小地方"出身的自己能在一群名师中得到省教研员斯苗儿的关注。培训活动后，斯苗儿一直和柳敏敏保持着联系，有机会就把她带着一起参加省里的各项活动，还经常带着省里的名师和专家团队一起到景宁，给县里的教师做培训、给各个乡村小学做诊断。谈起自己和斯苗儿的交往，柳敏敏说："我一个农村教师，和斯老师非亲非故，她却能把我放在心上，能为我们乡村教育做这么多事情。她知道山里的教师最缺乏和名师的交流，她就两年内带着团队六次来景宁，来的全部是名师和特级，而且所有活动都分文不收、无偿服务。她太知道我们需要什么了，也愿意为我们提供各种资源，因为她心里装着我们这些乡村教师，装着基层和弱势群体。"

2015 年，柳敏敏因为身体原因辞去了校长职务，一心想着回去享受退休生活，但斯苗儿却不舍得放走这位好不容易培养起来的"土专家"。知道柳敏敏辞职的消息，她第一时间打去了电话，"听说你辞去了校长的工作，那现在有更多时间了，该为乡村教育服务了。""该为乡村教育服务了"，一句话让柳敏敏一下子感受到了自己身上的责任。回想起当初接到那通电话的心情，柳敏敏说："我是从乡村里长出来的，我了解乡村的教师需要什么，我有责任为乡村留下更多的东西。斯老师的那通电话让我重燃激情，开启了为乡村教育服务的第二春。"

这通电话之后不久，丽水市景宁畲族自治县成立了"小学数学新教师培训班"，专门为教龄三年以内的新手教师服务，柳敏敏亲自操刀打造这个丽水市第一个新手教师培训基地。带好乡村教师、带好乡村里的新手教师，给乡村教育播下更多的种子，成了柳敏敏现在最重要的工作。

在浙江省小学数学团队中，扎根农村、坚守在乡村教育第一线的教师不止柳敏敏一个。省功勋教师、特级教师钱金铎在舟山这个海岛上坚守了四十多年，被斯苗儿尊称为"浙江省小学数学教育的'定海神针'"；省特级教师、台州市的戴银杏老师在天台县的山区里扎根了三十多年，2020年被评为"全国先进工作者"。他们，不仅是乡村教师眼中可以指引方向的"明星"，更是乡村教育的一颗种子，在这片广阔而肥沃的土地上开枝散叶。

从"重城区、重县城"到关注农村、支持农村、服务农村，斯苗儿和她的乡村教研团队把最好的资源带到了农村。十余年来，她们办了百余场讲座，上了几百节示范课，培养了数十名乡村骨干教师，她们让乡村教育从"输血"走向了"造血"。"不拿乡村教师一分钱讲课费""只要是乡村学校的活动，我愿意去，我一定要去"，这是斯苗儿和她的乡村教研共同体中特级教师和教研员最朴实的行动。他们用自己的方式推动着公平而有质量的教育，向前走！

⊙ 为别人点亮一盏灯

三十年来，在斯苗儿带领下成长起来的名师中，很多人已经有了自己的团队，他们也开始像斯苗儿一样，成为别人的引路人。前文提到的省特级教师、义乌市的杨凯明校长就是这些名师中的一员。

杨凯明校长是从农村学校里一步步走出来的，2003年的省优质课比赛让他这个"草根"教师受到了省教研员斯苗儿的关注，并被斯苗儿当作"好苗子"重点培养。讲到斯苗儿，杨校长毫不掩饰自己的敬佩与感激之情："都说千里马常有，而伯乐不常有。斯老师最令人敬佩的一点就是她不仅能够'看到'我们这些原本默默无闻的人，还愿意特别真诚、热心地帮助我们、成就我们。对我而言，斯老师就是我的伯乐。"讲到自己的成长历程，杨校长陷入沉思。

跟斯老师在一起的这些教师，要真正成长起来都要经过蜕变，而蜕变，一定是先要有痛的过程，我也不例外。那个时候我已经是浙江省小学数学优质课评比一等奖的第一名，可以说是尖子里的尖子了。有一段时间，觉得自己很厉害，现在想想那时候自己是有些飘了。那段时间上课，开始油腔滑调，很多话都是为了凸显自己的个人魅力，听起来很幽默、很好笑，但是跟教学内容无关，跟学生关系也不大。斯老师听过我的课，把我骂得狗血淋头。但自己当时就是扭转不过来那个劲。为此，斯老师有很长一段时间冷落我，压根儿不理我了。这对我是一种很大的刺激，逼迫我开始慢慢地去思考、去调整自己。过了一段时间，斯老师主动地来找我，我才知道，原来她没有放弃我，她相信我有这样的判断力，相信我能够做出正确的选择和调整。也是在这样的调整之后，斯老师把我推向了全国的舞台。

　　杨校长说，自己"追"斯苗儿"追"了十六年，斯老师的每一次活动只要时间允许他就会去参加；她组建特级教师校长联盟，他主动报名要求加入；她组建乡村教研共同体，他也第一时间响应。他说："我是斯苗儿老师带起来的，我现在也有自己的队伍了，我当然也想像斯老师一样，帮助我自己队伍里的教师成长。"

　　现在的杨校长已经有了自己的名师工作室，这个工作室就在他工作单位的所在地——义乌。义乌市有六十多所小学，在他的工作室里有来自各个学校的八十多位教师。

　　很奇怪，斯老师对我的影响，我自己有时候都想不到。现在我团队里的这些教师，几乎都是农村学校的骨干和中层，还有就是三年教龄以下的年轻教师。现在想想，这不就是斯老师选人的套路嘛！我也给学过来了。而且，斯老师当时带着我们做的那些事情，聊课、磨课、改课，我正在带着自己的团队做。我们这里的教师一开始很惊讶，上课还可以这么搞呀！现在，我们经常一起改课、试讲，有时候到凌晨一点钟，大家慢慢也都习惯了。我就是在用斯老师的方式在带自己的团队。斯老师身上的这种影响力，她自己也许都感受不到，但是我们能够感受得到。我们这个市，因为我的存在，这些骨干教师和上进的年轻教师，都围在我的身边。但是你想，这八十个人下去，他们每个人还有自己的团队，他们可以带动他们整个学校的校本教研！这个影响范围有多广，你可以想象一下。

当我们问及杨校长之后的打算时，他说："我就是想继续这样走下去，围在斯老师的边上，很幸福，我总是感觉自己还在不断地生长。我在她那里待一天，就有很多很多事情可以跟着学、跟着做。她影响我，我又可以影响很多人。我觉得这样很有意义。我也希望像斯老师一样，为别人的成长点亮一盏灯！"

如果把浙江省小学数学团队比作一片灿烂的星河，斯苗儿也许就是这片星河中最亮的那颗星，在她身边围绕着的那些闪闪发光的"明星"也都在发挥着自己的光和热，照亮着属于自己的那片天空。这些星星，一颗连一颗，一片连一片，成就了我们现在看到的这一大片璀璨的星河！

三、给新手教师植入好基因

如何能够让一位刚刚起步的新手教师快速成长？斯苗儿认为，关键在于"要给新教师植入好的基因"。而这个好的基因就像一颗种子——上一节好课的种子、成为一名好教师的种子。有了这个基因，有了这颗种子，新手教师才可能在自己的从教之路上开出一朵朵灿烂的小花，才可能在之后上好每一节课，成为一名优秀的教师。斯苗儿和她带领的名师团队，就是这个基因的植入者，也是这颗种子的播撒者。

⊙ 台前与幕后，你们一直在

"台前与幕后，你们一直在；开始到结束，你们一直在。我们之所以成为我们，一定是因为你们。"这是新手教师、杭州市的喻书蕙老师在成长课堂活动后向她的师父表达的心声。

喻书蕙大三实习时便在斯苗儿邀请下参加了省教研室的活动，她本科毕业论文的选题就是一位新手教师成长的个案研究。参加《小学数学教育》编辑部组织的成长课堂展示活动时，喻书蕙的教龄刚满一年。为了能让喻书蕙上好这节展示课，师父袁晓萍老师带领团队帮她一起加班改教案、选材料、找问题、磨语言，直到展示课的前一晚，她们还一起窝在宾馆的房间里磨课，试讲到深夜。

第二天一大早，为了能让这位新手教师以自己最好的面貌登上舞台，袁晓萍和学校其他教师一起帮她整理着装，为她扎起高高的马尾。充满朝气、阳光而又开朗的喻书蕙在这次展示课上取得了优异的成绩，得到了评委和专家的一致好评。

早早入门，又遇上了两位好师父，这让喻书蕙成长得十分迅速，入职第一年便能够在全国活动中上展示课、作报告，还将自己的成长经验、心得体会写成了小文章，成功发表。喻书蕙在活动结束后写下了这样的感言。

我们的数学教研组是一个幸福的团队，因为我们有富有智慧的军师和强有力的后盾。我们所展现出来的一节节"好课"背后，每一次都有师父的指导。大到整节课的灵魂和基调，小到教学过程中的用词和语调，师父都会悉心指导。我们都特别有底气，因为我们教研组的每一位教师都不是一个人在战斗。在我们这里，每一节"好课"的诞生都离不开整个数学教研组的付出。从教学流程的确定，到板贴、课件和微课的制作，每一步、每一个环节都凝聚着整个团队集体的智慧。师父一声呼喊，大家都会来听课、评课，一起出谋划策，毫无保留地给予指导与帮助。因为有这样的陪伴、指导和支持，这个团队中的每一个人都是踏实的，是幸福的。

⊙ **帮新手教师谋划好初为人师的那些"第一次"**

斯苗儿在给一些教育干部培训班上课的时候，经常会问校长们两个问题："如果有新教师分配来，你们会把他们安排在哪个办公室？""你打算让他教一门主学科，再做班主任吗？"面对第一个问题，大多数校长表示出惊讶，觉得这个问题没有考虑过，新教师不是用来补缺的吗，哪里需要就放哪里呀，至于放哪个办公室自然就是按他所任教的学科和年级安排。而第二个问题，他们给出的答案几乎是一致的，按照他所学的专业安排学科，如果教语文，就得做班主任；如果教数学，就看情况了。这个问题也在省教研室于 2018 年启动的浙江省新教师教学胜任情况的问卷调查中得到了验证，近 18000 名新教师（五年教龄以内）中，入职第一年任教语文或数学学科，又做班主任的高达 40%。

在斯苗儿看来，新教师入职之初往往会遇到学校系统适应和教学上的诸多问题，这些问题如果没有得到妥善的解决，就会对教师的成长产生深远的影响。如果一位新教师被安排在一个温暖如家、人际和谐、乐于分享、互相帮扶的办公室里，他遇到任何的困难都愿意倾诉和求助，并能得到很好的回应和引导，就能快速适应并成长。

到底如何帮助新手教师度过成长关键期，走好教学生涯的第一步呢？在《小学数学教育》2018 年第 12 期的卷首语，斯苗儿以"初为人师的那些'第一次'"为题，探讨了新手教师的成长秘籍并详细介绍了她从袁晓萍老师那里分享来的"锦囊妙计"——初任教师需要经历和过关的 24 个"第一次"。

从教二十六年，袁晓萍老师做了二十三年的小学数学教研组组长，像浙江省的很多特级教师一样，袁老师也有着自己的团队。她现在所带领的团队，是一支非常年轻的队伍，团队中绝大部分教师都是教龄在五年以内的年轻教师，而像喻书蕙一样刚入职的新手教师也有不少。总结自己带领新手教师、年轻教师的经验，袁老师说："我们是在用最笨拙而又最科学、最辛苦而又最有用、最麻烦而又最精细的方法成长。"她所说的方法，就是台前幕后的悉心陪伴，是事无巨细的贴心关照，是不厌其烦的精心指导。为了让新手教师能够更加从容地面对教室生涯中诸多的"第一次"，袁老师将每位新手教师需要面对的难关总结成 24 条，这 24 条不仅涉及了教师教育教学能力和专业技能的修养，还包括了社会适应性和人际交往能力，可以说是一张"全方位帮扶新手教师的图鉴"。针对这些难关，袁老师带领新手教师在模拟情境中试讲和试练。和他们一起备课，带领他们一遍遍打磨教案，设计最适合学生的活动，选择最典型、最有效的教学材料；和他们一起试教，一遍遍改课、磨课，努力让他们在入职的第一年就能够拥有自己的"代表课""代表作"；和他们一起讨论，如何打造好学生心中的"初印象"，如何和家长有效沟通；在他们被"熊孩子"弄哭、被家长质疑的时候悉心安慰，让新手教师重拾信心……

关注初为人师的"第一次"，她带着新手教师慢慢地学会了与家长、同事和学生交往，也帮着教师站稳了讲台。因为有了名师的指导，杭州市学军小学的新手教师成长迅速，在各级各类的比赛中获奖无数，而且各个充满朝气、干劲十足。

⊙ 为新手教师搭建成长的舞台

名师的指点帮新手教师打好了基础，教研活动中的"重点关注"则为新手教师搭建了舞台。

斯苗儿总说教研活动也要做到精准扶"贫"，而乡村教师和新手教师就是教育机会与资源的匮乏者，是教师中的弱势群体。与老教师相比，新手教师由于从教时间短、缺乏教学经验，教学能力与水平和骨干教师仍然有一定的差距，因此，他们很少有机会在省、市一级的活动中进行展示。但另一方面，新手教师刚刚开启自己的教师生涯，对学生、对教育和教学都充满激情，和已经有了一套固定教学模式的老教师相比，他们的课堂教学有着更多的可能性，也更加具有可塑性。正因如此，为了让这些初出茅庐的"小老师"能够保持激情，不在默默无闻中销声匿迹，斯苗儿总是在各类活动中毫不吝啬地将更多的机会留给新手教师，还专门为新手教师在"千课万人""成长课堂"等舞台上打造了一系列的活动。在这些活动中，教龄三年以内的新手教师和骨干教师、教研员、特级教师同台比拼，一起磨课、聊课、改课，历程虽然"痛苦"，结果却能让每一位新手教师迅速成长、满载而归。有教师在活动体会中写道："跟斯老师一起磨一次课，那真像是脱一次皮，能胜过自己上好几个月的课。""我们这些新手教师，每次都是硬着头皮上，却也在'丢人'中慢慢成长。"

经济贸易专业毕业，当时教龄只有一年的新手教师、湖州市的王诗云老师就曾经在"成长课堂""好课燎原"的舞台上和大名鼎鼎的俞正强老师一起同课异构。王老师向我们讲起当时和斯苗儿一起磨课的经历。

在磨课之初，我认真研读了课标，对比了初中和小学对"负数"学习要求的差异，也学习了多位名师关于该内容的展示课。但是，几次试教后，我依旧迷茫无措，不能准确了解学生的认知水平，也不能准确把握教材。这时，斯老师的到来，犹如给我吃了一颗定心丸。她不厌其烦地指导我，大到这节课的框架和重点如何去构建，小到某个环节要运用哪些素材，甚至是一句话，一个词语。就这样，在斯老师的帮助下，一堂朴实有效、有思维含量且灵动的课初具雏形。这次的磨课经历，让我对课的感悟更加深刻，对教材的解读和处理能力有很大提高，更重要的是，学会在教授知识的同时，关注学生的心理特点和学科成长。教师生涯伊始，能和俞老师切磋学习，能得到斯老师的悉心指导，既是幸运更是鼓励，我也必将带着这份专情继续前行在数学教学的道路上。

教师入职的前三年是成长的关键期，斯苗儿和她的名师团队用指导和陪伴帮助他们攻克难关，走过教师生涯中的诸多"第一次"；也用无微不至的关怀和"见缝插针"的鼓励让他们对教育和教学充满信心和激情。斯苗儿说："上好第一节课，才能在之后上好每一节课；学会爱第一个学生，才能在之后爱每一个学生。"斯苗儿和她的名师团队为新手教师植入好基因，是为了让他们成为更优秀的自己，更是为了让浙江小学数学在他们的手中走得更远、飞得更高！

結語

好课何以燎原

好课燎原是理想，也是强烈的现实需求。斯苗儿和她的团队，正在把理想变成现实。

好课如何燎原呢？条件、机缘都难以明述，但在我们看来，至少要有以几下几点打基础。

一、要有这样的教研员

提到教研员，常能听到两种截然不同的意见。一种是高度的褒扬与仰视，言教研员水平之高超、功劳之卓绝，教研员是教师专业发展的领航人；另一种则是极度的鄙视与不屑，言教研员之不劳而获、不懂装懂，"有他没他一个样儿"，教研员是一个"活少钱多"的轻松活儿，是个"肥差"。

提到浙江省小学数学教研员斯苗儿，不能保证全都是褒扬，但一定不会认为她干的是省力的轻松活儿，也一定不会无视她的存在。即使与她并不熟识，听过她的故事，许多人也会感动。不过，也有不少人生出感叹：这个教研员太特别，她的教研太特别。不好学！

斯苗儿和她的教研确有诸多特别之处。正是这些特别之处，为浙江小学数学的燎原好课提供了星火。

斯苗儿毕业于杭州大学教育系（现浙江大学教育学院），与绝大多数"教而优则教研"的学科教研员不同，她没有"学科背景"。一般来说，这绝对是她的"短板"，会让她工作时缺乏底气。但她有"迷之自信"，愣是把"短板"变成了"特长"。她说："教育系背景更容易基于学科，超越学科；基于学段，超越学段。"也许因为没有学科背景，所以她比较"空""软"。因为"空"，便可以吸收容纳更多不同的意见；因为"软"，便可转弯抹角触及通常不被触及的领域，让原本很"硬"的学科有了学生的活动轨迹，有了教师的个人风格，让冷冰冰的教学变得温暖友好，成为学生喜欢的活动。她的"毛数学"的主张，极富孩子味，因而极具教育韵味，让原本壁垒森严的学科，成为可以吸收、扩展的鲜活实践。她用"软"软化了学科的"硬"，她用"空"空掉了陈见和偏见，让小学数学的数学味变得可爱可亲、富有人情味。看来，要学斯苗儿，得先学学教育学、心理学，知道教育是什么，教育应该怎么做，知道教育的根本意义。

斯苗儿没有学科背景，但她有主心骨，从来不跟风跑。她说："之所以能不折腾不跟风，因为大学里学过教育史的课程。"——这话有底气。一浪又一浪的所谓改革，在学过教育史的人看来，相当多都只是花样翻新的把戏，历史已经证明这些并不是"正道"。有了这样的底气，便可轻拂"迷人眼"的"乱花"，安心做点实事，实实在在地研究点问题。哪怕只是一点点小的推进，也比大动静的花架子改革要好。铆住劲推动一点小小的进步，是真正有意义的贡献。既对得起自己人生的"潇洒走一回"，也对得起自己得以立足受人尊敬的工作岗位。看来，要学斯苗儿，还得先学点教育史。教研员的视野应该是广阔的，至少要知道教育发展的历史进程。

斯苗儿的学科视角很特别，她尤其关注学生的思维过程、思维品质。例如，她会出几道"挖坑题"看有多少学生掉到坑里，然后再用问卷、座谈的方式，问学生为什么会"掉坑"，转回头来再与教师一起讨论研究如何打破学生的思维定式。这样的方式看起来简单，实则是一种有效的教学"破坏实验"——打破常规，暴露日常教学中不被关注的问题。基于对教育问题的准确把握，调查中常用的问卷与访谈，成了她进行教研的得力助手。看来，要学斯苗儿，还得学学教育研究方法。教研员要看到课堂教学现象背后的本质问题。

以上几点，下功夫是可以学到、做到的。

不过，要像斯苗儿那么有人格魅力，倒真是不容易。

斯苗儿教研时的严厉、严格与她日常的灵活机智、幽默风趣"难舍难分"，是她处世风格的一体两面。如若没有后者，她的霹雳雷霆、金刚手段，大约是教师难以承受的。若只是截取她的一个工作片段，人们难免惊讶她这样的工作风格竟然会得到教师的拥戴。若是了解她了，便会明了为什么她这么做能够行得通。

她的风趣随时随地，料想不到，出人意表。一次，和斯苗儿结伴同行，偶遇一个小伙子发传单推销牛奶。同行的几人不理不睬继续聊天行路，只有斯苗儿回应："断奶了！谢谢！"诸位应能想象，稍一愣怔之后，双方都爆出开怀大笑。刹那间，楚河汉界毫无关联的两方，立刻和谐友好起来。推销的小伙子估计从来没遇到过这样的应对，笑得不能自已。原本他是立在街中的透明人，人们大多面无表情冷漠前行，不会专门关注他，更少有人回应，尴尬是他的常态。斯苗儿的这样一句回应，即便于他而言并没有得到物质性的好处，却得到了精神上的回应，他一定满心愉悦，一生难忘。

斯苗儿就是这么会搞"气氛"，这种本事很少有人能学得来。不过，机智幽默也许难以学来，但她热情诚恳的态度、对他人呼唤的积极回应，却是可以学的，也是一个教研员最基本的素养。说到底，教研员并不能代替教师上课，教师的成长终究是要教师自己在实践中摸爬滚打、积累经验、反思改进。因此，对教师"上心""用心"，形成人人愿意教研的氛围，才是根本。斯苗儿的教研是"玩"出来的，教师跟她在一起玩得很开心。在这样的氛围里，霹雳雷霆、金刚怒目都是"玩教研"的要素，缺一不可。

斯苗儿是一位资源配置能手。致力于好课燎原的教研员，初心和意图大概少有考虑自己是不是能成为一个有名的教研员，而是要成就好课、成就好教师。所以，绝大多数像斯苗儿这样的教研员，都可以用"为教师做嫁衣裳"来描述。她的眼里有课、有教师，所以她要为教师的研究搭台阶、找资源、建平台。她说："我可以不行，但我要知道谁行。"因此，她所做的一项极为重要的工作，就是开放空间和资源，做好资源配置，让教师有更大的视野、更高的见识、更多展示的平台。

有这样的教研员，好课和好教师的出现便可期待。

二、教研得这么做

在我们的语境下，提到"教研"这个词，意思是明明白白、无须解释的。如果跟外国人解释，则通常将其译为"教学研究"，即"研究教学"或"对教学的研究"。民国年间的中小学校有教学研究会，职责与做法与今日学校教研组类似。因此，若套用早期"教学研究会"的名称来解释"教研"的话，似乎把"教研"看作"教学研究"的简称也是理所当然的。但是，经过近百年的发展，尤其是新中国成立后，专门的教研机构（教研室）的成立及常规教研活动的展开，使得"教研"有了自己独特的内涵与价值，成为一个专有名词而与"教学研究"有所区别。若译成英语，则应该如"功夫"那样，音译为"jiao yan"。

我们认为，"教研"不能等同于"教学研究"。二者的区别极其微妙，大约只能意会。例如，高校的课程教学论学者的教学研究，通常就只是教学研究，而不是教研。这样的教学研究即使以"课"为对象，其目的也不直接指向"课"的改进，而在于解决某个理论难题或探索最一般的教学规律。这样的研究，虽然其终极目的是指向实践的，却并不直接关联实践，尤其不指向某节课的改进。这样的教学研究相对超脱也相对抽象，某种意义上也脱离实际，甚至可以对实践不负责任。事实也如此，一线教师经常说大学"专家"的讲座和文章"云里来雾里去""云山雾罩""不知所云"。理论脱离实际，是常有的。

但是，教研员的教研却完全不同。教研不能不指向某节课的改进，不能不对实践负责任。教研员的教研一定是直接在实践中并指向实践改进的。

例如，关于以下问题的讨论教研员与学者的立场与解决方式便不同。如何看待教师的研究？教师要不要研究，如何研究？教师要不要写文章？写什么样的文章？学者们发现，一线教师做研究通常是为了评职称、评特级，课题研究多为低水平的重复，是远离教学的另外一件事，需要另花时间、用另一套话语。当一线教师用繁复的大词、生硬的名词，写出一些自己都不明所以的文章时，学者们多会认为这样的文章不该写。他们认为，教师就应该"好好上课"。"把课上好"是教师的职责和义务，上好课胜过一切研究和文章。但是，大多数做研究、写文章的教师，课也上得好，不矛盾。上课上得好的名师，文章通俗易懂，备受欢迎，写的是大家想解决而没能解决但被他找到了解决法子的好文章，一如浙江小学数学教师团队所写的文章那样，与课息息相关。显然，学者所说的"研究"和一线教师所理解的研究是不同的。教师的研究，是从自己的实践中生发出来的，就是对现实问题的转化和解决。

作为教研员，斯苗儿没有学者的这种犹疑，她用教研行动处理了学者和一线教师的困惑。她用"三段十步"教研支架，朴实地解决了"上好课"和"做研究"的矛盾，让教师把教学与研究融为一体，做成一件事儿。"想明白、说清楚、做到位、写出来"，便是教学的过程、研究的过程。这个过程提醒着教师要认真对待自己的每一节课，形成自己的代表作。"三段十步"把教师为什么做研究，应该做什么样的研究，如何做研究，想得明明白白、说得清清楚楚，而且通过自己的努力做到位了。斯苗儿和她的团队的成就表明，一线教师不是不应该做研究，而是应该做生发于实践的研究。

说到这里，我们应该能够体会出"教研"与"教学研究"的微妙区别了。

带动教师做实实在在的研究就是"教研"，特指教研员带领教师研究教学的活动。因此，"教研"不同于"教学研究"的地方，在于它不是一个人对教学所做的抽象研究，而是带领、激发教师做研究的活动。

斯苗儿带领教师所做的研究，实在、扎实、接地气，它们不是从概念或理念出发的研究，也不是针对具体某节课的"上法"所开的处方，而是"自下而上""自上而下"交互结合的研究，也是日常教学改进与教学理论突破的结合。这样的教研，从实践中找难题，以敏锐的眼光审视筛选教研主题，在解决问题中推进理论的发展。他们通过培育教师上好一节一节的"课"来发现问题、改进实践、发展理论。这样的研究虽然目的不在于丰富和制造新的理论概念，但理论的发展离不开这样的研究。

那么，如何带动教师做研究？斯苗儿的经验是，组建团队，形成研究共同体，形成研究问题的氛围。她说："教师不能孤孤单单地做研究，一定要有研究的氛围。无论是在教研组、学校还是区域，一定要有能够一起讨论、一起商量问题的人，要有持有共同认识的人一起研究。"斯苗儿的工作就是让每一位教师都卷入教研，让教师在教研中喜欢上教研，发自内心地觉得教研有用，从而心甘情愿地做教研，甚至"不惜牺牲休息时间来做教研"。

斯苗儿创造了一种"聊课""改课"的教研模式，目的正在于让好课燎原。

"课"是教师的立身之本，因此，研究"课"、改进"课"，以"课"为对象、为抓手，也以"课"为目的的教研，教师是喜欢的。但是，仅仅是听课然后由教研员发表"隔靴搔痒"的评课，教师不喜欢。斯苗儿把传统的听评课升级为聊课、改课，聊"课"的"前世今生"，不同的人改"课"之可"改"之处，把一节课做成一群人的研究狂欢。所以，斯苗儿有时戏称她是在"玩教研"。无论是"聊课"还是"改课"，她都把年轻教师和老教师放在一起，让新手教师刺激名师，让名师助力新手教师。新手教师见到偶像自然激动，名师总不能在新手教师面前落下风……于是，当斯苗儿把他们组合在一起的时候，新、老教师都格外认真投入，也常会有豁然开朗的提升和突破。

那么，"以课为本"的教研，如何才能让研究有前瞻性呢？在我国的教研实践中，很少有不以课为对象的。斯苗儿教研的可贵之处，在于研究"真实"的课、坚持以"课"为本。在斯苗儿的教研里，"课"比天大——讲的是态度，"以课为本"——讲的是内容与方式，但教研的抱负绝不仅在于给某一节"课"开一个具体的处方。教研要成就的是教师，而教师要有所成就，就必得对数学教学有深刻的理解。因此，"聊课""改课"式教研，既是探讨"课"的具体问题，更是对一般性问题、规律性问题的探讨。没有理论的眼光，探不出真实的问题。斯苗儿所主张的单元视角的整合与拓展，领全国小学数学教学之风骚，不是偶然的。斯苗儿团队有俞正强的种子课、袁晓萍的项目化学习、刘善娜的作业研究……每一项研究都是教研催生的成果。

"以具体的课为根基"又能适度超脱和升华的研究，长远来看，才能真正以"课"为本，才能让好课燎原。

三、得有对"好课"的共识与渴望

在斯苗儿眼里，好课燎原的教研秘密就在于一群人持续的"好课多磨"。

这本书能够写作、出版，固然与斯苗儿个人的努力有关，与她所带的团队的杰出成就有关，但是当我们把视野放得更广阔时，不得不承认，也是与教研工作越来越受重视的大环境有关，与我们对"好课"的期盼和渴望有关。正是在这样的背景下，斯苗儿的"聊课""改课"，致力于好课燎原的教研，才会凸显，被人们看到。

斯苗儿走上教研员岗位已三十年。前十年是她自己的适应期，后面的二十年，则是她真正发挥教研员作用的二十年，也是新课程改革风起云涌的二十年。这二十年间，观念繁多驳杂，改革层出不穷。关于"好课"的认定说法不一，关于如何能够上出"好课"的路径也各有说法。有的以新为好、以奇为好，完全不顾教学规律，也不顾学生发展，一味创"新"，忘记了课的本来目的，说是在糟蹋课也不为过；有的则以光鲜亮丽为好，涂脂抹粉、哗众取宠，追求"表面光鲜"，不细究课的内里，不关注学生的发展，可以说是在粉饰虚张……总之，各有不同。经过二十年的实践，终于有相当一部分人能够透过纷繁看到本真，对于好课以及好课燎原的路径有了一定的共识。就"课"而言，具体的表现形态可以千姿百态，但学生主体立场、结构化的教学内容、有智慧挑战的学生活动、和谐友爱的师生关系、真实无虚的学生发展，是好课的基本元素，而以课为本的教研活动是好课燎原的基本路径。

2019 年 6 月，中共中央国务院颁发《关于深化教育教学改革全面提高义务教育质量的意见》，特别提出要"强化课堂主阵地作用，切实提高课堂教学质量"。这个文件对课堂教学作用的强调，代表了最广大群众对好课的期盼。确实，课堂教学关乎学生的每日心情、健康成长，而课堂教学质量的提升也正是办好人民满意教育的重要体现。

强化课堂主阵地作用，切实提高课堂教学质量，需要有一批像斯苗儿这样真正把"课"作为研究对象、以"课"的改进为旨归的教研员。这样"上好每一节课，教好每一名学生"的理想才有可能成为现实。在这本书里，我们讲述了斯苗儿和她的教研故事。相信斯苗儿这样一位敬业而有趣的教研员，一定还会创造更多值得传诵的故事。或许我们也会参与其中呢？令人期待。我们同样相信，还有许多和斯苗儿一样或比她更有趣、更敬业的教研员的故事，只是我们还没听到他们的故事。我们希望有更多像斯苗儿这样的教研故事。这样的故事多了，好课才能真正燎原。

后
记

从最初起意到初稿完成，《好课燎原——斯苗儿和她的教研故事》经历了近两年的时间。

打算写这本书时，我就想，这本书应该是既有意义又有意思的。这跟斯苗儿做教研的思路是一致的。她说："有意义的事情还要做起来有意思。"这本书若能写得生动有趣，或许能够做到口耳相传、广为传播，让这本书的内在意义被更多的人体会到。

因此，我们采用了参与式观察、深度访谈、文本分析等多种方法，在斯苗儿的工作环境中，以长时段的视角探查她的教研理念与工作思路，力图呈现一个普通教研员的工作与生活状态，呈现她的喜怒哀乐，使读者能够从抽象的文字中感受到生动的形象和场景，在自己心里构建一个感性、生动的教研员形象。

两年间，我们五下浙江，在杭州、湖州、衢州、义乌、诸暨等地，跟随斯苗儿的工作轨迹进课堂、做访谈、观摩改课现场，近距离观察和感受斯苗儿的工作状态，与浙江省小学数学团队的教师广泛交流。其间，斯苗儿也三次北上，在北京与我们面对面专心讨论，向我们敞开心扉，回顾、再现过去的故事，共同挖掘和构建每一次教研活动的意义。在线视频会议更是让远隔两地的我们可以随时保持联系，每聊必至深夜。

从文字资料中了解斯苗儿是我们必做的第一步工作。我们分析了二千多个文档材料，上百万的文字量。这些资料有的是专著；有的是已在公开出版刊物上发表的文章、案例；更多的则是未发表的过程性的工作材料、教案和感想。有的由斯苗儿提供，有的由被访谈教师提供，包括书稿、论文、讲座文件、活动策划、活动体会、工作总结、名师档案等。这些文字材料令我们感慨斯苗儿工作的细致、条理、深入，也让我们基本理出了斯苗儿的工作理念、思路与工作方式。

文字资料的搜集、整理、分析不是孤立的，而是与现场观察、深度访谈交互进行的。我们与斯苗儿一起"亲密"工作生活了十九天，跟随她观摩了三十二节课，包括现场上课、现场改课以及后续的磨课活动。这些课有的是"大场面"的公开研讨课，如"成长课堂"这种上千人的大活动；也有进到学校里的校本教研的研讨课，是斯苗儿下校调研的"开门课"。听课以及之后的深度讨论，使我们能够全方位体会浙江小学数学教研活动的精神与精彩。

访谈是支持全书写作的最为重要的工作，贯穿持续了整个的研究和写作过程。对斯苗儿的访谈不知凡几，无法计量。除去最初满满两天的正式访谈外，还有更多的"群聊""私聊""电话""留言"。此外，我们的一项重要工作是访谈斯苗儿的同行、朋友以及与斯苗儿有工作联系的教师，共访谈了22位教师、9位教研员和1位期刊主编（详见致谢名单，后附）。被访者除了浙江本地的教师和教研员，还有省外小学数学教育界的知名专家曹培英、刘忠阳、彭晓玫老师以及《小学数学教育》主编贾振东。访谈对象的广泛性，帮助我们多侧面地了解到真实而生动的斯苗儿。这些访谈大多在现场完成，也有通过网络和电话完成的。这些访谈不只为我们构建、复原斯苗儿的形象提供了诸多线索和材料，还启发了我们对教育教学的诸多思考。令人感动的是，接受我们访谈的专家和教师主动约受访时间，主动提供相关的补充资料，主动要求做补充访谈，在工作之余、在节假日，利用休息时间接受我们的访谈。这样的情形，自然有斯苗儿的人格魅力，更有这些教师对教育、对教研、对专业发展的发自内心的尊重和追求。

我们之所以能够"兴师动众"，获得大量鲜活的资料，就是因为有一批这样的老师。没有他们，这本书不可能完成。因此，必须在这里再次郑重地道一声"感谢！"更多应该感谢的老师，我们在正文中已有提及，这里不再一一列举。

对于本书而言，斯苗儿自不必说，她是第一关键人，没有她当然就不会有这本书。在此，首先要特别感谢顾明远先生！顾先生的"上好每一节课，教好每一名学生"给了我们许多启发，而顾先生欣然为本书题写书名，更令我们感动。顾先生提携后辈、对教育事业的一腔热忱是激励后辈努力的动力。感谢俞正强，他是本书的倡议人。他了解斯苗儿，同时敏锐地感受到教研员的工作值得重视、教研员的努力要被人看见。他建议我像当年主编《名师成长轨迹丛书》那样，写一写斯苗儿和她的教研故事。我一听，便动心，遂与斯苗儿商议，一拍即合，很快便有了此书的写作计划。正是俞正强对教育的一颗慈悲心，促成了本书的写作。

人民教育出版社小学数学编辑室的周小川女士，于写作阶段便参与讨论，提供了专业视角和专业建议，使我们少走了许多弯路。她的温和、细致和专业，使我们如沐春风。

《小学数学教育》主编贾振东先生，在我们的初稿刚刚完成时，便在"好课多磨"专栏，分期连载相关内容，为初稿的修改和润色提供了极大的帮助。

感谢北京师范大学丛立新教授、中国教育科学研究院杨建华研究员，他们对书稿的肯定，他们对书稿的审读与修改，让书稿增色不少。

夏淑玉和张鸿儒两位研究生承担了大量的访谈和资料的梳理与分析工作，承担了本书的主要执笔工作。她们不仅能够理解我对本书的基本想法和整体安排，而且能提出非常宝贵的建设性意见，用年轻人的热忱、认真和努力保证了本书的正常进度。而她们于本书的研究和写作过程中所得到的众多老师的点拨、帮助和鼓励，更是难得的经历和收获。夏淑玉的博士论文正在研究"以课为本"的教研活动，张鸿儒也立志以教研活动研究为己任。这本书的写作带动了像她们这样的年轻人致力于研究和关心教研，便已有所值。

正如斯苗儿所说，她的主张和做法离不开她所在的浙江教研的大氛围，她的成长与工作思路也正是浙江教研乃至全国教研整体面貌的一个缩影。但愿我们的付出，可以让更多的人透过斯苗儿看见教研员的努力和坚持，让更多的人关注、关心教研工作。当然，于我们而言，这本书的写作过程本身，便是最好的学习。我们收获了诸多启发、诸多感动。这是一个美好而愉悦的过程。

本书的前言、结语由郭华（北京师范大学）执笔，第一、第二章由张鸿儒（北京师范大学）执笔，第三、第四、第五章由夏淑玉（北京师范大学）执笔。全书由郭华统稿。

郭华

2021 年 5 月 15 日于重庆

致谢被访谈人员

教师 22 人（以姓氏拼音首字母为序）

陈　珏　　陈　倩　　冯卫芳　　郭含姣　　何月丰

李玲静　　郦奇冰　　林良富　　柳敏敏　　骆玲芳

钦夏芸　　吴慧婷　　魏　琼　　杨凯明　　俞　波

俞丹清　　俞正强　　袁晓萍　　朱国平　　朱剑英

朱向阳　　朱瑜佳

教研员 9 人（以姓氏拼音首字母为序）

曹培英　　程小凤　　蓝雪敏　　刘忠阳　　彭晓玫

钱金铎　　邵　虹　　许忠平　　周群梅

期刊主编 1 人

贾振东

附录 1

从活动的点点滴滴谈教研
——记浙江省小学数学新教材教学研讨活动

教研工作对于创造性地实施新课程，全面落实课程改革的目标，切实提高教学质量，促进教师的专业发展，提高学校课程建设的能力，具有重要意义。作为教研活动方式之一的课堂教学观摩，对提高教师的业务素质和课堂教学质量及效率，起着试验田或样板田的作用，因此一直深受广大一线教师的欢迎。但随着新课程实验的阔步推进，以往教研活动的方式是否符合新课程改革的理念和要求？是否有利于教师的专业化成长？这需要我们重新思考。课堂教学观摩，以往进行这样的活动，从活动的准备到结束，常常是上课教师在忙，评课的专家在忙，广大听课教师只需带着耳朵当陪客。从活动的效果来看，上课教师和相关的教研员投入了满腔的热情，付出了艰辛的劳动，但活动的效率并不高，即使是一些优秀的课例，在广大教师看来觉得距自己的日常教学距离遥远，也就很难从个别教师的行为转化为群体教师的行为。活动虽然开展了，但教学状况依然如旧，教师的行为也依然故我。原因何在？我们认为，一是缺乏主题和整体规划，活动的目标不明确；二是缺乏调查研究，未能从一线教师的需求出发，选择的课题没有代表性和典型性；三是缺乏反思意识，不注重活动后的反思及成果的宣传推广；四是缺乏民主、开放的教研机制，只推崇专家坐堂，未能发挥听课教师的主动性和积极性。

正是基于对以往课堂教学观摩活动的反思，如何改进课堂教学观摩活动的方式，提高该项活动的质量及效率？这一问题就一直困扰着我们。本次活动，两天的时间不算长，8节课也不算多。但作为活动的策划者，我们花费的心思并不少。活动要达到怎样的目标？抛出哪些话题？选择哪些课题？活动如何开展？怎样调动听课教师的主动性和积极性？活动最后要留下什么？……这些都是与活动的质量和效率息息相关的问题，需要我们一一考虑并作出抉择。

1. 活动试图达到怎样的目标？

教研工作担负着教学服务、教学指导和教学研究的任务，教研活动的组织和开展无疑要急广大教师之所急，及时为基层教师提供教学服务和教学指导。随着我省新课程实验的展开，各实验区在实施新课程、使用新教材的过程中，积累了哪些好的做法和经验？碰到了哪些具体的问题和困难？这是大家普遍关注的问题。基层的学校和教师急切盼望着有一个学习、交流、观摩和研讨的平台，这也就成了我们举办本次活动的目的，所以活动需要达到的第一层次的目标应是为广大实验区的教师搭建一个"分享成果、研讨问题"的舞台。相应地，在活动中我们更加关注教师之间的专业切磋、协调、交流和合作，共同分享经验，互相学习，彼此支持，共同成长。

2. 选择哪些课题？

作为课堂教学观摩研讨活动，首先需要考虑的是选择哪些课。新课程实施以来无论是一些课堂教学观摩活动，还是教学调查时的随堂听课，如果我们留意一下就可以发现，教师热衷于上的往往是"位置""统计""可能性""认识人民币""认识钟表"等课题，而很少有教师上诸如"9加几""11~20各数的认识""乘法估算"等课。但我们认为这些内容影响着学生的后继数学学习，在整个数学学习中占了较大的比重，更具有典型性、代表性和普遍性，教学研究岂能回避？于是，本次活动就借助于人教版课程标准实验教材，在第一学段选择了"9加几""分数加减法""11~20各数的认识""乘法估算""物体的形状""平移""长度单位""摆一摆、想一想"8节课，其中"9加几""11~20各数的认识""物体的形状""长度单位""分数加减法"都是传统教学的内容，与教学大纲相比，课程标准对这些内容的教学都提出了许多新的要求，如要求经历运用数学符号和图形描述现实世界的过程，建立数感和符号感，发展抽象思维，提倡算法多样化等，对于广大一线教师来说，这些新的要求还过于抽象和笼统，怎样突破已有的教学经验，采用适当的方式在每一节课加以落实？许多教师心中无数。而"平移""摆一摆、想一想"作为教材中新增加的内容，其要求究竟需要把握到什么程度？也让教师们手足无措。我们试图以这些课作为话题与解剖点对教学实践中遇到的一些具体问题加以探讨和研究，让大家有话可说，以期把对《数学课程标准》的学习、新教材的研究与这些活生生的课堂教学案例结合起来。这里的每一节课在实践中都蕴涵着丰富的探讨话题，能起到解剖麻雀的作用。如"9加几"，大家就可以围绕下列问题进行解剖：如何体现算法多样化？凑十法要不要强调？主题图如何运用？如果课前学生都已经能算得数了，又该如何设定教学的起点让学生在数学思考上有所收获？为此，要求每一位教师带着自己的思考来上课，即便是走弯路，也能走得明明白白。我们认为，作为研讨活动中的研究课，从研究的角度来看，课不怕失败，怕的是没有思考。

3. 抛出哪些话题？

活动需要探讨哪些问题？这需要到基层作深入的调查研究。我们深信，没有调查研究就没有发言权。为此，笔者在举办活动以前走访了许多实验区，通过实地听课和座谈会了解到：面对新课程和新教材，面对课堂教学实践，教师们有太多的问题需要探讨，但究竟哪些问题最为关键、最受关注呢？首先是教学目标问题。由于新课程强调三维目标的整合，教学目标就变得难以把握，究竟该保持学科的个性呢，还是去追求学科之间的共性？数学思考如何落实？其次是教材使用问题。由于新教材与以往的教材相比，从材料的选择到呈现方式都发生了较大的变化，给教师增加了"吃透"教材的难度，教学时常常把不住重点，瞄不准难点。第三是教师的职责问题，新课程强调教师是组织者、引导者和参与者，还需不需要扮演传授者和指导者的角色？如何避免"失职"和"侵权"的尴尬？第四是教学方式、方法问题。新课程强调学生动手实践、自主探索、合作交流，强调提供现实背景，是不是意味着所有的课都必须创设情景、采用小组合作的方式？另外，还有多媒体的运用问题、课堂常规问题等等。显然，这么多问题不可能寄希望于一次活动能够解决，于是我们在认真筛选的基础上，抛出了以下一些话题：教学情境如何创设更为有效？如何发挥教材主题图的作用？如何倡导并落实算法多样化？如何培养学生的数感？如何培养学生的估算意识？如何让学生得到充分的体验？如何培养学生的空间观念？如何构建活动素材？如何恰当把握教学目标？如何引导学生进行数学思考？这样对问题进行一定的筛选，试图把问题相对集中一些、具体一些，也是出于提高开放式研讨效率的思考。

4. 活动如何开展？

开展教研活动根本的目的是提高教师的教学能力，教学能力的提高取决于教师自身的主动性和积极性的发挥。为了充分发挥教师的主体作用，本次活动我们改变以往教师上完课仅由专家点评的单一评课方式，着力营造一种求真务实的教研氛围，鼓励听课教师上台评课，提供听课教师、上课教师、专家对话的平台，给予充分的研讨时间，每半天只安排内容相对一致的两节课，为的就是让与会代表面对共同的话题能有较充分的时间各抒己见。从而为教师的成长搭建舞台，激发听课教师的主人翁意识，增强教研活动的吸引力和凝聚力。

5. 教研活动开放到什么程度？

我们倡导教研活动的民主和开放，并不意味着只满足于就事论事，或茶馆式的泛泛而谈；倡导教师成为研究的主体，也并不意味着就可以无视专业人员的引领。相反，要提高教研活动的质量，在保障教师在教研活动中的主体地位的同时，我们认为，必须重视专家的支持和指导作用。如果仅有听课教师的质疑问难，没有专家层面的释疑解难，那么，就必定使整个活动处于低水平的重复状态。为此，我们邀请了方方面面的专家，除了研究小学数学教学的专家外，还有研究教材、编写教材的专家、研究小学语文教学的专家和研究中学数学教学的专家等。这样，既有听课教师的"凡人俗言"，也有专家们的真知灼见；在开放、互动的同时，不乏理性的指点。事实也是如此，与会专家从不同的层面阐述了自己的观点，特别是全国小数会秘书长、人教版教材主编杨刚老师在就代表们提出的问题所作的解答和对 8 节课冷静、理智的评述，就能促使与会代表对改革中的一些热点问题进行深入和理智的思考。另外，采用大型观摩交流和小型专题研讨相结合的形式，以期观摩活动中一些具有普遍意义的经验能得以进一步提炼，问题的研讨能进一步深入。

6．如何扩大活动的受益面？

作为活动的策划者，常常都有这样的体验：辛辛苦苦策划了一个活动，而且活动的质量和效果都不错，但到现实的课堂当中，发现学校的状况依然如旧，教师的行为也依然故我，连活动的影子都没见着。于是，怎样扩大活动的受益面？这又成了我们感到非常棘手的问题。这一方面需要我们着力理顺教研网络，健全教研队伍，甚至发挥与会代表的作用，把活动的精神传达并落实到校本教研之中；另一方面需要争取宣传阵地，构建资源共享的平台。如借助报纸杂志刊载详尽的会议材料，或利用现代教育技术，把一些优秀的案例放在公共的资源库中，让教师随时浏览、调用。为此，活动前，我们在对上述诸多问题进行认真思考的基础上，拟订了详尽的通知，把活动的目的、内容、形式以及要讨论的问题和对参加会议的要求都一一交待清楚，提早下发到代表手中。活动后，要求每一位上课教师写出详尽的教学体会和思考，约请有关人员写出会议的综述等，刊登在《小学数学教育》上，争取让更多的教师能分享活动中孕育的财富。

正因为我们对活动倾注了满腔热情，付出了智慧和汗水，使活动有了鲜明的主题、具体的问题和共同的话题，也使活动的过程多了一份真诚和理解，少了许多客套和拘泥。无论是上课教师还是听课教师，都以主人翁的态度积极地投入了活动，上课教师坦诚地面对着听课教师的评头论足和质疑问难，因为他们懂得，无论是"凡人俗言"，还是名人名言，都能使他们对课堂、对教学打开思路，促使自己进一步成长。近 30 位教师争着上台发表自己的看法，甚至与上课教师、专家直接对话，使整个研讨活动始终处于热烈友好的气氛之中，也应该如此，才能改善教师的思维方式，从而使教研活动有经久不衰的吸引力和凝聚力。我们坚信着这样的教研思路：教学研究重在"研究"两字，是教学指导、服务的前提和基础，教研活动需在广泛开展调查研究的基础上，选准一个大家关注的主题（或问题），营造一种求真务实、民主开放的氛围，搭建一个展示、交流和研讨的平台，凝聚一支勇于实践、善于反思的队伍。

（本文发表于《小学数学教育》2004 年第 3 期第 26—27 页。）

附录 2

教研活动策划的关键要素

屈指数来，自己在教研战线上已耕耘了近 20 个年头，组织了大大小小数十场活动。其间，随着教研阅历的增长，逐步积累了教研活动组织的一些经验，有了自己驾轻就熟的套路和习以为常的思路，认为活动无非就是要选一个主题、定一个时间、找一个地点、上几节课、请几位专家，会议通知一发教师们就从四面八方赶来，参加活动的教师自然会有收获。这种自上而下、想当然的思维方式一直左右了自己近十年的教研，并且还自我感觉良好。直到 2000 年 11 月遭遇的一次尴尬，才使自己对教研活动开始进行深刻反思：教研活动该如何筹划才能受广大教师的欢迎？

倾听一线教师的心声

记得那是 2000 年 11 月，在浙江省小学数学第六届年会暨课堂教学观摩活动上，第一次尝试着进行开放式评课，目的是想改变专家一言堂的局面。尽管台下有近千名教师，在听课的过程中议论声也不小，但都不愿意上台发表意见。活动快结束时，终于上来一位年轻教师，慢条斯理地说："在今天的 6 节课上，教师很少用黑板，学生没有用数学课本，也没有做课堂作业，我想问问主办单位这样的课是做给谁看的？我是一名偏远山区的教师，第一次有机会参加省级的教研活动，但这样的课我们怎么学呀！我们在学校上课，是不可能不用黑板、不用课本，甚至不做课堂作业的。请问主办单位可曾考虑过我们一线教师的需要……"

话音刚落，台下爆发出阵阵掌声。显然，他道出了许多教师的心声，揭开了现实中存在的公开课与日常课两张皮的现象。面对他字字在理、句句恳切的质疑，我作为活动策划者无言以对。凭近十年的教研经历，本以为他会在这样的千人大会上说一些"感谢""收获"之类的话，没料到他对整个活动进行了否定，内心的尴尬可想而知。

事情虽然发生在十年前，但每次想起来当时的情景都历历在目，那位教师的话像一根鞭子，抽得我隐隐作痛。每当我组织活动时，总是不断追问：为什么要搞教研活动，教研活动的价值何在，怎样的活动受教师欢迎，教师参加教研活动的动力何在，教研员在活动中该扮演怎样的角色？心里也渐渐地明晰和认同：作为教研员工作的重要抓手，如果不是教师所需，即便自己投入了满腔的热情，付出了艰辛的劳动，活动的效率也不会高。多年的经历告诉自己：影响教研活动的因素很多，要想活动有效甚至高效，就必须把握好几个关键的要素。

拟定适切的主题

如何提高落后学生的学习成绩，作业如何设计和布置，如何提高一节课的效率……面对实践，教师们有太多的问题需要探讨，有太多的需求有待满足，但究竟哪些问题最为关键，哪些需求需要满足、可以满足呢？这都需要我们充分调研、论证和取舍。事实上，任何一次教研活动，都会有一个背景，问题在于我们能否从中提取出适切的问题和议题，成为活动的主题。主题的适切与否会直接影响到活动的效果，如果主题过大过空，教研活动就很可能走过场，"看看激动，想想感动，回去一动也不能动"的结局便可想而知。

衡量主题适切与否，一方面要看研究的问题是否明确具体，能急广大教师之所急。换句话说，就是主办方对活动的价值定位不能一厢情愿，要与参与者的需求一致；另一方面要看主题与活动的定位是否匹配。实际上，活动的定位与参加活动的对象有关，参加活动对象的需求不同，活动的具体定位和指向就应有所差异。

如省教研室组织的学科教研活动，规模大，影响面广，是指导全省学科教学实践和引领教学研究方向的重要窗口。相应地，参会人员素质高，对活动的期望也高，大多数承担"二传手"的任务。但由于地域分散，会议成本高，活动时间短（一般只有2~3天），活动次数少，问题的研讨很难深入。作为活动的策划者，我们必须思考：如何使每次活动都让参与者有所收获，并倡导一种方向？我们不能期望一场教研活动就能解决问题，重要的是能以活动为契机和引子，举全省之力对一些问题进行深入而持久的研究，然后通过活动进行展示和交流，以达到引发思考、倡导方向的目的，因此，如何"让一次活动牵动几年的研究"，便成了近几年我们对教研活动策划的追求。

从2005年的"数与代数领域的教学"，2007年的"问题解决领域的教学"，2008年的"平面图形面积周长的教学"，再到2009年的"概念教学"，都是为顺应不同时期基层学校和教师的需求而确立的主题，具有典型性、代表性和针对性。

同样，我们对配合新课程实施的长达6年12次的学科培训进行了规划。除了一以贯之地邀请教材编写人员介绍教材、国家级实验区的教师谈相关教材的使用体会外，针对课程实施中不同阶段出现的新问题，增加了热点研讨的内容，对教师们在教学实践中碰到的具体问题进行研讨。在内容和环节安排上，逐步形成了几个板块：听教材专家讲教材—听实验区教师谈体会—课例解剖—就教材教学答疑问难—热点论坛。几年来，我们对算法多样化、教研组建设问题、学业评价、教学常规问题、命题技术问题、教学规范问题等主题进行了培训和研讨。

无论是课堂教学评比还是学科培训，都需要有适切的主题。值得注意的是：教研活动应针对学科研究的情况进行整体规划，每个活动应该纳入到学科教学研究的整体规划之中，以体现教学研究的长期性和前瞻性。同时，每次教研活动必须依据当时学科研究中的重点、难点问题确立主题，以体现教学研究的阶段性和针对性。这样能使每次活动有鲜明而具体的主题，每个活动之间既有层次性又有连贯性。

提前公布主题

即使有了适切的主题，如果没有一定的机制吸引更多的教师参与，主题也将成为空中楼阁。一般来说，教研活动不会对参加者提具体的、强制性的要求，教师参与教研活动的负担相对不重。虽然教师在活动中拥有自己的话语权，但他们往往以旁观者的身份对活动进行评头论足。因此，以往进行这样的活动，从活动的准备到结束，常常是上课教师在忙，评课专家在忙，广大听课教师只需带着耳朵当陪衬，更不会惊动那些不参加活动的教师。

为此，我们就想方设法"让主题成为普通教师的日常话题"。以课堂教学观摩评比为例，为了让更多的教师参与到相关主题的研究中，我们提前一年将数学教学比赛的通知下发到各市县，并明确为概念教学，在活动的准备过程中，收集和确定具体的赛课内容，并在活动前一个月通知各市县，在活动前半个月，授课教师现场抽签决定教学内容及上课次序。

教学内容的筛选有多种途径，2009 年以概念教学为主题的 6 节课，我们采用的是"自下而上"的收集方法，即请一线教师代表、特级教师代表和各大市教研员每个人写出认为最难上的 3 节概念课，再从中根据进度确定了"小数的初步认识""小数的意义""三角形的认识"等 6 个方面的内容。在准备的过程中，许多教师和教研员感觉到这些内容都不怎么好上，我们的答复就是：因为难上，所以要研究。有了这样的体验，也使彼此之间多了一份真诚和理解。最令人欣慰的是，在公布主题后到赛课前的不同时段里，每次到基层调研，都能听到这样的声音："这段时间教研员让我们研究概念课""联片教研活动让我们上'小数的初步认识''小数的意义'等"，说明省教研活动的主题和话题已成了普通教师的日常研究话题，也足见提前公布主题和教学内容的好处已不仅仅局限于让与会教师能"有备而来"。

试想：如果我们只定主题，课题由上课教师自己定，那么大多数上课教师会选一节什么样的课呢？毋庸置疑，他（她）一定会选一节自己经过千锤百炼的课，或者是可参考的资料颇多的经典老课，以确保在赛课中获得好成绩。但这样自定的课题常常会陷于对经典老课进行低层次的重复研究，教师在听课过程中能收获什么，在活动过程中如何进一步聚焦问题，我们无法掌控，也会因为课与课之间的难度系数不同带来评比的难度。所以，我们逐渐"垄断"了确定教学内容的权力，筛选一些平时不登舞台的或登了舞台有很大争议的课题。

从公布主题、不定赛课内容到公布赛课内容、不定具体上课人员，再到上课人员抽签决定具体哪节课的漫长过程，增加了教师学习和思考相关主题的时间和空间，让他们经历了一个"从大处着眼，小处着手"的研究过程。概念课比赛结束后，一位教师不无感慨地说："因不知道会抽到什么课，只好去阅读一些概念教学的文章，把12册教材中所有的概念课都梳理了一遍。"这样，参赛教师及其所在的教研团队在活动中一点点改变了磨课的习惯，逐渐形成了"整体—局部—整体"的思维方式，即从一节课能联想到几节课，再到一类课或一个领域，再到学科的核心价值观。长此以往，经历磨课的教师就有望成为某一领域的专家。

正因为如此，一次活动就能牵动一段时间的研究，使课堂教学评比活动不再是"一个人或一个地市研究了一节课"，至少是一群人在一段时间里进行了一个领域的研究，甚至是"举全省之力研究了一类课"，让"舞台课"回归了常态，突出了"研究"的价值。也使我们更加坚信公开课的价值：一节课可以成为教师成长的里程碑；一节课可以折射出一个团队的教学理念和教学设计水平；一节课可以勾勒出一个领域的教学定位……

营造开放的氛围

俗话说：当蜘蛛同心协力织网时，他们可以捆住一头狮子。教研也是一样，一个人的力量是非常有限的，活动是大家的事，要走群众路线，教研员在活动中也只是参与者、合作者和研究者，要通过活动打造一支教研团队。但要让教师们在教研活动中有主人翁的意识，敢于坦陈自己的想法和看法，并不容易，它有赖于一种民主、平等、求真、质疑的教研氛围，而氛围的形成需要有一个过程，这一过程的长短取决于教研团队的姿态和心态，尤其是面对观点激进、言辞激烈的质疑声，教研员应平静地接纳、反思和改进，只有这样才能使自己"尴尬一阵子，幸福一辈子"。在这种教研心态的驱使下，每一次教研活动我们都尽可能留出一些自由表达的时间和空间，教师们也慢慢地习惯于心平气和地质疑或面对质疑，少了许多客套和拘泥。

活动氛围的营造仅仅依靠姿态和心态还远远不够，因为：我们倡导教研活动的民主和开放，并不意味着只满足于就事论事，或茶馆式的泛泛而谈；倡导教师成为研究的主体，也并不意味着就可以无视专业人员的引领。前面定主题、定内容的做法，已为在开放的互动交流中聚焦问题提供了前提。为此，我们就在活动的形式和程序上进行探索，巧妙地设计教师的参与点，力求开放而有序地推进活动。如从2005年开始，我们把评优课活动以"同上一堂课"为名，按下列流程推进过程：

每个课题至少有两位教师执教，便于展示他们对教材内容的多元解读，对教学目标的不同定位，对教学过程的个性设计，这样的同课异构本身就是进行课堂教学研究的好方法。教

师们容易在比较中引发思考，便于他们有话可说，激起"再上一堂课"的欲望。正因为我们更为注重研讨与交流的价值，所以即使是评比活动，我们也从不回避对问题的研讨，适时穿插上课教师课后反思、与听课教师互动，专家讲评，教师与专家互动等环节。这样，在开放、互动的过程中，上课教师坦诚地面对听课教师的评头论足和质疑问难，因为他们懂得，无论是凡人俗言，还是名人名言，都能使他们对课堂、对教学打开思路，促使自己进一步成长。

随着平等、合作与分享的教研氛围的形成，教师们广泛发表意见的需要与有限的时间和渠道之间的矛盾便日益呈现出来，出现了少数教师争台面，多数教师做陪客的现象。久而久之，会大大打击教师参与的积极性。为此，我们曾经将 QQ 和手机作为一种研讨工具应用到教研活动中，现场的大屏幕上动态呈现着通过短信平台发送的听课教师的即时提问，这一活泼的形式节约了教师们研讨交流质疑提问的时间，避免了教师面面相对质疑的尴尬，尊重了他们的话语权，增强了参与的广泛性，当时的 5 节研讨课就收到了 600 多条信息。当然，如果能够有专家适时介入，对一些有价值的信息就可以引向更深层次的思考。

事实上，无论是当众提问、传递纸条还是借助网络平台，目的只有一个：改变教师参加教研活动的方式，包括思维方式和行为方式。也正因为有了平等、合作和分享的氛围和开放的心态，无论是台上的专家还是台下的教师，都能以主人翁的态度积极地投入活动，敢于争着上台发表自己的看法，与专家直接对话，使整个研讨活动始终处于热烈友好的气氛之中。也只有如此，才能改善教师的思维方式，确保教研活动的群众性和学术性的有机融合，从而使教研活动有经久不衰的吸引力和凝聚力。

梳理并提升活动成果

教研活动搞得好不好，绝不是只看参加人数的多少。对于成千上万的一线教师来说，能亲临现场的毕竟是少数，但学科教学质量的提高绝不仅仅是少数教师的事情。作为活动的策划者，总是希望"星星之火，可以燎原"。事实情况是：我们辛辛苦苦策划了一个活动，而且活动的质量和效果都不错，但看看现实的课堂，教师的行为依旧，学生的学习还是老套，连活动的影子都没见着。存在这一现象的原因是多方面的，其中不可忽视的是教学本身的复杂性，每一场教学改革都会涉及教师观念的转变和行为的跟进，但观念的转变既需要时日，更需要成功经验的支撑。在某种意义上来说，一线教师如果没有行为变化在先，教学观念的转变是不可能深刻的。而要真正让一些先进的教学理念扎根于教师，运用于课堂，外显于学生的发展，要允许他们有一个感悟和累积的过程，有一个怀疑自我和超越自我的过程，有一个借鉴和亲身实践，并体验成功的过程。况且，同样的活动，同样的课，每个人内心的体验是不同的。因此，即使是在亲临现场的教师身上也不见得能立竿见影，更何况是"道听途说"的场外教师呢！

正因如此，我们需要做的是：活动后及时跟进对教研活动成果的梳理和提升，以进一步促进对相关主题的研究、思考和实践。所以，如何梳理和提升活动的成果，怎样扩大活动的受益面，便逐渐成为教研活动策划的组成部分。

　　首先，我们把磨课过程中的种种"煎熬""磕磕碰碰"和"争议分歧"作为上课教师提升专业素养的宝贵财富。活动结束后，让每一位上课教师依据自己的磨课经历写出详尽的教学设想、教学过程和反思，让他们经历从感性到理性的梳理过程，把自己即时的感受积淀下来。只有这样，才能使教师上一个台阶，才能使这节课在自己的教学生涯中真正具有里程碑的意义。也能让旁观者分享他们的经历，不仅知其然，也能知其所以然。

　　此外，为了进一步扩大和提升活动的影响力，我们要求相关人员对教研活动进行总结，撰写综述。综述不是对活动过程的简单复述，而是要深入挖掘和梳理研讨后达成的共识，提出今后教学的改进建议。也鼓励大家把自己的体会和思考诉诸笔端。

　　在此基础上，我们争取宣传阵地，构建资源共享的平台。如借助报刊登载详尽的会议材料，或利用教研网络，把一些案例和文章放在公共的资源库中。这样，即便是未能参加活动的教师也能随时浏览，从中获得启发。

　　活动策划是一项整体性、系统性、计划性很强的工作，从前期准备、流程的安排到后期的延伸都需要一个个细节进行保障。一场成功的教研活动牵涉的因素很多，其中最不能忽视的是用心聆听来自一线教师的心声。事实上，教研员的成长又何尝能离开这些一线教师呢？！因此，每当自己组织的活动被广大教师认可时，我依然会想起2000年的那场活动，浮现出那位年轻教师的身影，我由衷地感谢他。

（本文发表于《人民教育》2010年第7期第43—46页。）

现场改课：从"说给你听"到"做给你看"

在我国，公开课作为教师专业发展形式和途径由来已久，其作用也逐渐获得国际教育界的认可，但由于公开课常常以结果的方式展示给大家，现场观摩的教师因缺乏共同经历，很难从课的"今生"去洞察"前世"，与自己的经验对接，移植到日常课堂。即使大家发现公开课有不尽如人意的地方，也很少能针对问题在现场跟进改课。为了使公开课的价值最大化，我们组织专家、教研员、名师和普通教师，针对课堂上出现的问题，直接在培训或研讨活动中进行现场改课。这样，让所有教师共同经历和实践"好课的诞生过程"，也让磨课过程成为研修资源。

合理搭配不同背景人员和团队

现场改课起码要有三类人员：一是愿意"做靶子"的上课教师，二是乐于"做陪练"的观摩教师，三是能"说给你听"并"做给你看"的专家、名师。这三类人聚焦一节课或几节课的研讨，构成了教师共同成长的一幅画面：个人实践反思、同伴互助、专家引领。

在执教教师初次上课、集体诊断后，至少经历三次集中改课：一是吸纳意见后的同伴改课；二是组织专家、特级教师听完课后的现场示范改课；三是听完专家、特级教师的现场改课后，经集体讨论、消化后的教师本人再改课。

在这样的活动中，专家要放得下架子，观摩教师和上课教师要磨得开面子、听得进意见、受得住煎熬。我们非常注重人员的选择与搭配，跨区域、跨学段甚至跨学科邀请专家和团队，把多种背景的人聚在一起研讨，避免同水平反复，突破固有的思维方式，接受异质团队的评头论足，让教师在适度刺激中成长，这样改出来的课也更具有一般意义和普适性。

需要特别强调的是，现场改课，无论是一所学校还是几所学校校际联合，无论是区域（县、市、区）层面还是省级层面，甚至省际之间，无论活动规模大小，专家或名师不再只是作为观察员停留在口头改课上，而是需要从"说给你听"到"做给你看"，手把手、点对点地帮扶教师从实践层面做到位。只有改变专业引领的方式，才能让参加活动的教师在与专家、名师对话、交流、共同改课的过程中明确方向，达到共享成果、结伴成长的目的。其中，专家、名师的参与程度和专业水平是决定活动质量的关键。

现场随机抽签确定改课教师

改课教师如何产生？这是现场改课非常重要的问题。长期以来，教研及教师继续教育部门所策划的在职教师的专业发展活动，大多都以专家或名师为主体，一线教师习惯了传授——接受范式，与专家、名师之间平等对话与交流互动很少，即使有课堂观摩，执教教师也是事先准备好了，仅仅是展示而已，参加观摩活动的教师也习惯于旁观者的身份，即使有想法也碍于面子、身份等因素，不敢轻易发表意见，更不可能自告奋勇"做陪练"执教公开课。

因此，需要寻求一种机制改变教师参加教研活动的方式。我们首先从专家和名师身上寻找突破口，上课教师和观摩教师可以现场点将，让专家、名师答疑，甚至在没有准备的情况下就一节或一个环节、一个片段进行现场示范。接着，活动过程中我们对参加观摩的教师随机分组讨论，再采用抽签的方式确定评课、议课、模拟上课和现场改课教师。这样，不断用随机抽签代替惯用的推荐，让人人有了压力和机会，从而极大调动了教师的积极性和主动性。又由于被抽中的教师代表着一个小组，所以"你帮我，我帮你"成了一种分享、合作的常态。一位教师认为：抽签决定活动的进程，在紧张忐忑之余，让我们看到了卷入式教研的魅力；把心态归零，一切从学生发展出发，从目标落实展开研讨诊断，互助提升；这样的方式对于每一个有梦想的年轻教师来说是开放的，没有具体的活动流程，只要你想展示，这个舞台就属于你。

传递课堂教学价值观

究竟把课改成什么样？是一线教师十分关注的问题，教研活动需要想办法回答这个问题，向一线教师传递课堂教学的价值观。说白了，就是要对"什么样的课是一节好课"达成共识。

一节课往往可以观照教师个体和团队的课堂价值观、学生观及教学方式。教师需要在不断改课、连续干预的过程中，逐渐对"什么样的课是一节好课"达成共识：坚持学生立场，把学生的收获和进步作为评价课堂教学的重要指标。同时，对"教什么"和"怎么教"认识更深更具体，对好课的几个要素如有序、有趣、有用、有挑战性等也不再停留在抽象的层面，慢慢理解并落实到自己的日常课堂。如"有序"，不仅指教材的逻辑结构、学生的一般特点，还需要包括学生课堂上学习的心理状态、40分钟时间的课堂快慢节奏；"有趣"，不仅是创设学生喜闻乐见的生活情境，更重要的是具有"认知冲突"的数学问题情境；"有用"，不仅只关注数学在生活中的简单应用，而且要让学生经历解决问题的过程，适时点拨和提炼经验、方法；"有挑战性"，要求在课堂上设计能引发学生较长时间思考的好问题、好任务，是高层次的"有趣"。

事实上，价值观的形成要借助教师个体之间、群体之间的差异资源。由于教师个体经验、知识等的差异，即使是在集体备课的基础上教师已经经历了"想明白、说清楚"的方案论证过程，形成了相对完善的方案，但不同的教师对同一方案的理解各异，从方案到执行也会有一定的落差。现场改课中，我们把教师之间的差异直接呈现出来，一次次改课中带动教师逐步改善。把同伴互助变成"互相照镜子"的一个过程，把教师个体之间、群体之间的差异转换成可借鉴的资源。这样，现场改课就把教师置身在情境中学习、提高，在专家、同行的改课中突破自己的固有思维，从而明确改课要"改什么"，如改教材，是基于对教材的改进和完善，把教学材料变得更具有典型性、丰富性，更有结构性；改教法，是基于对学生学习障碍和困难的研究，把材料的序和教学方式变得更加符合学生的学习规律，能帮助学生跨越障碍、克服困难，等等。

选择磨课方式和具体步骤

现场改课推进过程比较复杂，既有同课同构，基于同一方案改进与完善；也有同课异构，基于不同方案的对比与借鉴。所以需要事先规划具体步骤，才能有序推进。

以 A 教师和所在的团队要打磨一节公开课为例，改课的一般步骤包括：

（1）A 教师执教，集体观摩，诊断教师起点，论证方案可行性。

（2）课后诊断：访谈学生，必要时跟进课后测评。专家根据访谈和测评情况与上课教师沟通，并围绕课的重点和难点进行讲评。

（3）观摩教师分组讨论，完善甚至重构方案，专家教师介入讨论并引领。

（4）观摩教师抽签说课、模拟上课，专家示范。

（5）再次集体讨论、修改，完善教学方案。

（6）教师 B（C、D……）执教，集体观摩，诊断教学方案的可行性、普适性。

（7）专家教师（A、B……）执教，现场示范，集体观摩。

（8）A 教师再次执教，再次诊断，确定方案。

（9）切片分析教学视频。

（10）A 教师第 N 次执教，集体观摩，再次诊断。

（11）集体讨论、修改，确定教学方案（含教学设计、课件等）。

（12）形成课例研究报告和代表作。

在这个过程中，要达成两个目标：一是在诊断 A 教师的教学起点后，通过经历同行改课、专家改课的过程，让教师进一步看清自己的问题，寻找适合自己的方案；二是论证一节课的教学方案的普适性，便于一般教师理解和驾驭，从而达成资源共享、共同成长的目的。

是否所有步骤都要经历？需要根据现场情况而定。如果经过了步骤（1）～（5），A 教师与所在团队已经和大家达成共识，就可以直接进入步骤（8），再进入步骤（11）和（12），最后进行步骤（6），便于检验教学方案的普适性和可行性。如果经过了步骤

（1）～（5），A 教师未能理解和接受，就需要进入（6）和（7），甚至跳过（8）进入（9），不断地让 A 教师以旁观者的身份读懂课堂。

必要的连续干预和后续跟进

我们从众多教师的成长中发现，教师对课的把握大致分三个阶段：一是囿于个人已有经验的阶段，自信地上着"有问题的课"；二是迫于新理念支撑下的认知冲突阶段，磕磕碰碰地上着"方向正确、路径生硬的课"；三是基于学生立场的突破阶段，享受地上着"方向与路径匹配的课"。而在这个转变过程中，教师需要在反复讨论中实现行为自省与调整跟进。需要特别强调的是，无论是连续干预还是后续跟进，该教师所在群体的价值观认同非常重要，教师靠个人的力量很难实现改变。尤其是第二阶段到第三阶段。教师从观念更新到行为改变需要一个过程，这个过程可能非常漫长。前面所列举的步骤，实质上是一个群体的连环跟进改课方式。教师在第一阶段的理念和行为往往代表了所在学校或区域教师团队的想法。

因此，我们要求一所学校、一个区域的教师能三五成群参与活动，在共同经历的过程中形成团队价值观，便于在连续干预与后续的跟进打磨中不偏离核心目标和课堂价值观。比如，我们借助"浙江省小学数学乡村教研共同体"的研讨平台，邀请不同地区、使用不同教材版本的团队参与改课，有特级教师及其团队，有三所学校的骨干教师团队，也有0—3年教龄的新教师团队。目的在于促进不同背景教师的深度交流和碰撞，其中的讨论和两次改课对授课教师起到连续干预的作用。

当然，改课的一般步骤也反映连续干预和必要的跟进。一般情况下，如果方案不成熟，不要急于实地上课，可以在步骤（4）和（5）之间反复进行，从步骤（5）可以到（6）至（9）的任意步骤，也可以依次经历，再进入步骤（10）。同时也可以从任意一步退回。如果方案修改幅度大，专家和同行之间还存在较大的分歧，（6）到（9）这几个步骤可以反复进行，并不断跟进步骤（2）和（3）。在步骤（6）中强调教师 B（C、D……）执教，（7）强调专家教师（A、B……）执教，并不是一个教师和一个专家，现场可以是几个教师、几个专家就一节课或一个片段甚至一个细节反复"做给你看"，目的是实现连续干预。而选择的教师要能代表不同发展阶段或不同观念，根据课的难易程度和执教教师的情况而定。

需要从框架到细节层层落实

一般教案通常在阐述教材内容、学生基础、教学目标、教学准备后预设教学过程，但呈现的教学过程往往是直线型的，接近于师问生答式的课堂实录，很难看出整节课的整体结构和环节目标。为改变这种状况，我们用框架结构代替直线型教案，让教师尽量写出每一个环节：用什么材料，达成怎样的目标，起始问题是什么，选择怎样的教学方式和媒体，需要多长时间，学生可能会遇到什么困难，面对问题有怎样的对策等，都清晰可见。这样的方式便于课后评课、议课聚焦问题，也便于教师反思。执教教师初次现场上课时，可以让观摩教师分工记录，梳理实施中的问题，从而明确接下来的课要"改什么"。

组织者可以依据上述分工记录的情况，再通过访谈和检测学生、访谈教师等，聚焦以下问题进行诊断：目标定位是否合理，学生的起点把握是否精准，学生听课是否专注，交待任务是否清晰明了，作业设计、课堂巡视和反馈是否照顾到不同层次的学生，教学材料、手段与目标是否匹配，有没有设计挑战性的问题或任务，环节目标是否清晰，有没有可有可无的环节，时间分配是否合理……以确定现场改课的具体内容。

这样，一节课的成长历程便清晰地呈现在大家面前，所有教师共同经历了从观念碰撞到方案重构，再从框架到细节的层层推进和落实过程。这样的研究、思考和实践，让教师从一节课的研究迁移到一类课，磨一人带一群，研一课通一类。

实际上，现场改课，改的是课，成的是人。对学校发展而言，没有什么比点燃教师的成长热情更有意义。参加活动的教师和团队欣然开放自己的教学，打开教室寻求帮助、分享经验，呈现出结伴成长的态势。同时，一些教师虽然有了名师的头衔，在当地也有了绝对的话语权，但由于受先前经验的限制，会遭遇课堂教学发展的瓶颈。在改课活动中，名师的课成为靶子，让新手教师去改名师的课，在这个过程中也倒逼和实现了名师的归零成长，形成教研和教师发展的有机耦合，促进学校教育教学质量的整体提升和长效发展。

（本文发表于《人民教育》2020年第22期第55—58页。）